守護敦煌五十年

常書鴻——著

常書鴻自述

一九七九年在莫高窟（石少華攝）。

目次

再版感言

新銳文創和秀威資訊科技股份有限公司出版的《守護敦煌五十年——常書鴻自述》一書，乃是先父晚年撰寫的回憶錄《九十春秋——我的敦煌五十年》的再版。出版在即，作為常書鴻之子，我想稍稍講幾句感言。

一九五七年，胡耀邦先生參觀莫高窟時，在題詞中寫道：「從前的文人上山，現在的文人進城，這不是什麼很好的現象。」顯然，這是一段有感而發的話，至今讀來猶覺發人深思。

上世紀三〇年代，先父遊學法國，以近十年之功系統學習西洋美術，在油畫創作上獲得令法國美術界矚目的成就，可以說名聲騰起，前程似錦。然而，先父卻毅然選擇回到時運多舛、舉步維艱的祖國，並且進而選擇到極度偏僻貧瘠的西北邊地，置身大漠荒原中的莫高窟，擔當起保護、臨摹和研究敦煌藝術的重任。從此把精力和心血全部澆灌在弘揚敦煌藝術與文物的神聖事業上。五十年的堅守和探求，五十年的世事變幻，悲歡起落，使他遺世而獨立，終於贏得國人充滿尊崇的稱譽——「敦煌守護神」。

先父一生好學覃思，中西相容，以畫家而兼為學者，特別在「敦煌學」的建構與宏廓上，矻矻探研，多有貢獻。他既有經過歐洲文明的涵泳而生成的思維方式和價值觀，又保持著中國傳統文人的氣韻風骨，生性耿正，品節堅定，處人處事謙敬揖讓，即使是在複雜而困窘的境遇裏，也常常情願以個人的委曲來換取對民族文化的護持。他一生經歷坎坷，榮辱交集，晚年遭遇為浮華所掩飾的冷落與孤寂，甚至遭到某些趨勢阿時者流的誣言貶損，但他總是坦然如對浮光流雲，在回憶文章中從來淡然置之，乃至於略無痕跡可尋。他認為為了敦煌他付出了努力，做得未必盡善，但於心於人並無虧欠。他對我說：「是非功過，還是留給後人去寫吧！」晚年定居京華，過著表面上閒適安逸的生活，但內心實有不甘，總以「客居」為感，燈前月下，喟然興歎。他不願意住在這遠離敦煌的大城市裏，北京雖美，卻不是他的安身立命之地，他日夜想念著莫高窟的壁畫和塑像，夜想著那些夢幻般的經變故事和僧俗圖像，想念著三危冷月，流沙孤泉，想念著紅柳林和芨芨草，在「鐵馬聲聲入夢來」中，默默的吞咽著一個被放逐者的悽楚，直到遙望西北，溘然辭世。

父親在回憶錄之外，還留下大量的個人文檔，包括他的日記、書信、文稿和文革中的多種「罪行交代」、「罪行卡片」之類，數量很大，具有很高的史料價值。許多內容不僅有助於深度瞭解父親一生的學行，而且因為父親與敦煌的特殊關係，也使得這些資料具有了「敦煌學」的意義，具有了昭示真相的價值。父親生前希望我保護和整理這些資料，終究將它公諸於世，以有助於對大家對他所經歷的世事和對當代敦煌學之路的曲折幽深有更具體的瞭解。應該說這些文檔是他的「守護」事業的延續，是他留給後世的又一筆財富。

受時代條件的制約，加之汲汲伏案時父親已年屆九旬，手邊缺少必要的參證資料，缺少助手，於是，如同許多回憶錄一樣，先父的回憶文字也會有記憶失準，乃至表述有誤的地方，這不必為賢者諱，希望讀者能予諒解。為了尊重原著，此次再版一仍其舊，不做任何改訂。不同出版社的版本在圖片選擇上略有不同，所表達的精神和主旨則是一致的，此點亦望讀者有所察焉。我鄭重建議出版社將我的姐姐常沙娜撰寫的〈留下永久的微笑〉一文移置卷首，以作為新版的「代序」。沙娜姐姐是先父子嗣中的佼佼者，是父親事業的最優秀的承繼者。

先父說過，敦煌藝術是中國傳統文化之精髓，是舉世無雙的中華珍寶，捨命也要保護它。「如果有來世，我將還是常書鴻，我要接著去完成那些尚未做完的工作！」作為常書鴻與李承仙的兒子，可以告慰先嚴先慈的是，為了實現「嘉煌去敦煌」的莊嚴承諾，在經歷了十七個寒暑「挖山不止」的辛勤勞作之後，敦煌黨河邊上的新石窟已經初具規模，已經得到多方人士的關注。我將繼續踏著偉大先人的足跡，彰顯先父一往無前的精神，續寫敦煌的輝煌！

先父的遺作能在臺灣出版，是一件令人欣慰的事情。當年，在國難中風雨飄搖的敦煌古物研究所，曾得到中央研究院史語所的積極支持，特別是曾得到傅斯年先生的熱心關懷和扶掖，才得以維繫下來，這是先父生前時常講到的事情，他叮囑我們將來一定要載諸史冊，不可泯沒先賢的德業。今天父母如泉下有知，一定會十分高興！

感謝新銳文創和秀威資訊科技股份有限公司為出書所做的努力。感謝我的老師、歷史學家馬明達教授給予我的支持和指導。

常嘉煌

癸巳春月於敦煌

（代序）留下永久的微笑——悼念親愛的爸爸常書鴻

常沙娜

一九九四年六月二十三日的下午，我們全家守候在爸爸的病房，透過各種儀錶，眼看著爸爸那已跳動了九十年心臟，一分一秒地在極度微弱中衰竭殆盡。三時四十分，它終止了跳動。親愛的爸爸就這樣離開了他為之奮鬥的人世。他帶著對敦煌藝術事業無限的希望和未竟的遺憾，永遠地離開了我們，走完了他充滿拚搏的人生征途。爸爸在走向人生的盡頭時，與病魔拚搏了近三個月，但是他最後給我們留下的仍是那樣慈祥、安寧的微笑，因為他無愧也無悔於這趟人生。

爸爸與我們永別了，這已成了事實，他的一生與我的成長，與我的一生所走的道路是如此地緊密相連。他一生中的坎坷成敗，悲歡離合，他那鍥而不捨的奮鬥精神，和對中國文化藝術事業的無私獻身精神，時時都在滋養著我的思想，我的心靈，也深深地影響著我的人生觀和經歷。重溫爸爸的《九十春秋》回憶錄，回顧我的幼年、青少年直至成人，都是跟隨著他的足跡，按照他的塑造一步步走過來的。他那特有的音容笑貌，關鍵時刻做出決斷的神態，甚至瞬間的一些微小的表情舉止和話語都重新浮現在眼前。

爸爸經常說，自從他在巴黎塞納河畔的書攤上見到伯希和的《敦煌圖錄》以後，他後來的命運，包括我們全家的生活都與敦煌緊緊地相聯在一起，並與之結下了不解之緣。半個世紀以來，爸爸與我們全家雖然先後在敦煌都經歷了人間的悲歡離合，但情和魂卻永繫敦煌。爸爸給我留下的最深刻的印象就是那不論遇到何種困難險阻，只要是他認定了的，他總是帶著自信和不屈服於命運的強勁（他自稱是「杭鐵頭」），堅持著他對信仰的執著追求，並用這種精神鍛煉著我、教育著我。自從我母親不幸出走，為了敦煌的藝術事業，為了支撐這個家，為了照料年幼的弟弟，爸爸在痛苦中毅然決定讓我從酒泉河西中學退學回千佛洞。他一面承擔家庭的生活重擔，一面讓我隨他學習臨摹壁畫。爸爸規定我每天必須早起，先練字後學習法語，以唐人經書體為字帖，再朗讀練習法語一個小時。此外，他請董希文先生為教師幫助我輔導語文和西洋美術史，還請蘇瑩輝先生輔導我中國美術史。除此之外，他還要求我與大人一樣每天上班去洞窟臨摹壁畫。爸爸嚴格要求我從客觀臨摹著手（當時分為客觀臨摹、復原臨摹、整理臨摹），由表及裏，順著壁畫原來的敷色層次來畫。他讓我把自北魏、西魏、隋、唐、五代、宋代各洞的重點壁畫，全面臨摹一遍。在臨摹唐代壁畫時，他先讓我向邵芳老師學習工筆重彩人物畫法，通過臨摹給我打下了造型基礎。爸爸在每個環節上都耐心地指點，要求一絲不苟。爸爸從來不因為我年紀尚小可以比大人少畫或隨意些：相反，他以大人的標準和數量來要求我。每逢傍晚，爸爸也讓我加人大人的行列，學會自製土黃、土紅、鋅白顏料，還用礬紙、桐油紙以代替拷貝紙，而這一切都引起了我極大的興趣。通過對表面的客觀臨摹，爸爸要求我逐漸把對壁畫的時代風格、內容與形式、漢代傳統與西域影響的特徵的認識，從感性提高到理性。通過爸爸的指點和董希文、潘絜茲等老師的示範，我很快就能得心應手地掌握各個不同時代的壁畫風格的摹寫。在我臨摹的後期，尤對北魏、西魏、隋代的壁畫產生了特殊的偏愛，很喜歡這個時期的伎樂人和力士——那些渾厚粗獷的筆觸，加上「小字臉」的勾點，把神態和表情表現得具有灑脫的情趣和裝飾性。爸爸向我分析說：「這與二十世紀前半期法國畫家魯奧注重線條表現力的粗獷的畫風很有相似之處」，他便藉此向我介紹了歐洲各類畫派的形成和特色。

後來，我又在沈福文先生以及來自成都國立藝專的沈先生的學生黃文馥、歐陽琳、薛德嘉的影響下，對敦煌的歷代裝飾圖案如藻井、佛光、邊飾等進行了專題的臨摹。爸爸鼓勵我多方面接觸和體會，從而瞭解整體的時代風格，由此掌握繪畫的技法。在爸爸親自教導及其他老師的示範幫助下，我置身在敦煌這座藝術宮殿裏，任意在浩瀚的傳統藝術的海洋中盡情地遨遊。

敦煌的冬季是漫長而寒冷的——滴水成冰，洞窟內無法作畫。爸爸就利用了這個臨摹的淡季，組織大家在室內圍著火爐畫素描、速寫。他請來的模特兒都是當地憨厚純樸的老鄉，我也跟著大人一起學習畫素描。爸爸還利用冬季深入少數民族哈薩克族牧民生活區體驗生活，住蒙古包、騎馬、吃手抓羊肉、畫生活速寫。爸爸利用了這種機會畫了一批生動有意義的速寫。當時生活雖然艱苦，但是非常充實，並使我受益匪淺，有許許多多的事情至今難忘。

除了臨摹畫畫、學習以外，我還得照顧年幼的弟弟和爸爸的生活，這樣也迫使我獲得了較強的生活能力。爸爸就這樣因勢利導地教育和培養著我，凡是他要求我去做的我都能愉快主動地去完成，唯有早起練唐人經書體沒有堅持，至今深感遺憾。

爸爸那種鍥而不捨的精神，使他在敦煌事業中突破一個又一個的困難，也使他善於將不利因素轉化為有利的條件。他一方面承擔著維持當時敦煌研究所的日常行政工作，為爭取保護敦煌石窟最起碼的條件而四處奔波，又要利用一切時機和條件，開展對敦煌藝術的臨摹研究工作，生活上還要培育未成年的子女。這一切，作為多年留學法國的畫家、知識份子，長期處在邊陲沙漠荒山中，經濟的困窘、自然環境的威脅等困難是可以想像的。但是爸爸憑藉他堅韌不拔的毅力，迎著困難一關又一關地頂了過來。他恰似當地的紅柳——把根紮得很深，透過層層的沙石戈壁吸吮著有限的水分，憑著那細密的葉子，不論是嚴寒酷暑，它都能轉危為安，巍然挺立。

爸爸既善於克服困難，又非常熱愛生活，在困頓中尋找生活的樂趣。一九四六年夏，爸爸從重慶新聘了一批藝專畢業的大學生，購置了圖書、繪畫器材及生活必需用品，乘著新得到的美式十輪卡車帶著我和弟弟重返敦煌。由重慶出發途經成都北上，經川北的綿陽、劍閣、廣元後進入甘肅南部的天水直到蘭州，經歷一個多月的時間，行程一千五百多公里，這長途跋涉沿途異常艱難。就在這樣的條件下，爸爸居然提出要從重慶帶上一對活鴨、一對活鵝，裝在竹筐內，固定在卡車的前面，由我負責沿途的餵食，於是我除了要照顧弟弟外，還要照顧鴨和鵝。很多朋友和老鄉看到帶著鴨鵝的卡車都很奇怪，爸爸卻風趣地說：「也讓它們移居敦煌，讓敦煌的老鄉看看除了雞以外還有鴨、鵝哩！」這兩對鴨、鵝陪伴著我們經過千辛萬苦終於到達千佛洞，並在千佛洞定居下來。第二年春天即開始下蛋繁衍生息。四月初八千佛洞正值佛浴節的廟會，熱鬧非凡，當老鄉看到已破殼而出的小鴨子都稀奇地問道：「這小雞子咋會長出扁扁嘴？」從此，千佛洞和敦煌縣就開始有了鴨群。爸爸還從四川帶回各種花籽，播撒在千佛洞的生活區。開得最茂盛的要算是「波斯菊」：在上寺、中寺的院內從此就盛開著紅、粉、白、紫的瀟灑秀麗的「波斯菊」。它們映著橙黃色的向日葵，襯托著蔚藍的天空，把這些沙漠綠洲中的院落點綴得格外的燦爛，給我留下極深的印象。爸爸愛惜著千佛洞的一草一木，自從四十年代他定居敦煌後，就給千佛洞立下了規矩，每年都必須種植樹木，要把樹林帶逐年向北延伸擴大。經過四十多年的努力，新樹林帶已延伸到下寺一公里以外，這對改造荒沙戈壁的自然壞境是件百年大計之舉。凡在千佛洞待過的人都知道爸爸視樹木如生命，正因為如此，在文革那個年代，當造反派批鬥爸爸時，竟然高呼一次「打倒常書鴻」便砍倒一棵樹給他看，以此達到更深地刺傷他的目的。

爸爸的一生是勤奮不息的一生。在我的記憶中他從來沒有圖過清閒安逸，總是把自己的工作日程排得滿滿的。直到年老體弱，腦力已不濟時，他才放慢了生活的節奏。但在他精神稍好時，他便仍舊在家中或病房中畫點靜物，寫寫字，偶爾還書寫幾句格言——他多次對兒孫們教導：「業精於勤，荒於嬉。」對敦煌藝術保護和研究事業他始終念念不忘，而且，不管是哪個層次的領導和研究專家向他問學，他都毫無保留地耐心講解。

「不入虎穴，焉得虎子」以及「薩埵那太子捨身飼虎」的精神，始終激勵著他，成了他工作不息的鞭策。爸爸不是單純從事創作的畫家，而是有淵博學識的學者。他把中西文化與繪畫史的學識，融會在他從事了近半個世紀的敦煌藝術的研究與保護工作中。他既能高瞻遠矚，又能從最基礎的工作著手，竭盡全力從殘垣斷壁中保護這座偉大的藝術寶庫中的一磚一瓦，同時以博大的胸懷團結了一批忠實於敦煌藝術事業的專家學者，並以精深的學識將敦煌藝術的保護和研究事業不斷向前推進。

爸爸是浙江杭州人，至終鄉音不改，在西北四十多年仍操著濃重的杭州口音。當他敘述起青少年時代在家鄉的情景時，總是那樣地依戀：如何提著個籃兒到河邊去撈魚蝦，到墳堆地裏翻磚礫找油黑的老蛐蛐……對這些回憶他都講得繪聲繪色。一九八二年爸爸有機會重返杭州參加他的母校——浙江大學八十五周年的校慶活動；一九八三年他又專門回杭州為浙大創作了一幅大型油畫《攀登珠穆朗瑪峰》，在此期間他又重溫了他青少年時代的舊情舊景；一九八八年浙江美院在杭州舉辦了他的個人畫展。這些活動都更增加了他對家鄉人的情意。但是家鄉再好，爸爸仍「魂繫敦煌」，當他臨近九旬時竟然提出：「我已老而不死，但以後死也要死到敦煌。」當時我很不以為然地說：「您胡說什麼呀！人家都說您半輩子都在保護敦煌菩薩，菩薩會保護您長壽的。」他接著說：「人總是要死的，如果死在北京，骨灰還是要送回敦煌。」沒想到這一席話竟真成了他至終魂繫敦煌的遺願。作為一個杭州人，他沒有提出要落葉歸根，要回家鄉的意思，也不同於當年初到敦煌的人都有「但願生入玉門關」的心情。對此，我們全家以及瞭解他的人都非常理解他的意思——他是把敦煌作為維繫他生命所在的「故鄉」來看待的。爸爸的部分骨灰終於如願送回這個令他牽腸掛肚半個世紀的千佛洞。由此，父親將與千百年來為敦煌藝術付出心力的無數創造者一樣，與敦煌的藝術永存！

爸爸有過一句全家人都知曉的名言：「我不是佛教徒，不相信轉世，不過，如果真的再有一次托生為人，我將還是常書鴻，我還要去完成那些尚未做完的工作。」他也認為，到了人生的最後階段，他可以這樣說：「到目前為止，我的人生選擇沒有錯，我沒有一件讓我後悔的事。」

一九九一年六月六日，我在爸爸的房間裏看到了他用毛筆工工整整地寫了這樣兩段話：「人生是戰鬥的連接，每當一個困難被克服，另一個困難便會出現。人生就是困難的反覆，但我更不後退，我的青春不會再來，但不論有多大的困難，我一定要戰鬥到最後——八十八叟常書鴻。」

爸爸是這樣說的，也是這樣做的，這就是他對人生的寫照。他的最後拼搏是在病榻上與病魔的爭鬥，直到生命的終止。他給我們留下了永久的微笑，這是笑對人生的永久微笑……這是他的事業永存人間的微笑。

（原載《常沙娜文集》，山東美術出版社，二〇一一年。）

第一章

人生初途

1. 童年生活

我出生在光緒三十年（一九〇四）農曆二月二十一日午時。小時候常聽母親說：「這一年是龍年，那一天還是驚蟄，你這條午時雷雨交加中出生的『龍』，是個很好的兆頭。」在我兒時的記憶中，最清晰的莫過於母親和善的面孔和那雙蘊藏著生活的艱辛卻永遠飽含溫情的眼睛。「龍」是什麼東西，好兆頭又是什麼？在一堆問號中，我記下了母親在我耳邊念念叨叨關於好兆頭的話。

我沒有看見過祖父，只見過在除夕夜掛在廳堂正中，頭戴紅纓帽、身著鑲金黃袍、坐在太師椅上的祖父畫像。聽祖母說，祖父是東北熱河頭田佐鑲黃旗的滿族人，姓伊爾根覺羅。他是從熱河派到杭州駐防並安家落戶的世襲小軍官——雲騎尉。祖母生有四個男孩子和三個女兒。我父親排行第一，是長子，他後來是黑龍江省一個八旗工藝廠的錄事。二叔死得很早，留下二嬸和四個孩子。三叔、四叔因事故不幸致殘。三個姑母中，二姑母曾進南京金陵女子神學院讀過書。我母親生有五個男孩子。我是老二，下邊還有三個弟弟。大哥書林，三弟書文，四弟書葳，五弟早亡。

辛亥革命那年，我才六歲。記得一天夜晚，浙江金庫所在地範台衙門起了大火，把西湖碧水映照得通紅。當時，我們住在西湖邊的旗下營（現在是新市場），見此情景又驚又怕。祖母便帶著我從西湖逃到南高峰，躲在一個破廟的大殿裡。在清冷的月光下，我看

常書鴻的父親常庚吉先生。

到廟裡的神像陰森森地舉起雙手像要撲過來似的，令人毛骨悚然，可怕極了。聯想到沿路聽人所說，現在清朝倒了，要殺韃子，更加不寒而慄。我向悄悄流淚的祖母說：「我們會被殺嗎？」祖母望著在我們頭上舉起雙手的雷公菩薩說：「這只有菩薩來保佑了！」她念叨著，叫著我的乳名說：「靈官，你睡吧，奶奶在這兒，不怕的！」在祖母低弱的哭泣聲中，我帶著一種幼年初次遭遇的極大恐怖漸漸朦朧地入睡了。

第二天早晨醒來時，我看到廟裡已擠滿了從城裡逃出來的男女老少。祖母向他們詢問城裡的情況。他們便說起要「殺韃子」、「剪辮子」等各種傳聞。這使我們又是一陣心驚肉跳。祖母不自主地輕輕念著阿彌陀佛。我依著她也不敢多講話了。躲在廟裡，最讓我難過的是不知道家裡母親和兄弟們的情況。「是不是都被殺了呀？」祖母一直在隱隱哭泣。但當我問起時，她總是說：「不要緊的，孫兒。我們家中並沒有作孽，祖宗會保佑我們常家的……」我們在南高峰又膽顫心驚地度過了一夜。第三天早晨傳來消息說，城裡一切照常，並沒有「殺韃子」，也沒有打仗。我們這才放心了。隨著眾人，我們怯生生地回到城裡，但不敢回到旗下營的老房子去。我們找到漢人聚居區住的親戚家一打聽，才知道全家搬到一個叫湖墅地方的漢人朋友家去了。一家人又團圓了。

辛亥革命以後，男丁們原有的皇恩官餉被取消了。這一來，二十多人的一個大家庭被迫走上了自謀生計的艱難道路，幾乎每個人都負有責任。也正是在這謀生的道路上，使我初次接觸到了繪畫，萌發了對藝術的喜愛與嚮往。事情還得從我二姑說起。我二姑剛剛定親，丈夫就死了，因此她便信佛吃長素。生活的逼迫，又使她改信基督教，免費進了南京金陵神學院學習。從南京金陵神學院畢業後，在我家附近的湖山禮拜堂美國浸理會女牧師福姑娘身邊做助手。她一直沒有出嫁，而且想方設法地為家裡人張羅工作。致殘的三叔很聰明，從小就愛繪畫，可是無情的病魔不但奪走了他那雙蹦蹦跳跳的腿，還使他的雙手漸漸萎縮，一隻手像嬰兒在胚胎中一樣蜷曲胸前，只能用另一隻還能活動的手吃飯。在二姑的鼓勵下，他頑強地堅持學畫。繪畫初始，他的筆下常是一些寫實的作品：小孩溜鞦韆、放爆竹、山水、花鳥。後來，湖山禮拜堂的福姑娘隨二姑來到我家。福姑娘身材很高大，已上了年紀，卻還穿著很好看的花布長袍，戴著一頂花布太陽帽，夏天還拿著一把花布小傘。雖然她也是一頭栗色長髮，藍藍的眼睛，可是她卻和許多洋人不一樣，非常和藹可親，來時總給我們小孩子每人一塊美味的奶油巧克力糖。對三叔的小畫片，總是讚不絕口。她建議讓三叔畫一些中國風味的彩色賀年片或耶誕節、復活節的畫片。因為這些畫出於殘疾人的手筆，畫技還不錯，加上福姑娘的宣傳，三叔賣得了一定數目的錢，貼補了家中的花銷。從這以後，三叔還經常教我們幫他填顏色，摹寫畫稿。

二姑是一位虔誠的基督教徒。她不顧祖母的反對，組織我們全家弟史在家做禮拜，要我們寫讚美詩。每個禮拜天下午，由二姑主持，讓我們大大小小坐在一塊唱讚美詩。她為了鼓勵我們堅持下去，還用錢來買動我們，每做一次禮拜給一個銅板，畫一張讚美詩的掛圖，便多給幾個銅板。我母親和祖母原來對二姑的這些活動總是投以冷眼，但奈於她既給我們錢，又使我們不再吵鬧，時間一長也只好聽之任之了。

全家的經濟仍是很困難的。我們十個兄弟姐妹都逐漸長大了，光是二十幾口人的糧食，每月就需要三四十元。為了增加收入，父親讓我們搬到湧金門外荷花池頭（現在的柳浪聞鶯）一處鬧鬼的房子，把自己在新市場鬧市的房子出租給別人。我們搬出祖宅時，祖母傷心地哭泣著，撫摸著院子裡的老槐樹流連難捨。我在搬家之前，特意在牆上嵌了一塊石牌，上橫款刻著我自己寫的「存德堂」，下面兩個楷體大字是「常界」，大門上嵌一塊匾，上刻「槐蔭書屋」。祖產房子頗為寬敞，是一個房舍嚴整、花木蔥蘢的院落，可說是我童年的「百花園」了。記得院前有一棵大槐樹，枝繁葉茂，夏天蟬在樹上歡鳴，鳥在枝頭叫唱。我曾養了一隻小鳥，在三叔的幫助下，居然把它訓練得可以斷線放走，又可叫回來，可按我的話去牆上含一個紅絨球，或跟著追一朵絨線花。我不玩的時候，小鳥就在大槐樹上玩耍，餓時就來向我叫著要食，十分有趣。在祖房後面小天井裡有一口很深的水井，每到夏天，我們用它來冰西瓜，又涼又甜。後園有一棵很大的黃白相間的木香花樹，還有桃、櫻桃、枇杷等果樹。到了春天，尤其是到了祭祖的那天，我們可去後園裡吃櫻桃，把一串串的木香花採來送親友。祭祖除了買雞魚等好吃的東西外，還要買一隻全羊，吃羊湯飯，邀請親戚來家舉行宴會。每到這一日，我母親就梳起釵子頭，頭上插著翡翠的釵子，臉上塗粉，抹胭脂，身穿繡花長袍，腳著木履鞋子，走起路來一步一搖，使我感到既新奇，又有趣。但這些都是我小時候的一種美好記憶，自從辛亥革命以後就不再舉行了。

搬到荷花池頭後，我發現這座房子比我們祖宅還要寬敞。房前有一個荷花池子，門前還有兩棵大梧桐樹。那是暮春時節，荷花池中翠綠的荷葉亭亭玉立，潔白、粉紅的荷花含苞待放；池子裡、荷葉上蹲著不少碧綠的青蛙，看見人來了就撲咚一聲跳下水去。在清亮的池水裡，我們可以見到一群群小魚在嬉游，螺螄也在堤邊石縫裡緩緩移動，有時還可以看到一條大黑魚帶著一群小魚在荷葉影子裡游動。那些小黑魚黑頭黑尾、扁嘴巴，隨著母魚游來竄去，十分招人喜愛。看到這些景致，搬家時的怨惱一下子飛得乾乾淨淨，對新家頓時覺得非常滿意了。

我跑到後園裡，那裡有四棵桔子樹，正要開花，散發著像代代花一樣撲鼻的奇香，此外還有不少玫瑰花、桂花，香氣襲人，沁人心脾。在地面上放著成排的花盆，好像是一個花圃。我滿意地搬開了一個大花盆，想看看盆底有沒有蛐蛐，忽然看到了一條黑身黃足紅頭的大蜈蚣，嚇了一跳。一個鄰居的兒童對我們說，這屋裡不但鬧鬼，還有大蛇、大蜈蚣精、狐狸精呢！我接著問鄰居的孩子，這裡一定有蛐蛐吧？「有，有。」說著，那個小夥伴領著我來到房子後面的圍牆外，指著一片開闊地說：「看，在那裡，你如果不怕的話，可以去死人棺材裡捉蛐蛐，骷髏中的蛐蛐是最好的，有的是！」這個小孩子叫阿五，和我年齡相仿，從此我們成了最好的朋友。

在對新房子初步適應的一周後，我對媽媽和奶奶說：「這裡非常好，比我們原來祖產房子還要好呢！」媽媽累了一天，要我趕緊休息。我卻一直在想，這麼好的環境，釣魚、兜螺螄也可以解決我們的一些吃菜問題了。臨睡前，我選了幾根釣是的細竹竿子，用縫衣針做了幾個鉤子，匆匆倒在床上睡著了。忽然，我被玻璃窗外的月光照醒了，朦朧中以為天亮了，看時鐘才五點，東方有一點白光。我披衣起床，趕忙跑到大門外荷花池的岸上，看到黑黝黝的河蝦都爬在近水面的石頭上。我高興極了，急忙沉下鉤子，竟不費力地釣了大半面盆活蝦。我在盆上面覆蓋了魚草，悄悄地煮了一鍋水泡飯，準備好上學的書包。做好了這一切，已是六時半了。我又悄悄地和媽媽說，泡飯已煮好了，今天中午蒸是當勞菜，再炒一點鹹菜，中午飯解決了。媽媽撫摸著我的頭，整整我的衣襟，哭著說：「你真是媽媽的好孩子……上學路上不要跑，好好讀書。」

西湖畔新家留給我最深印象的是一年農曆的六月十八日。這一天出嫁到諸暨的小姑母也回娘家來了。全家人除了殘廢的三叔，老老小小都興沖沖地去西湖邊看荷花燈。這一天是觀音菩薩降生的前一天，西湖上要舉行荷花燈會，附近的人都要來杭州，徹夜不關城門。整個西子湖熱鬧極了，十里西湖如鏡的湖面上，技藝不等、華陋不一的五彩荷燈，慢悠悠地鋪滿在粼粼碧波上；豪華的畫舫，玲瓏的小劃子穿梭其間；有時煙火騰空，那時的煙火放上去如一齣齣戲，漂亮極了。我忘乎所以地拍手跳躍，由於湖邊長滿青苔的石頭很滑，一不小心，自己竟像一個元寶一樣跌落到湖裡。這一下可把祖母嚇壞了，拿著拐杖直叫：「靈官，好孫兒不怕，拉著拐杖上來。」但是滑溜溜的石頭，我怎麼也攀不住。這時，我只聽到撲通一聲，一個有力的手，像蓋叫天舉罈子一樣，把我一托送到岸上。祖母看著我渾身濕透的樣子，笑著說：「靈官真是個好孩子，掉進水裡也不哭，真勇敢！明天是觀音菩薩降生日，你這條小龍今晚下水迎觀音菩薩，菩薩一定會保佑你大吉大利的。」

我的童年充滿了艱辛，也充滿了溫情和幻想，家鄉的一草一木，一情一景，牽動著我永久的思念之情。

常書鴻的母親常梁氏。

2. 校園遇知音

童年的嬉笑、玩耍是讓人留戀的。儘管那時已家道中衰，但讀書識字，望子成龍，仍然是母親心中不可排遣的意願。剛剛八歲，我就被送進了親戚辦的梅青書院（私塾）學習，以後又進了杭州湧金門內運河下的時敏小學。校長姓章，是一個對學生非常嚴厲的教書先生。拜師那天，母親帶著我去學校。我記得當時母親還給我拿了一包香燭。雖然封建王朝打倒了，但當時的小學課堂中央還掛著一個小木龕，裡面有一個「天地君親師」的牌位。入學儀式是：先點燃了香和一對蠟燭，對牌位行三個鞠躬禮，再轉過來對校長行三鞠躬。行畢禮節，校長指定了我坐的位子，這便是入學了。因為在此之前我已上過私塾，所以進學校後就插班在初小三年級，一年之後又進入惠蘭高等小學上五年級。

在高小，結識了一個名叫陳永安的同學。他比我大幾歲，不單功課好，而且能畫中國山水畫。我因為從小就跟著三叔學畫畫，故此，我倆志趣相投，很合得來。

我喜歡畫畫，但不像芥子園畫譜那樣，用圓圈畫梅花，寫個字當竹葉，我不理解這種表達方法。我喜歡能夠表現人物光暗的西洋水彩和油畫，但不懂水墨畫。我跟陳永安畫了一段時間國畫後，感到國畫太抽象，不寫實。所以後來就自己找《東方雜誌》上印出的彩色泰西名畫來學，覺得還有趣味。有人勸我考上海美專，但父親不肯，說：「你畫畫不能當飯吃，家裡這許多人口，生活這樣困難，怎麼辦？」我想了一想也確是如此。

高小畢業後（大約在一九一八年），父親強調要我投考工業學校。我在猶豫不決時，忽然聽說中學的一個教員要去考留法勤工儉學，那時我才十五歲，懷著一種好勝的心情，悄悄地向老師問明報名的種種辦法，便背著父母報上了名。但這次因為不會法文沒有被錄取。不得已，我只好遵照父親的旨意投考浙江省立甲種工業學校的電機科。雖然被錄取了，但因為數學考試成績不好，第二個學期根據我自己的意願，改選了染織科；在染織科裡，有染織圖案和染色等課，總算還有一點繪畫造型的意趣。

當我轉到染織科的時候，碰到一個和我意趣相投的同學，名字叫沈西苓，是沈茲九女士的弟弟，父親是浙江規模最大的偉成絲織公司的負責人之一。當時沈茲九女士已在日本帝國美術大學留學。沈西苓也是非常喜歡繪畫的，但他父親為了讓兒子繼承父業，一定要他學染織，這樣一來我們倆在染織科成了志同道合的好朋友。我們常常去看染織圖案，對好看的各種染色綢布進行研究、討論。我們從染織圖案的紋樣造型和色彩聯繫到西洋畫壇上的各種流派，從綢布浸染的色彩變化，議論到當時法國印象主義畫家高更在塔伊底土人服裝色彩的啟發下創造的象徵主義畫派。我們還悄悄地參加了由名畫家豐子愷、周天初等人組織的西湖畫會。這個畫會裡有不少青年學生和業餘美術工作者。我們每逢星期日或假日一同到西子湖畔去寫生，孤山的紅梅與平湖秋月的蓮花，都是我們畫筆寫生的對象。我們還把寫生作品在茶館或飯店陳列展覽，聽取意見，以資改進。我特別愛好人物，從各種畫刊雜誌中搜集國內外名家的彩色畫片，在家臨摹。為了減輕日漸衰落的家庭的負擔，我還抽出時間用木炭畫像。

一九二三年，我已學完浙江省立甲種工業學校的課程。按照這個學校的制度，每年要收留各專業成績優秀的畢業生在學校裡做教

常書鴻的好友、著名導演沈西苓編導，白楊主演的電影《十字街頭》劇照。

學工作。在畢業典禮上，我被宣佈留在母校，擔任染織科紋工廠管理和預科的美術教員。沈西苓則由他父親決定去日本自費留學。在離別前，我們依依不捨，希望能夠共同再走上新的學習崗位。儘管西苓和他父親願意資助我去日本學習，但由於我家境困難，還是未能同舟共行。當時，我還有一個更高的奢望——去法國。我認為學洋畫去日本不如去巴黎。

是年秋季，按照母校給我安排的工作崗位，我先去紋工廠報到。這個工廠原來的管理員叫都錦生，就是後來杭州委朋名的「都錦生絲織廠」的創辦人。紋工廠是設計製作絲織物紋樣圖案、意匠的工廠，從事製圖、意匠、紋板軋製等一系列準備工序，使絲織物通過提花機生產漂亮的杭州特產絲綢和華絲葛之外，還可以製織各種風景、肖像和人物。這個工廠裡，既有美術的圖案繪畫，也有機械的工業製造。都錦生是我的老同學，那時他已在自己家中裝備了一個小作坊，利用紋工廠設備開始生產織錦和西湖風景等。因此他希望早一點離開紋工廠，專門從事他家中經營的小工廠，但苦於沒有適當的人來接替。當他知道我去紋工廠時，便感激地將工廠和

常書鴻一九三〇年寫給浙江省立甲種工業學校校長的一封信。

十餘個藝徒都交給我管理，說：「由於你幫助，我可以放手從事都錦生絲織廠的發展，我將來一定會報答你的。」

我擔任了紋工廠管理和學校的美術教員後，當然比起在學習時繁忙多了。我專心致志地要把工廠和美術教育工作搞好。開始上美術課時，我怕學生不聽話，但經我熱心教導後，全班三十幾個學生都非常喜歡我。我不但在上課時盡心教他們，連假日都帶他們外出寫生。有一次，我們在西湖孤山畫風景，湖對岸雷峰塔的倩影倒映在水中，那景致如詩似畫。可畫著畫著，忽然耳邊轟隆隆一陣悶雷似的，但見對岸灰沙瀰漫，一角天都看不清了。及至灰沙散盡，咦，奇怪，雷峰塔不見了。原來千百年來就矗立在這兒的雷峰塔，經不起風磨雨蝕和人工破壞，終於倒掉了。第一個學期終了時，校長告訴，他瞭解到我在預科的美術教學很受學生歡迎，所以想把原來由周天初教授擔任的美術課也讓我兼任。

在第二個學年以後，我的工作份量增加了，但心裡很高興。這期間，我還經常收到西苓從日本寄來的信，令人鼓舞。西苓說，他到日本後深受日本美術界進步思潮的影響，已開始對政治發生興趣。他經常寄給我日本刊印的美術畫冊和美術理論書籍，這一切對我學習的幫助很大。我們在通信中，有時討論藝術，有時辯論政治，並談及到廚川白村的名著《出了象牙之塔》。對照名著，我們都感到自己在藝術上知道的和能夠幹的太少了，遠沒有登堂入室，更談不到爬上「象牙之塔」了。因此，我們決心把藝術創作的基本技巧更好地學到手。

西苓到日本後進入東京帝國藝術大學，我也醉心於西歐的美術，立志要到巴黎藝術大學去學習。於是我利用業餘時間，早晚隨身帶了一本袖珍法漢字典，把生字一個一個地用紅鉛筆劃出來，捂著法文念漢字，捂著漢字念法文，死記、硬背，堅持兩年，進步很快。

一九二七年大革命中，國民黨反動派突然發動對共產黨的大規模屠殺。有一天，我和學生正沿著延齡大馬路走向湖濱，忽然迎面來了一隊穿灰色軍衣，肩背大刀的劊子手押著三個五花大綁的青年。我突然發現其中之一是我們西湖畫會失蹤了三天的成員M君。正在我心裡惶急、惋惜的當口，突然人群嘩地一下四散奔逃。原來這些喪盡天良的劊子手，就在當街將這三個無辜的青年殺害了。這個遭遇像電流一樣，使我全身打了一個寒噤，也促使我下定決心，必須儘快地離開這裡，離開這個白色恐怖的險惡世界。當時我已經參加了浙江省教育廳選拔赴法國里昂中法大學浙籍公費生的考試，但考完後遲遲未見放榜，盛傳這次考試是虛有的空名，實際名額早已由幾個大學生私分了。我見公費留學無望，立即決定自費去法國留學。這決定得到了母校的支持，也得到了都錦生、勞爾遙及學生們的支持。

第二章

留學法國

1. 巴黎學子

一九二七年六月十六日，我登上了一艘由上海開往馬賽的達達尼亞大郵船。上郵船的舷梯時，興奮的情緒就籠罩著我。夢寐以求的西方藝術、盧浮宮的藏畫和雕塑將成為我的摹寫對象，毫無掩飾地展示在我的眼前，使我激動萬分。

船在晨霧中徐徐駛出港口，外灘的高樓大廈漸漸地變小了、模糊了。報時大樓上的鐘聲，穿破灰濛濛的雨霧，低沉地響著，黃浦江上粗悶的汽笛聲也此起彼伏，渾響成一片，一陣陣傳入耳中，使我的心情隨之又產生了一種抑鬱和傷感。當時的中國，充目所見的都是饑餓、流血和豪富的揮霍奢華。祖國的山河雖然秀美，但是藝術，繪畫藝術的天地，在這個國家裡幾乎就像拋棄的垃圾，沒有一席可棲存土地。船尾掀起的浪花聲單調地唱著，我突然感到了一陣酸楚，眼眶濕潤了。母親那張和藹的臉，童年時釣魚捉蝦的湖邊小灣，同窗知己沈西苓和一個個朋友熟悉的面容，像一幅幅畫，閃現在我一瞬間似乎空白了的頭腦裡。

不容我多想，一個船員已吆喝著向我招手了。我這次遠渡重洋，是得到一位同學父親的幫助。他花了一百大洋搞到了一張統艙船位的證。住統艙是不能走出底艙到甲板上去的，要整日縮在船底。為了能看一看沿途的風土人情，並且掙點錢解決初到法國時的困難，我找到了在船上伙房裡打雜的工作。洗碗盞、洗菜、削洋芋、殺魚宰雞等下手活，都由我一人承擔。最讓人難受的，就是從上海到馬賽要在下艙底悶一個月的時間。經過地中海等海洋時，又正值七月炎暑，下艙密不透風，那悶熱實在令人難熬。

在途徑西貢、紅海、亞丁、印度洋時，天氣炎熱加上鍋爐的溫度，真是悶熱得讓人透不過氣！尤其是在經過印度洋時，大風大浪，劇烈的顛簸使得不少工人頭暈嘔吐，一兩天吃不下飯，飲不得水。我雖然也感到不舒服，但欣慰的是，臨行前母親替我準備了一罐雪裡蕻鹹菜，實在吃不下飯時，便吃一點鹹菜；加上從小喜歡走浪橋浪木，在大風大浪中經過一兩天的鍛煉，已慢慢地習慣了在搖擺中工作和勞動。

結束了一個月的航海旅行，到達馬賽，改換火車，直到到達夢寐以求的人間「藝術天堂」巴黎。

那時，我認識一個杭州老鄉郎魯遜。他是在巴黎高等美術學校半工半讀學雕刻的同學。他為我介紹到一個巴黎拉丁區中國飯店，當半日做工半日學習的臨時工。我把全部業餘時間用來學習法文和繪畫技術。因為拉丁區是藝術中心蒙巴拿斯的所在地，那裡有小型展覽的畫廊和供業餘練習速寫和繪畫的格朗旭米埃畫室。這個畫室分人體速寫素描、油畫習作和靜物畫室，白天夜裡都為業餘或專業的美術工作者開放，只購入門票，就可以進去畫畫。畫室裡有白髮蒼蒼的老人，也有學生和業餘愛好者，入場券有月票或周票，每次用票一張。模特兒的姿勢和位置由模特兒自己安排。我住在科技學校路中國飯店對面的一個小旅館的最上層閣樓中。房中一張小床，一個小窗戶，一進門就要彎腰，只有到窗戶口才可以直立。這是旅館中最廉價的房間。為了節省開支，這是老鄉郎魯遜為我想方設法租到的。

我到巴黎的第二天，熱情友好的郎魯遜帶我參觀了偉大的盧浮宮。從文藝復興、古典主義、浪漫主義到現實主義、印象主義，從達•芬奇的《蒙娜麗莎》、達維的《拿破崙加冕》、德拉克洛瓦的《西島大屠殺》、庫爾貝的《畫室中》，直到馬奈的《林中之野餐》等偉大的藝術傑作，這樣系統的、完整的展覽，深深地印在我的腦際

常書鴻一九三五年在法國巴黎。

中。它使我明白，繪畫藝術通過各時代作家的努力，非常深刻地反映了人類在大自然和歷史中的思維和創造。而且它們在演變發展中、在追求真善美的創作中取得了偉大的成就！我感到我到法國來的動機是正確的。我要努力鑽研西洋美術史，我要認真學習西洋繪畫。

時值二〇年代後期，第一次世界大戰的創傷還沒有得到很好地彌補，歐洲已逐漸從痛苦的回憶中甦醒過來。只有遠在太平洋彼岸的美國富有的畫商成為這個藝術之都最受歡迎的貴客，成為這一時期世界藝術家集中的蒙巴拿斯和蒙瑪得的動力，加上巴黎大大小小各式各樣的博物館、美術館，各種流派作品的沙龍……這一切形成了名副其實的世界藝術中心！當時，對於我這個盲目崇拜西洋藝術的中國人來說，每天沉淪在西洋現代「五花八門」的藝術流派的海洋中，感到眼花撩亂，無所適從。但是受如饑似渴的求知欲的驅使，想到這樣遠涉重洋來到異鄉的不易，想到藝術的學習不是朝夕用功可以解決的，我決心認真地長期地攻讀下去。但家庭的困難和母校補助又都不允許我專門學習。正在躊躇中，來了轉機。一九二七年十月的一天，我正在宿舍作畫，突然郎魯遜興沖沖地來到我房間。他差一點把我抱起來。他說我已被錄取為法國里昂中法大學的公費生。這意外的喜訊，使我不敢相信。他拿出剛收到的《申報》。我在報上看到了浙江留法錄取名單中有我的名字。不久，里昂中法大學的通知也到了。

接到通知後，我隨即到里昂中法大學報到。里昂中法大學是利用庚子賠款在法國里昂創辦的中國留學生大學。樓長名義上由中國人擔任，實權掌握在里昂在學法籍校長手中，他是庚子賠款管理委員會主任，負責各項事務。當時國內軍閥當權，為了安插私人，嚴密控制里昂中法大學留學生名額。一九二三年，陳毅、李富春等一批留法學生曾要求享受公費待遇。他們嚴詞責問駐法公使陳祿，並圍困里昂中法大學。此事在國內也引起廣泛反響。國民黨當局被迫改變選送辦法，自一九二七年起由各省選派。

我適逢其時，由於浙江大學的據理要求，得以參加考試並被錄取。根據我選擇的專業，我被分配在里昂國立美術專科學校學習繪畫及染織圖案兩項。我因為沒有國內專業美術學校的證書，所以不能投考插班，不得不從一年級開始。當時我已二十三歲，而投考這個學校的法國人，年齡沒有超過十六歲的。他們都是穿著短褲的小學生。我在他們中間學習的確很不好意思。但作為基礎課，我情願忍受著難堪，和他們一道從石膏素描開始學起。在學習中，真是如魚得水似的，我的成績很快趕上了二年級的學生。第二年，教師們讓我跳班參加三年級的人體素描考試，結果也不錯。那時候由南京中央大學藝術系轉來的呂斯百、王臨乙兩位同學已升入分專業的三年級油畫班、雕塑班了。呂、王兩同學都以出色的成績震動里昂美專。我也不甘落後，很快地在人體素描方面名列前茅。一九三〇年，我參加了全校以「木工」為題的素描康得考試，獲得第一名獎金，從而提前升入油畫班。

油畫班的主任教授是竇古特先生。他原來是專門製作教堂彩色玻璃畫的老畫家，忠實地接受並且維護了達維以來的畫院教學傳統。當我第一次進入他的畫室時，他冷冰冰地對我說：「對於你，我不否認你曾畫了許多不壞的素描，這是好的。但到我的畫室來，你不要再背上『素描』的包袱，因為在某種意義來說，到我這裡來要重新搞一個用色漿塗抹的油畫。」用色彩及光暗的塊和面織成的造型的總體，它既有色彩的運用，也有光暗遠近的總體塑造。古代大畫師，從義大利文藝復興時的達•芬奇、米開朗琪羅、拉斐爾、丹多來都、提香，德意志的霍爾本，弗拉蒙的呂本斯，荷蘭的倫勃朗，法國從達維、安格爾、德拉克洛瓦、庫爾貝、米羅、塞尚、馬納、莫內、雷諾瓦、西斯萊、馬蒂斯，一直到畢卡索，他們刻畫嚴謹生動的形象，給我們的印象是存在於大自然的一個完整的構圖，永雋的紀念碑。

在我人開始畫油畫之前，竇教授再三叮嚀要我們先研究瞭解油畫顏色的製作方法和各種油色的相生相剋、調和與配合。他不讓我們購置放在錫管中現成的油色，而要我們自己研究顏色本身的植物或礦物原料的化學成份與研製，調進油類和甘油的成份、劑量等。我們到一家繪畫原料公司購置油色的粉狀原料，然後進行試驗和製造，學習過去大畫家的用色習慣和調色的配合方法等。這段時間需要占兩週左右。然後開始畫布的製作，筆的選擇，及出外寫生必備工具的製備，比如畫箱、畫凳等。這一切都完成了之後，就開始繪畫。第一天油畫課是從一個老模特兒開始的。意外的事情是竇教授向新生宣佈，只能用黑白兩種油畫顏色，一個星期內完成這幅肖像畫。這對我來說是一次意外的考試。用黑白兩色畫油畫肖像，彷彿要一個長跑選手練開步走一樣，因為在此之前，我已用油畫畫過不少人像、靜物和風景畫。但這幅兩色油畫創作過程使我瞭解到，作為一個初學油畫的人，應該如何從木炭素描人像晉升到油畫人像的表現過程，這是十分重要的。而這種學習在國內是沒有的。第二星期習作的課題，是用土紅、黑、白三色油畫人體的練習。這幅三色油畫人體練習持續了兩星期。這個練習使我對於土紅在黑白兩色之間所起的作用有了非常深刻的體會。第三次是使用全色油畫繪製一幅色彩非常鮮豔的花果靜物寫生。這種循序漸進的教學方法，加上解剖學、西洋美術史、美術館參觀和幻燈教學（因為里昂美術館就在里昂美術學校裡，所以結合參觀進行繪畫是非常合適的），比之我參加蒙巴拿斯自由畫室的學習，真是有天壤之別。

在巴黎時，冼星海來信曾勸我去里昂學習。我深深地感到這個建議是十分重要的。為了加強學習，我每天中午帶了麵包和簡單的冷菜，在美術館裡邊參觀邊吃。下午，我還去美術和染織圖案系選課學習。這個系除繪製染織圖案外，還重點設計應用於客廳、餐廳、寢室，以及火車站、旅館、劇場的各種壁紙。我夜間還在里昂市立業餘絲織學校學習，真是到了廢寢忘食、如醉如迷的程度。很快地過了兩年，我在業務上有了長足進展。這時在同校學習的呂斯百、王臨乙已轉到巴黎去了，沈西苓也在日本學習完畢，回到上海從事電影導演方面的工作。沈西苓告訴我，他認為繪畫的侷限性比較大，目前應該用戲劇和電影的綜合藝術來喚醒醉生夢死的社會。同時，里昂美專的教授也鼓勵我畫幾幅創作，參加里昂美術協會的沙龍展出。

一九三一年秋，法國報紙刊載了九•一八事變的消息。日本軍隊的鐵蹄蹂躪了東北整片遼闊肥沃的土地，接著又向關內步步緊逼，中華民族的命運已處於生死存亡的關頭。我們在國外的中國人莫不憂心如焚，都決心回國投身於迫在眉睫的抗戰救國工作。竇古特教授理解我當時的心情。他安慰我說：「當然日本人的侵略是不能容忍的，但你們是一個有四億人民的大國，連年軍閥橫行，各自為政，當今救亡工作主要在於喚起人民一致抗日。你作為一個畫家，應該用你在繪畫上的才能，搞一點反映現實愛國思想的作品，這正是你們英雄用武的時候呀！」老師的啟發，使我鼓起勇氣，畫了一幅《鄉愁曲》的油畫。一個穿中國服裝坐著的少婦，面帶愁容，正在吹奏竹笛。這是我第一次畫人像創作，這也是我進入油畫班第二年的一幅油畫。老師認為這是一幅有中國風格的繪畫。他鼓勵我拿這幅畫參加里昂沙龍展出，為此我獲得優秀畫獎狀。

一九三二年夏，我以油畫系第一名的成績畢業於里昂國立美術學校。同年，我參加里昂全市油畫家赴巴黎深造公費獎金選拔考試，以《梳妝》油畫獲得第一名中選。這個獎由里昂已故名畫家捐贈基金委員會主持，每年進行全市選拔考試，得獎者享受公費選派赴巴黎深造。我以一個中國人也是中法大學學生得到這個獎金，所以還是按照公費獎金待遇赴巴黎深造。我選擇巴黎高等美術學校法國著名新古典主義畫家法蘭西藝術院院士勞朗斯畫室學習。勞朗斯三世以嚴謹的畫風著稱法國畫壇二百餘年。他們都以畫歷史人物畫為兒步。勞朗斯善肖像人物，又精靜物，以簡練精到的新古典主義著稱。他看了我在里昂的素描與油畫，表示已初具繪畫基礎，但真的油畫必須要從現在開始努力學習。來到了離別四年的巴黎，舊地重遊，這個古老城市的一切，都沒有多大的變化。但對我來說，已不像初來時那樣孤獨了，身邊有了從國內來的妻子陳芝秀和在里昂出生的女兒沙娜。更難得的是在巴黎又和呂斯百、王臨乙、曾竹韶、唐一禾、秦宣夫、陳士文、劉開渠、王子雲、余炳烈、程鴻壽等一些老同學和朋友見面。他們都是從事建築、雕塑、繪畫各專業的能手。呂斯百和王臨乙是在里昂畢業後先我們

一九三三年，常書鴻和妻子陳芝秀、女兒常沙娜在巴黎。

來到巴黎的。同學們熱情地幫助我們建立工作室和家庭住宅。為了大家今後共同學習和生活，我們選擇了巴黎第十六區巴丁南路一個畫家住宅區安家。以後，以我家為中心，每當工作和學習之餘，每一個週末或過年過節，我家就成為聚會聚餐的地方。後來我搬到塔格爾路，並於一九三四年成立「中國留法藝術家學會」，參加者有常書鴻、王臨乙、呂斯百、劉開渠、唐一禾、廖新學、曾竹韶、陳士文、滑田友、周輕鼎、張賢範、馬霽玉、陳芝秀、黃顯之、胡善餘、秦宣夫、陳依範、王子雲、余炳烈、程鴻壽等人。徐悲鴻、蔣碧微夫婦來巴黎舉辦「中國繪畫展覽」時，也到我們這裡來過。這位老一代的藝術教育家和畫家，對我們在巴黎學習也作了寶貴的指教。

悲鴻先生還參觀了那時我在巴黎舉行的個人畫展。他對我畫的《病婦》、《裸女》，以及油畫靜物《葡萄》給以表揚。《葡萄》後來被法國著名美術評論家的評論認為，是一幅具有老子哲理耐人尋味的佳作。這幅畫由法國教育部次長於依斯曼親自選定收歸法國國有。《沙娜畫像》油畫由現代美術館館長賽沙羅阿親自來我個人畫展會場，代表法國國家購去，收藏在巴黎近代美術館（現藏蓬皮杜藝術文化中心）。一九三四年在里昂春季沙龍展出的《裸婦》，是一九三四年巴黎高等美術學校勞朗斯畫室中得第一名獎的作品，得到美術家學會的金質獎章，也已由法國國家收購，現藏里昂國立美術館。我的油畫作品曾多次參加法國國家沙

上：一九三四年，常書鴻夫婦在巴黎家中與同學好友王臨乙（右五）、周思聰（右二）、呂斯百（右三）等人在一起。
下：常書鴻在巴黎的家中與好友聚會。

上：一九三五年在常書鴻巴黎家中，徐悲鴻與中法一數家學會成員會面後合影。

下：一九三四年，中國留法藝術學會聚會時在一起。

龍展，先後獲金質獎三枚，銀質獎二枚，榮譽獎一枚，我因此成為法國美術家協會會員，法國肖像畫協會會員。

自一九三三年至一九三五年，我跟巴黎高等美術學校教授勞朗斯學習期間，受到他的教導很多。勞朗斯老師從來不把他正在繪製的油畫給別人看，但他卻對我例外，給我看，並且還教導我如何佈局，如何配色，先畫什麼，邊畫邊思考，按自己的意圖畫，直到完成一幅作品。畫完以後再放放，看看，直至完善。我真是受益匪淺。勞朗斯教授不幸於一九三五年病逝。參加葬禮時，勞朗斯夫人含淚對我說：「教授在世時經常對我說，『是』是他所有學生中最聽話、最用功、最有成就的一個！希望你繼續努力，不要辜負教授對你的希望！」

我在法國已度過了九年又十月的光陰。在這裡一草一本的興衰和時序變化中，在緊張的學習階段，多少個日日夜夜，藝術大師們和他們那些傑出作品，都使我激動，促我思索，給我靈感和力量。那許多個帶著麵包點心在美術館邊參觀邊吃地度過的午休時間中，我站在里昂畫家皐維司脫巨幅《林中仙人們》的傑作前面，享受作品中充滿了性格和地方色彩的美妙和芳香，猶如欣賞十九世紀法國文學家都德的《小對象》那樣；站在德拉克洛瓦的《西島的大屠殺》前面，偉大創作給了我深刻的啟示和感受。我由衷地感到，我們的藝術工作者，「只是忙於開個人展覽，個人稱譽。所以中國的新藝術運動始終是沒有中心思想，中心動力，像一個沒有軸心的遊輪，空對空的，動而無功！」（見《中國新藝術運動過去的錯誤與今後的展望》，一九三四年八月一日第二卷第八期《藝風月刊》）我們應該將自己的藝術投入到社會生活之中，才能創作出偉大的作品來。

2. 藝術上的彷徨

對於中國新藝術運動中存在著的種種問題，我在去法國前後和沈西苓、冼星海、王以仁等有過一段時間的爭論和商討。十餘年的時間很快過去了，我們走過的道路各不相同。沈西苓從日本回來之後，放棄了繪畫，在上海編導了電影《十字街頭》；冼星海回國後創作了《黃河大合唱》；王以仁卻以突然失蹤告終，這都是他們對

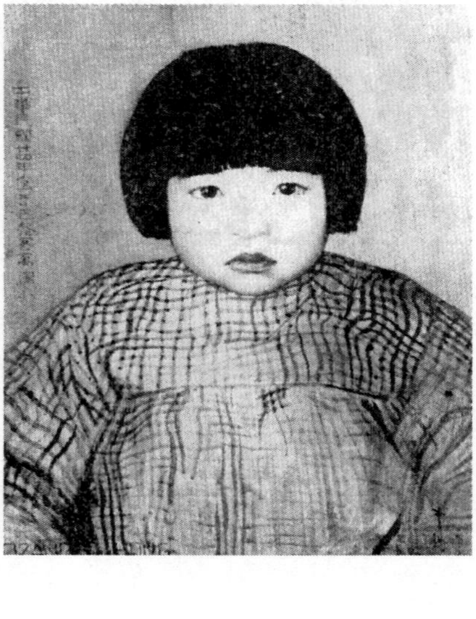

常書鴻作品《沙娜畫像》。

常書鴻一九三四、一九三五年獲得法國里昂、巴黎美術家協會的金質獎章。一九三九年二月四日，寓居貴陽的常書鴻住處遭日機轟炸後又從灰燼中被找出。

文藝工作實踐的結果。而我，十餘年來，雖經刻苦學習，一九四二年還躑躅在巴黎蒙巴拿斯街頭。正如徐悲鴻先生在一九四二年為我重慶個人畫展所寫《序》文中所指出，「在留學國目睹藝事之興替」；也正如一本由當代法車藝術評論家尚彼隆針對歐洲畫壇寫的《今日藝壇的惶惑》的論文集裡所揭示的那樣：五花八門的藝術傾向，直截了當地提出反映了資本主義世界所面臨的一些幾乎要崩潰的危殆的現象。歐洲藝術由於資本家和畫商的直接操縱，已使巴黎畫壇在二十世紀三〇年代中，從立方主義，經過超現實主義到完全胡鬧的「塗鴉主義」，徹底反映了醜化、惡化的資本主義經濟基礎和文化的崩潰。他們否定了造型規律，使藝術成為可以用符號代替的唯心主義抽象的東西。

我一方面既厭惡文學藝術上形式主義的沒落與頹廢的現象，另一方面對於學院派一些陳陳相因、趑趄不前的繪畫理論與實踐也感到失望。我的老師勞朗斯的教導使我在創作實踐中得到一點進步，但所謂「新現實主義」，不過是老現實主義較為簡練的改良而已！巴黎這個籠罩著美的神秘面紗的大都市，曾經是，現在還是我歷盡艱險爭取得來的心目中人類文明的中心，世界藝術的高峰，為什麼如

常書鴻一九三五年與曾竹韶、馬霽立等一起參觀英國倫敦大英博物館舉辦的《中國古代藝術展》時在門前合影。

今在意識形態上貧乏到這種地步！

在近代法國繪畫史上，曾經出現過一些不滿於歐洲死氣沉沉資本主義現實的畫家。他們為了追求真理，要求離開繁華的巴黎，去非洲、亞洲、拉丁美洲、印度、東南亞等另一個世界吸取養料，從事創作。其中最突出的是印象派的先驅者高更。他離開巴黎蒙瑪脫到非洲塔西堤島去從事創作。高更因為不滿於繪畫上形形色色的陋習，在一八八一年的一天晚上，將所有的親戚朋友邀集在巴黎一家咖啡店中，發表了一篇向巴黎人告別的戲劇性的演說之後，次日就束裝去塔西堤，在那裡安家落戶，終身從事藝術的探索。今天我設身處地，從自己這幾年來巴黎的親身感受，以及對於藝術創作上存在的一系列問題得不到解決的苦悶心情，我完全理解高更出走非洲的原因，甚至於也設想著有一天，很快地有一天，我也要向巴黎告別。

但是另一方面，我確實也存在對巴黎留戀不捨的矛盾心理。回憶近十年來在法國學習體會的經驗，我覺得對於法國政府組織、保護、陳列得那麼井井有條、內容豐富的現代博物館、美術館，必須再一次進行一番認真的巡禮，細緻地參觀、欣賞、學習那些自己一直喜愛的中世紀文藝復興及十八、十九世紀前後一直到近代的藝術傑作，尤其是包羅萬象的盧浮宮，那裡珍藏著從希臘的《勝利之神》到義大利文藝復興盛世的《蒙娜麗莎》等馳名世界的傑作，它們使我畢生難忘。而那些代表法蘭西大畫家達維的《拿破崙加冕》和十九世紀安格爾的《土耳其浴室》，德拉克洛瓦的《西島大屠殺》，馬納的《林中之宴》和以黑人作背景的《裸臥女》，莫內的《睡蓮》，德加的《舞女》，米勒的《晚禱》等等，已經成為世界名畫的傑作，都是人世間不朽的創造，它們更深深地刻印在我的心目中，給我以美的薰陶與教育。

但是，我最喜愛的還是法國浪漫派鉅子德拉克洛瓦那描寫十九世紀五〇年代戰爭時期，殖民主義者對無辜的非洲人殘殺暴行的作品。這是一幅曾經無數次使我感情激動的偉大的傑作。在這幅傑出作品中，畫家成功地刻畫了一個懷中還抱著乳奶小孩的中年婦女，在她那被一個騎馬的殖民主義者強盜用馬刀砍得血肉淋漓的胸前，嬰孩正在吮著母乳，慘不忍睹的瞬間描繪的驚人技巧和表現能力，在我的心靈深處銘記下不可磨滅的印象。回憶一九三一年因為日本軍國主義對我國的侵略，我作為正在異鄉的留學生，即興創作的一幅描寫一個坐在中國式家園中的少婦，在吹奏橫笛的《懷鄉曲》油畫，對比之下，實在太不夠了。

提到這一段，主要說明法國藝術對我創作上的鼓舞與促進。的確，最後一次在這座莊嚴偉大的盧浮宮古代藝術歷史博物館的幾天連續的參觀巡視，對我的教育是很大的。我比較希臘、羅馬、埃及、印度、波斯古代的文物和藝術名作，它們各自具備著強烈的民族風格和地方特色，每一件藝術作品無論從主題內容或藝術表現手法，都顯示了鮮明獨特的藝術才華和各自的特點。如希臘藝術的優美、羅馬藝術的樸實、埃及藝術的莊嚴、波斯藝術的金碧輝煌。這些藝術傑作給我以世界美術史系統的、感性的認識，在我記憶中組成了一個色彩陸離的美的世界。

3. 新奇的發現——《敦煌圖錄》

有一天我從盧浮宮出來，經過盧森堡公園，根據多年在巴黎散步的習慣，總要經過聖傑曼大道，順便遛到塞納河畔舊書攤去流覽一下內容豐富的書籍。今天為了留一點參觀盧浮宮的古代美術傑作的紀念，我特意去美術圖片之部找尋……忽然發現了一部由六本小冊子裝訂的《敦煌圖錄》。我打開了盒裝的書殼，看到裡面是甘肅敦煌千佛洞壁畫和塑像圖片三百餘幅，那是我陌生的東西。目錄、序言說明這些圖片是一九〇七年伯希和從中國甘肅敦煌石窟中拍攝來的。這是從四世紀到十四世紀前後一千年中的創作。這些壁畫和雕塑的圖片雖然沒有顏色，但那大幅大幅的佛教畫，尤其是五世紀北魏早期壁畫，氣勢雄偉的構圖像西方拜占廷基督教繪畫那樣，人物刻畫生動有力，其筆觸的奔放甚至於比現代野獸派的畫還要粗野。這距今一千五百年的古畫，使我十分驚異，甚至不能相信。我愛不釋手地翻著、看著那二三百幅壁畫的照片及各種藏文和蒙文的題字。這是多麼新奇的發現啊！半個鐘點、一個鐘點過去了，這時巴黎晚秋傍晚的夜色已徐徐降臨，塞納河畔黃昏的煙霧也慢慢濃起來了，是收拾舊書攤的時候了！書攤的主人看我手不釋卷的樣子，便問：「是不是想買這部書？」我說：「我是中國人，這本書就是一本介紹中國敦煌石窟古代壁畫和塑像的照相圖冊。我很想買它，但不知要多少錢？」他回答說：「要一百個法郎。」那時我身邊沒有這麼多錢，正在猶豫著。賣書的人看我捨不得離開的樣子，就說：「還有許多敦煌彩色的絹畫資料，都存在離此地不遠的吉美博物館。你不必買它了，還是親自去看看再說吧！」

第二天一早，我來到吉美博物館。那裡展出著許多伯希和於一九〇七年從敦煌盜來的大量唐代大幅絹畫。有一幅是七世紀敦煌佛教信徒捐獻給敦煌寺院的《父母恩重經》，時代早於文藝復興義大利佛羅倫斯畫派先驅者喬托七百年；早於油畫的創始者文藝復興佛拉蒙學派的大師梵愛克八百年；早於長期僑居於義大利的法國學院派祖師波生一千年。這一事實使我看到，拿遠古的西洋文藝發展的早期歷史與我們敦煌石窟藝術相比較，無論在時代上或在藝術表現技法上，敦煌藝術更顯出先進的技術水準。這對於當時我來說真是不可思議的奇蹟。因為我是一個傾倒在西洋文化，而且曾非常自豪地以蒙巴拿斯的畫家自居，言必稱希臘、羅馬的人，現在面對祖國如此悠久燦爛的文化歷史，自責自己數典忘祖，真是慚愧之極，不知如何懺悔才是。

上面的比較，使我驚奇地發現東西方文化藝術的發展有如此不同的差距，看到了我國光輝燦爛的過去。我默默思忖著：對待祖國遺產的虛無主義態度，實在是數典忘祖。回憶在艱難困苦中漂洋過海來到巴黎這個世界藝術中心，十年來差不多都沉浸在希臘、羅馬美術歷史理論與實踐中，竟成長發展到如此的地步。在這一事實前面，我對巴黎藝壇的現狀深感不滿，決心離開巴黎，而等待著我的，當然不是塔西堤，而是蘊藏著四～十四世紀民族藝術的敦煌寶庫。

就在我打算要離開巴黎之前，接到了南京國民黨教育部長王世傑的電報，聘請我為北平藝術專科學校的教授，並要我從速返國任職。我接受了他的邀請。

4. 在巴黎—北平的國際列車上

一九三六年，一個秋雨濛濛的日子裡，我把妻子陳芝秀和女兒沙娜留在巴黎，隻身搭上了從巴黎開往北平的國際列車。

我是抱著「藝術高於一切」、「為藝術而藝術」的觀念到巴黎的，在巴黎期間，曾經碰到過國民黨人，也碰到過共產黨人，我都拒絕入黨。這一次從巴黎回國，途經德國、波蘭、俄羅期，歷時十五六天。旅途的見聞和親身的經歷，使我那種「藝術高於一切」、「為藝術而藝術」的觀念受到強烈的震動。

在車廂裡，我認識了一個日本人，一個法國人，還有一個前蘇聯人。因為他們都講法語，也是準備去中國的，大家很談得來，約定一路同行，沿途一起下車訪問。這幾個外國人過去都曾到過中國，談起北平來，都非常熟悉。

列車經過德國柏林的時候，我們一起下車訪問。我去看望一位在法國相識的德國老太太。她本人是鋼琴家，有個女兒是學畫畫的，那時正想把女兒嫁給一位在法國留學的中國畫家。老太太早就寫信叫我到德國柏林去看望她。這一次見了面，她非常高興。她帶我參觀了柏林的街道，還帶我參觀了柏林博物館。在博物館裡，我第一次看到新疆吐魯番的壁畫，我的心又為之一震。我國的稀世之珍不僅被法國的盜徒竊去了，而且也被德國的盜徒掠奪了。

在巴黎看到敦煌的絹畫，在柏林又看到吐魯番的壁畫，我從心底裡感到，祖國藝術無疑在世界藝術史中擁有崇高的地位。我決心回國後一定要很好地吸取祖國古典藝術的精華，並且發揚光大，使它放射出更加絢麗奪目的光輝！

列車路過波蘭華沙的時候，我們幾個同伴在友人虞和瑞家過了一夜。華沙是一個古色古香的城市，許多建築物都是古代遺留下來的。在這裡，時間好像是停滯的。離開虞和瑞家以後，列車經過莫斯科，我們沒有在那裡久待，只匆匆地去瞻仰了紅場和列寧墓。

列車駛進滿洲里，心情非常激動，我想高聲喊：「祖國啊，你的兒子回來了！」列車在滿洲里停車時，和我同行的日本人、法國人、俄羅斯人都下車進站遊覽去了，我卻被困在車廂裡。幾個日本憲兵和漢奸圍著我，要檢查我的行裝。當他們發現我帶有一幅法國地圖和一本世界地圖時，立即查問我說：「你帶地圖幹什麼用？」「旅行用。」我回答說。我的回答，沒有使他們滿意。相反，他們倒起了疑心，把我隨身帶的書都翻了一遍，檢查得十分仔細。過去，我一直以為，藝術就是藝術，藝術與政治兩者是不搭界的，可是，一踏上淪陷了的滿洲里，日本軍國主義的政治，就來干預藝術了。在我們自己的國土上，外國人可以到處橫行，可是我作為一個中國人，一個回到祖國的中國人，卻被困在車上不讓我下車去。一股民族尊嚴受到侵犯的怒火，在我心中燃燒起來。同時，「為藝術而藝術」這一長期以來聳立在心中的金字塔，從此開始坍塌了！

後來，我再也不去理睬那些同行的外國人。到達哈爾濱時，我獨個兒上街吃飯，看到人們在秋天就戴著大口罩掃地，感到很疑惑。到底為什麼呢？人們只顧自己幹活，誰也沒有說一句話。沉默著，沉默著，好像整個世界都死去了似的寂靜。我轉進一家飯館，看到了這裡用餐的筷子是日本式的。人們也都低著頭在吃飯，昔日的繁華看不到了，大家都像機器人似的。我問同桌一個工人裝束的人，出現這種情景究竟是為什麼？他輕聲細語地告訴我，現在到處都是日本人，還有不少漢奸為虎作倀，誰還敢多說話呢？就連掃地的工人都戴上了大口罩，以免因為多說話而招來是非啊！

這時，我才意識到當亡國奴的恥辱。我們的國家哪像國家啊！我心裡忽然著急起來，想儘快地回到祖國的北平去，回到我的同行中間去，回到苦難深重的母親懷抱中去！

第三章

西行前記

1. 回國後的遭遇

經過十五六天的旅行，我終於來到了北平。我的同行們在車站歡迎我，已記不清當時他們歡迎我的熱情話語，但還清楚地記得耳畔響著的車輪轟隆聲。

到了北平，所見所聞讓我大失所望。這個古老的故都，到處都是傲慢的日本人。在故宮、景山公園等遊覽勝地，經常可以看到日本人在嬉鬧，聽到他們的挑逗聲。收音機和播音器裡傳播著各種不堪入耳的小調。我厭倦了！我對同行們說：「我要儘快去敦煌。」同行們：「現在不能去，西北政局不穩定，亂得很吶。而且敦煌地處戈壁大沙漠，那裡是滿目黃沙，旅途也不方便。」他們歡迎我到國立北平藝術專科學校任教。我想，也好，幹一段再看看吧。回到祖國沒畫賣了，要是不工作，連飯也吃不上，還怎麼能去敦煌呢？於是我接受北平藝專的教學工作，當西畫系主任、教授。很快，我覺察到不少學生經常不來上課，而是在從事各種抗日救國的宣傳活動，歌詠、繪畫、演出街頭劇等等。

我在藝專上第一堂課的印象，至今還鮮明地留在記憶中。學生們知道我是剛從巴黎歸國的人，便紛紛提問沿途的觀感。當我講述到乘巴黎通往北平的國際列車到達滿洲里，受到日寇便衣員警和漢奸狗腿子的刁難和侮辱時，

三〇年代與北平國立藝專學生。

課堂上群情激憤。許多人爭先發言講述自己類似的經歷，聲淚俱下地控訴日本侵略軍和國民黨賣國政府。接著，大家義憤填膺地唱起了抗日的歌曲：「我的家在東北松花江上……」我的心也被這憤怒的洪流所激動，久久不能平靜。我說，我們搞藝術的人，一定要把國家振奮起來，「國家興亡，匹夫有責」嘛！我說，我過去認為藝術家是可以不問政治的，這是不對的。我們的國家受外國侵略都成這個樣子了，藝術家不能只搞藝術。我們一定要振興中華，挺起我們民族的脊樑。這件事後來傳到了藝術專科學校的訓導處，這個受國民黨控制的訓導處，曾暗中調查我的歷史，準備對我和一些進步學生加以迫害。然而，他們沒有成功。

在北平藝專執教一段時間後，大約在一九三六年底，國民黨教育部次長張道藩通知我參加次年在南京舉行的第二屆全國美展，並且讓我擔任北平方面的籌委會委員，做一些籌備工作。我把我的畫和一些學生的畫都寄去了。不久，張道藩就打電報叫我到南京參加美展籌備工作，我和劉海粟任全國美展評審委員。

為什麼張道藩看上了我呢？一開始，我不大清楚。我當時只知道他的老婆是法國人，他同我一樣過去也學美術，所以看中了我。後來，我才發現，他是想利用。那時，我國美術界有三派，南京徐悲鴻、上海劉海粟、杭州林風眠，三派都有一定力量。他想獨樹一幟，但沒有人肯跟他，於是他就想利用我剛從國外回來，拉出一派人馬來為他工作。我這個人不會那一套，我同三派畫家都聯繫得很好，根本就不存在另立幫派的念頭。

一九三七年常書鴻在北平創作。

看畫展的除國內各界群眾外，還有不少外國人。有個德國大使陶德曼，當場買了我的兩張靜物畫。他還叫我到大使館去，為他和他的夫人畫兩幅肖像。這次畫展之後，我回到了闊別多年的家鄉杭州，見到了年邁的老祖母。當時由於父母都已去世，我特地為兩老掃墓、做墳，同時還清了家裡的舊債，然後又回到北平藝專任教。

一九三七年七月七日那天，我照例和幾個學生去北海公園畫畫，忽然聽到了隆隆的炮聲。有人說，日本鬼子在蘆溝橋向我們開火了！我們全都一驚，趕緊收拾畫具往家走。蘆溝橋事變以後，全市大亂，幾位畫界的同仁一起議論，北平待不住了，還是往南走吧！

我也匆匆忙忙收拾簡單的行李、畫具，精心挑選了自己的五十多幅作品隨身帶走。這些作品，是我在巴黎留學十年的精華，是妻子陳芝秀新從巴黎裝箱運來的。我把傢俱、書籍等全交托給了當時學校的秘書長趙某，但後來全散失了。一九三七年七月十四日，我乘由北平開往南京的火車，好不容易到了南京。在南京，得知陳芝秀在我一再去信催促下，不久就要帶女兒回國的消息，於是我準備到上海去接她們。我還特地去拜訪德國大使陶德曼。陶大使很欣賞我的畫，說我的作品十分像十六世紀德國肖像畫家霍爾本的作品。他一見我就問：「你準備到哪裡去？」我說：「不久妻子女兒要從法國回來，我要帶家眷到杭州老家去。」他又問我對中日打仗的看法。我說：「看樣子打不長吧！」他笑笑，不大贊成我的看法，說：「尊敬的先生，你可不要太天真了，戰爭是無情的。這仗，我看不僅要打起來，而且可能要打很多時間哩！」

他看到我隨身帶著一大卷畫，便對我說：「你這樣帶著它方便嗎？你要是放心的話，這些畫可擱在這裡，我替你保存。」我當時就把畫交給他了。從此這些畫就像泥牛入海，再也沒有消息了。事隔十四年，新中國成立後的一九五一年，我們在北京故宮午門城樓上舉行「敦煌文物展覽」時，當時的外交部舉辦了一次招待外國駐華使節的專場，要我用法語做接待工作。在場的瑞典公使阿馬斯頓先生問我：「法國最近出版了一本《沿著玄奘的足跡》的書，你看見過嗎？」我回答沒有看見此書，公使先生表示他回去後可以將此書寄給我。他記下了我的地址。《沿著玄奘的足跡》這本書寄給我不久，我接到瑞典公使給我的來信，邀我全家到瑞典駐華使館去做客。我對於這突如其來的邀請不知如何辦。我把這個情況請示了鄭振鐸局長。他同意我按時赴約。我到瑞典駐華使館後，公使先生熱情地接待了我。他微笑著問我有沒有丟失什麼自己最心愛、最寶貴的東西？我想了半天，欠然地說我想不起來了。這時公使先生就拉開客廳的長沙發。我突然間發現了一個奇跡，都不敢相信自己的眼睛。我看見了一九三七年七月十四日我在北平匆匆用床上的花床單包紮的那一卷畫，即我寄存在南京德國駐華大使陶德曼先生那裡的一卷油畫。我激動得用顫抖的聲音問：「公使先生，這是怎麼回事？」公使先生立即叫一位王先生出來見面。原來事情是這樣的，公使先生說：「那天參觀敦煌文物展覽以後，我要王秘書將《沿著玄奘的足跡》一書寄給你。王秘書看到你的名字後，他說您正是他多年要找的人。原來王秘書在南京德國駐華使館工作，一九三七年日本佔領南京，德國使館撤退時，王秘書把這卷畫帶到蘇州老家藏起來了。一轉眼十四年過去了，他一直找不到常先生您。現在他知道您在北京，他希望物歸原主。於是我就促成此事，要王秘書到蘇州老家取來這卷畫，現在是物歸原主了。」公使先生要我親自打開畫卷清點畫件。我感動得熱淚盈眶，攤開了五十多幅油畫。我說：「公使先生和王秘書，我太感激您們了。您們喜歡哪幾幅，請留下作紀念吧！」公使先生懇切地說：「您的好意我領受了。我認為畫就是畫家的生命，我不能要。我很快慰，這是我生平做的第二件好事。第一件是在第一次世界大戰以後，我給一個孤兒找到了他的親生母親；第二件好事，就是使您找到了失而復得的這些如同生命一樣寶貴的畫。因為這兩件事都是通過我而在人之美的，這是我非常欣慰的。」真的，公使先生這種助人為樂的善舉使我永遠懷念他。

隨著日本侵略軍的進攻和國民黨軍隊的節節後退，北平藝專向後方遷移。九月，我在杭州接到趙太侔來電，要我立即到江西廬山牯嶺辦學。我把妻女安頓在上海以後，隻身趕往江西南昌，開始了長達兩年的逃難生活。

臨別時，女兒沙娜給我一塊馬蹄鐵。這是我去長城的路上拾到的，她要我隨身帶著。因為在歐洲，馬蹄鐵是幸福的象徵。但是，在中國，這塊象徵幸福的馬蹄鐵，卻差點要了我的命。

列車一到南昌火車站，員警見我西裝革履，就湧上來檢查我的皮包，他們發現一張我在法國留學時的學生證，在學生證上，我的名字寫得很草，像「常青川」似的。據說這個常青川，是當時江西地下黨的一位同志。員警問我：「你叫常青川吧？」我為了避免麻煩就答應了。他們對我不但懷疑，而且當共產黨來處理，翻箱倒篋，又把我的皮包翻了一遍，發現女兒沙娜給我的那塊馬蹄鐵。他們說：「你帶馬蹄鐵幹什麼用？」我說：「在歐洲這是幸福的象徵。」他們不信，硬說馬蹄鐵是特務用的聯絡記號，是什麼信號之類的東西。他們不讓我走，把我押到員警廳看守所拘留起來。

那時，南昌很熱，夜裡睡不著覺。我想這一回不得了！他們把我認作常青川，又把馬蹄鐵視為信號，看樣子凶多吉少了。怎麼辦呢？我掏出幾塊大洋給一個小員警，叫他替我給武漢的國民黨教育部打電報。第二天清早，我的行李到了，教育部長的電報也來了，員警們檢查了我的聘書，才把我釋放。我立即趕路前去牯嶺。

到達牯嶺後，與趙太侔和江西籍的講師譚旦冏等經過短期籌備，十月在江西牯嶺開學。開學不到兩個月，由於戰亂，牯嶺也不能待了，大家商量去湖南，因此又遷至湖南沅陵。這年十一月到達沅陵老鴉溪復課不久，國立杭州藝術專科學校也從杭州遷來。一九三八年初，教育部決定北平藝專和杭州藝專兩校合併為「國立藝術專科學校」，成立了校務委員會，由原杭州藝專校長林風眠任主任委員，原北平藝專校長趙太侔和我任委員。從原來的情

一九三八年，國立藝專遷校至湖南沅陵時，常書鴻夫婦及女兒與師生們在一起。

況看，杭州藝專的人馬多，北平藝專的畫具多。因為各種關係和矛盾，兩校的人合不來。我是杭州人，又在北平藝專執教，所以有關人士想讓我起一個團結和緩衝的作用。但是，由於派別及許多十分複雜的原因，我左右為難，而且吃力不討好。國立藝專在沅陵辦學的七八個月中，吵鬧的事接連不斷。我一方面要應付各種煩人的人事糾紛，又要處理大量的辦學事務。林風眠和趙太侔因為原來都是校長，有一套原先的人馬，除開校務委員會議外，大都住在家中。我成了一個駐校的常務負責人，艱難地處理著辦學、生活等多種事務。特別是學校地處沅陵，生活和教學設施缺乏的問題很難解決，合併的兩方學校的一些教職員堅持分校的立場。是年秋，北平藝專和杭州藝專的八名教授聯名向校務委員會提出改善生活和教學條件的書面要求。林風眠接到書面要求後當夜獨自出走，隨即杭州藝專的師生就罷教罷課，以至後來在國民黨特務的挑動下發生械鬥和圍毆進步師生的事件。一九三八年冬，校務委員會撤銷，實行校長制，由滕固任校長，趙太侔被聘為實用藝術部主任，我被聘為造型藝術部主任兼西畫系教授。

一九三九年常書鴻全家在昆明郊區。

不久，學校開始撤離沅陵。這次近千名師生員工的大搬遷，因教具多和交通工具缺乏，走走停停，整個過程用了幾個月，直到一九三九年春，才搬到雲南昆明。在搬校過程中，因滕固生病住院，委託我負責搬遷時期的全校工作。其間搬至貴陽時，二月四日遭遇了日本飛機的空襲。我們住的旅館被炸毀，旅客炸死幾個，幸好，我們師生無人傷亡，但一些校產設備和師生的財產遭受嚴重損失，我的全部書畫、藏書也化為灰燼。空襲時，我正在醫院探望滕固校長。轟炸後，在一片灰燼中，我僅找回了在巴黎學習和參展時得到的金、銀兩枚獎牌，另三塊也一同被毀了。敵機轟炸時，陳芝秀和沙娜均在旅館。她母女二人從廢墟中死裡逃生，作為難民，被貴陽天主教堂所收容。女兒沙娜進了天主教會創辦的小學上學。天主教堂所傳教的嬤嬤為法國人，她們母女兩個因在法國生活了多年，講得一口流利的法語，因而能夠與他們互相溝通。頻繁的戰亂和生活的顛沛流離，使剛從法國回來的陳芝秀，難以看到生活中的出路，心理上也難以找到需要的平衡。在天主教會稍稍安定的生活照顧和佈教活動中，她開始信仰天主教義，不久便成了一個十分虔誠的天主教徒，似乎為苦難找到了一種寄託。

一九三九年春，學校搬遷到雲南昆明。經過幾個月籌備，先暫借昆華小學校址開學，後遷往昆明附近的安江村。在昆明期間，我曾去越南河內為學校採購了一部分昆明買不到的油畫顏料、畫布、畫筆等，以使師生能開展一些學習和創作。我自己也創作了一部分作品。在西南聯大教授聞一多、王遜、顧良和雲南大學校長熊慶來的欣賞和促成下，一九四〇年秋在昆明舉辦了一次常書鴻個人油畫展覽會，展出了來雲南後作的油畫、水粉畫共三十餘幅，主要有人物畫《家庭像》、《沙娜像》、《梳妝》和風景畫及靜物《平地一聲雷》、《丁香花》、《雲南臘肝菌》、《仙人掌》、《葡萄》和《安江村溪》等，獲得很大反響。

一九三九年冬，藝專的第二次風潮後，滕固校長辭職，由呂鳳子任校長，並於後來遷校於四川重慶。重慶，這個被國民黨定為「陪都」的山城，權貴如雲，白天雖然頻繁地有空襲警報，晚上仍然通宵達旦地過著燈紅酒綠的無恥生活。目睹這種情況，不由得使我憶起宋人林升一首有名的《題臨安邸》的詩來：「山外青山樓外樓，西湖歌舞幾時休？暖風薰得遊人醉，直把杭州作汴州。」國家的危難，權貴們並沒有繫於心頭。而我卻憂心忡忡，一顆藝術家的心得不到一點安寧。

一九三九年常書鴻在雲南昆明。

2. 大後方的風塵

一九四〇年，在任命呂鳳子為國立藝術專科學校校長時，呂鳳子曾提出對滕固所聘教授職位全部無效的條件，我和秦宣夫、王臨乙、李瑞年等未被繼續聘任而解職。到重慶後，當時的國民黨教育部成立了美術教育委員會。我和其他被解聘的藝術教授都成為其委員，由張道藩任主任，並讓我擔任秘書。張道藩把他的印章也交給了我。這是一個閒差事，有時間我就和幾個朋友從事油畫創作。這是我回國以後比較安定的一段生活，得以從事一兩年油畫創作。我很喜歡嘉陵江邊那種熙熙攘攘、雜亂無章的市容，有時在碼頭上散步，看江水翻滾著憤怒的波浪，咆哮著向東流去。山城重慶的江岸很主，碼頭工人沿著「天梯」般的石階，肩負著沉重的貨物；轎夫們抬著大腹便便的財主，他們嘴裡哼著號子，遍身淌著油汗，踏著艱難的緩慢的腳步，一步一步地登上走不完的石階。

這不由得使我聯想到那個在祖國西北角的敦煌，那個促使我萬里迢迢地從國外投奔祖國的敦煌。轉眼間四年已經過

右：一九四一年，常書鴻到重慶沙坪壩鳳凰山安家後，長子常嘉陵出生。這是他們的全家合影。
左：一九四〇年常書鴻在雲南晉甯縣安江村臨時校舍。

去了，敦煌還是遠在天邊，在黃沙蔽天的漠北，可望而不可及。要登上石窟所在的三危山，我的面前還橫亙著一條多麼漫長的難以攀登的嶙峋險阻的山路啊！我們幾個由美術教育委員會支薪的委員大都有自己的工作室，可以從事一些創作活動，一年多來也畫了不少的畫。一九四一年夏季，在四川成都任國民黨教育廳廳長的郭有守來看我，想請我去籌建四川省立藝術專科學校。我雖沒有答應，但還是同意了他要我去成都寫生和開畫展的要求。我在成都及灌縣、郫縣青城山等地畫了三四十幅畫風景寫生和水彩畫。這次成都畫展，郭不僅操辦，也撰文介紹，獲得極大成功。畫展真可謂是載譽蓉城，但卻引起了張道藩的妨嫉與不滿。

在教育部所屬的美術教育委員會裡任職期間，張道藩叫我在文化會堂上畫一張孫中山的像，我答應了，後來，他又叫我畫國民黨黨史，我拒絕了。我說：「我不是國民黨黨員，對國民黨黨史不瞭解，怎麼能畫得了呢？」張道藩說：「那你就加入國民黨吧，不解決組織問題，怎麼行呢？」我說：「我不加入國民黨。如果要加入的話，在巴黎早就加入了。」張道藩不樂意了，說：「你回國以後，要不是我關照，你連飯都吃不上，要不是國民黨，能有你的今天？」我沒聽他的話。我說：「我是畫畫的，不加入國民黨。」張道藩著急了，他拿出一大疊入黨表格來，擱在我的辦公桌上。他說：「你要好好考慮一下，以身作則，除去你自己要入黨外，還要通過你發展一批才好。」我根本不理睬他，照樣畫我的畫。因為我不肯按照張道藩的意思去辦，不久，張就同我發生了衝突。有一天晚上，張道藩故意找茬問我：「你用我的圖章都幹了些什麼？」我說：「領薪金。」他說，他的圖章很重要，不能亂用；以後用他的圖章，要有記錄，要向他彙報。我不高興地說：「我是畫畫的，幹不了秘書這一行。」他說：「我相信你，才叫你用我的圖章。」他又逼著我加入國民黨。我很氣憤地說：「我不是這塊料，不幹了！」我從抽屜裡取出他的圖章來，當場交還給他。這時，他也生氣了，把臉憋得通紅，說：「你怎麼能這麼辦呢？」我說：「說來說去，我這個人當不了秘書。」我硬把印章退還給了他。他沒有辦法，只好把印章收走。從此以後，我對張道藩就疏遠了，他對我也冷淡了。

3. 破釜沉舟去敦煌

一九四二年五月，中國共產黨的機關報重慶《新華日報》發表了毛澤東〈在延安文藝座談會上的講話〉。這篇文章，在重慶進步的文化界中產生了極其深遠的影響。毛澤東的講話對我也很有啟發。

當時，圍繞過去河南洛陽龍門浮雕被奸商盜賣的事件，重慶進步的文化界人士正在議論如何繼承民族文化遺產和文物保護問題。這塊巨大完美的石刻浮雕——《皇后禮佛圖》，被人劈成無數碎片，然後分別包裝偷運出國。這是當地腐敗的官吏和奸商與外國帝國主義分子互相勾結、出賣祖國文物的又一次罪行。各進步報刊紛紛發表文章，對國民黨諸如此類的罪行進行揭露和批判。與此相關，人們對敦煌石窟歷次的被大肆劫掠和破壞，也對國民黨政府提出了批評和建議。為了應付輿論，裝飾門面，重慶政府被迫指令教育部籌備成立「國立敦煌藝術研究所」。

誰來負責研究所的工作？在國民黨政府裡的官僚們只會作官當老爺，決不肯離開安樂窩，不肯西出陽關去擔當這份喝西北風的無名無利的苦差事。再說，他們中也的確沒有「懂行」的人，就只好託人在文化界朋友中物色。

第一個同我談起去敦煌工作的是當時在監察當參事的陳淩雲。他是我在法國留學時認識的。一九三四年夏，他到法國考察戰後法國救濟事業，來巴黎找我做他的翻譯。因為那時中國大使館抽不出人來，我陪他參觀並為他翻譯了不少資料。他說回國發表時用他和我兩人的名義，他回國後出版時卻只署上他個人名字。一九四二年在重慶，有一天我去裱畫，恰巧碰上了姓陳的。見面時我沒有理睬他。他卻對我說以後要來看望我，他現在是監察院參事。事隔兩個月後，他真的來找我了。他說：「你不要生氣了。這次找你，我有正經的事情。你不是想去敦煌

常書鴻一九四一年在重慶沙坪壩的鳳凰山作畫。

嗎？現在機會來了。于右任建議教育部成立敦煌藝術研究所，想讓你去當籌委會副主任。籌委會主任由陝甘寧青新五省檢察使高一涵擔任。你要是願意的話，我可以回去報告。」接著，他還向我賠禮道歉一番，表示他是真心實意地幫助我去敦煌。我接受了這一邀請。

這以後，我同梁思成教授、藝術家徐悲鴻大師商談此事。梁思成說：「你這破釜沉舟的決心我很欽佩，如果我身體好，我也會去的呢！祝你有志者事竟成。」徐悲鴻對我的決心也給予了熱情的支持和鼓勵。他對我說：「我們從事藝術工作的人，要學習玄奘苦行僧的精神，要抱著『不入虎穴，焉得虎子』的決心，把敦煌民族藝術寶庫的保護、整理、研究工作做到底。」

我接受敦煌工作後，在去敦煌前，曾拜會過于右任先生。他當時任監察院院長。見面時，于右任先生談起他一九四〇年去西北，專程前往敦煌千佛洞參觀考察，發現甘肅敦煌作為民族文化藝術寶庫，其價值和意義都是偉大和不可估量的。因此，考察結束後，他就打報告建議將敦煌千佛洞收歸國有，招收人才成立「敦煌學院」，對敦煌文物進行保護和研究。他對我下決心去荒漠戈壁中的敦煌十分讚賞。他說，他看到千佛洞，發現這是座包括四世紀到十四世紀上千年久遠的文化藝術寶庫，在整個世界上是罕見的，所以不管國家如何窮都要設法保護。但是那裡是沙漠，與城市隔絕，生活十分艱苦，如果是沒有事業心的人到那裡去，那是幹不久也幹不好的。要有一個從事藝術、又愛好藝術的人到敦煌去幹才可以放心。他說，你在國外很久，走的地方很多，看到的東西也很多，你一定會對這個世界少有的民族文化藝術寶庫感興趣而能堅持這一工作。要堅持因為敦煌的保護和研究關係到民族歷史、宗教、語言、文字、藝術等各種複雜的學問，不是一手一足短時間內所能完成的，所以必須要進行長期的研究工作。當然，說到研究工作，那裡的環境也是困難的。因為自一九〇〇年敦煌的寶藏被發現後，英、法、俄、日、美等國家的所謂專家學者都爭先恐後地到那裡去尋找石室寶藏，然後根據劫得的文物進行研究，已出版了不少研究敦煌的佛教藝術和寫經的有關歷史、文藝、宗教等各方面的著作，而且已有「敦煌學」之稱。于右任先生建議，敦煌研究所成立以後的研究工作，必須以它所涉及到的文化、歷史等多方面進行綜合研究，但現在敦煌石室的密藏已被外國人拿走了，所以研究其他有關民族文字、交通、地理等專題，必須購置中外有關敦煌的書籍，而這些書籍現在還不易購得，只能待以後再說了。他說，現在敦煌千佛洞除了幾百個各時代的石窟外，只有上、中、下三個寺院，目前的工作先從保護開始，同時清除積沙，修理棧道橋樑，保護千佛洞林木。研究工作可以從臨摹壁畫和塑像開始，然後進行研究。我十分贊成于右任先生的想法。他最後對我說起成立敦煌藝術研究所的決定。他說，在報告中他寫道：「似此東方民族之文藝淵海若再不積極設法保存，世稱敦煌文物恐遂湮消，非特為考古暨博物家所歎息，實是民族最大之損失，因此，提議設立敦煌藝術學院招摹大學藝術學生，就地研習，寓保管於研究之中，費用不多，成功特大，擬請教育部負責籌畫辦理。」在第75次國防最高委員會上提議通過後，交由教育部辦理。是時教育部因體制等原因，不便成立敦煌藝術學院而改設敦煌藝術研究所。「這並不是我原來的意圖。因為中國是個多民族的國家，西北又是全中國很多民族聚居的地方，我的意見是西北必須有一個研究民族文化歷史，培養民族幹部的機構……當然，你是一個藝術家，也許對西北邊疆的民族文化的問題現在還瞭解不多，但只要你到了蘭州以西的青海、新疆等地方，等你與這些邊疆的少數民族相處之後，一定會和我一樣感到這個問題的存在。」他希望我在去敦煌之後，不僅在敦煌保護研究上，在關於「邊疆民族文化學院」的設立上能考慮一個意見，打一個草稿。兩個多小時的談話，使我獲益匪淺。談話後，于右任先生還招待我吃飯。以後我曾兩次見到于右任先生。一次是我到敦煌後，為保護莫高窟元代六字真言碑不致捶拓過多，而請人製了一個縮印銅版，用於大量印刷，以應酬前來索取六字真言碑碑文拓片的人，為此，請于右任先生在縮印的碑上寫了一個題記，一起製版。第二次是一九四八年在南京舉辦敦煌藝術展時，他來參觀展覽，並在紀念冊上題了字。

值得在這裡提一下的是，關於「邊疆民族文化學院」的事。在我去敦煌後的一九四四年冬，遵于右任先生的囑託，我抽空開始考慮邊疆民族文化學院的設計草案。這一設想我在蘭州籌備敦煌研究所時曾和高一涵交談過。

高一涵也瞭解于右任先生的這一設想。認為這是于老一向的意見，也曾對他談起過，但一直沒有時間辦。高一涵知道國民黨在做民族工作方面那種貪污腐敗的工作作風，但他的方法也沒有脫離大漢族主義的「以夷制夷」的思想範疇。我起草的這個方案是邊調查邊寫的，斷斷續續直到一九四六年才完成。因為自己是搞藝術工作的，整個地看，這個方案還是偏重或強調了民族藝術的部分，尤其強調了敦煌藝術對民族藝術的重要意義，提議選拔全國美術院校學習中國畫的學生來敦煌學習研究，以繁榮我們的人物畫創作。

在當時的環境和條件下，要到敦煌去，說起來容易，做起來卻難上難，它肯定不是《天方夜譚》中一個充滿浪漫色彩的故事。在中國悠久的歷史上有過不少出使西域的人物，漢代的張騫和唐代的玄奘便是著名的兩個。他們一步一個腳印，長途跋涉在荒無人煙的戈壁沙灘中，經受了各種難以名狀的人間和自然界的折磨和考驗，以自己的忠贈和毅力，創建了千古傳頌的業績。我當然是不能和他們相比的。我只有一個小小的心願，就是為保護和研究舉世罕見的敦煌石窟這個民族藝術寶庫，一輩子在那裡幹下去。

承擔籌委會這一艱巨的任務，靠我這個籌委會副主任一個人當然是不行的，必須組成一個工作班子。根據工作的需要，我必須有幾位專長歷史考古和攝影臨摹工作的合作者。當我把這個要求向主管部門的教育部負責人提出的時候，想不到他冷冷地對我說：「我不能給你找到這些人。看來你只有在志同道合的朋友中去物色，或者到當地（甘肅蘭州）去解決。」

我的第一個步驟是在重慶物色我的合作者。結果，我又碰到一個騙子和一個自私的文人。有一個是當時中央通訊社的攝影主任。他對我說，他同頭頭搞不好關係，正在鬧彆扭，他願意跟我去敦煌，並保證斯三年之內把敦煌壁畫全部用攝影反映出來。我問他要買什麼東西，他說：「不用買。現在就是有錢也買不到攝影器材。我在通訊社工作，可以借出一套器材來。」他說得天花亂墜，騙取了我的信任。還有一個四川大學的教授，是搞美術史的，他說也要去。這個人自私自利到了極點，這裡就不詳述了。總之，這兩個人跟我一起去敦煌，一個把拍攝的照片資料全部帶走了（現在這批照片資料在美國某博物館），一個把自己所考察記錄的關於供養人題記的資料也全部帶走了，一點也沒有給研究所留下。

當然，除了落實和組織人員以外，最關鍵的仍然是經費問題。沒有經費，人員的落實和所需的設施都將落空。教育部對我們除了發給一筆非常有限的經費之外，再也沒有任何其他實質性的支持和幫助。我決定開畫展，賣傢俱，當行李，發誓作破釜沉舟的打算。

離開重慶前的這次畫展，共展出四十餘幅油畫。有一部分在雲南等地畫的風景和靜物，還有一九四一年起在重慶創作的作品，如回憶貴陽遭受敵機轟炸的作品《是誰炸毀我們的》、《四川一農民》以及靜物、風景和人體習作等等。畫展由徐悲鴻寫序，稱讚我為中國「藝壇一雄」。序文說：「油繪之人中國，不佞曾與其勞。而其爭盟藝壇，蔚為大觀，尤在近七八年來，蓋其間英才輩出。在留學國，目燦藝事之衰微；在祖國，則復興之期待

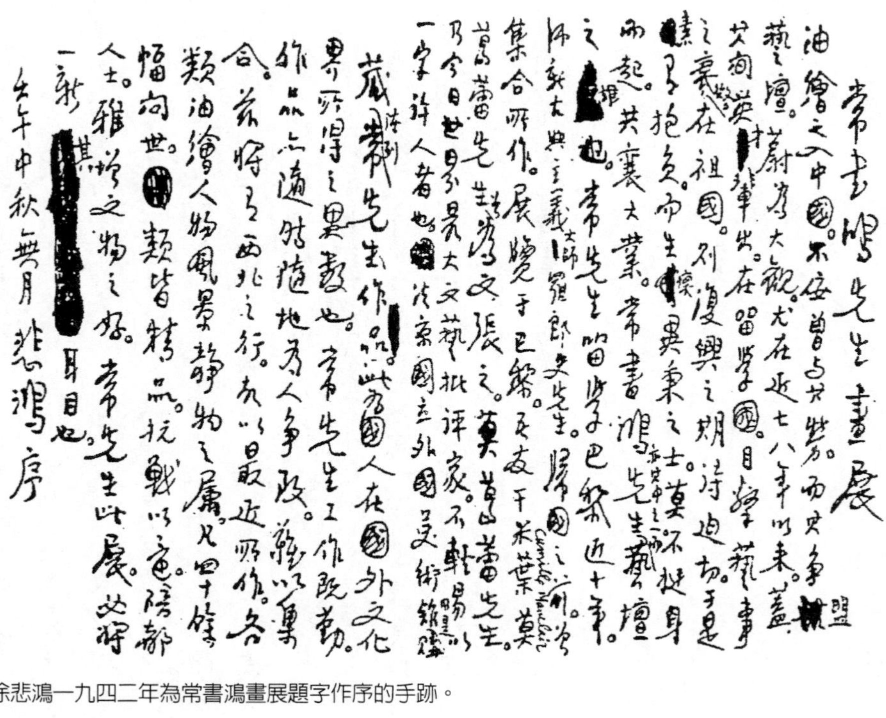
常書鴻先生畫展

油繪之入中國，不佞曾與其勞，而其爭盟藝壇，蔚為大觀，尤在近七八年以來。蓋其間英才輩出。在留學國，目擊藝事之衰微；在祖國，則復興之期待迫切，于是懷才異稟之士，莫不挺身而起，共襄大業。常書鴻先生藝壇之雄也。常先生留學巴黎近十年，師新古典主義大師羅朗史先生。歸國之前，曾集合所作，展覽于巴黎，友干米葉莫葛蕾先生為文張之。莫葛蕾先生乃今日世界最大文藝批評家，不輕易以一字許人者也。法京國立外國美術館藏常先生作品，此為國人在國外文化界所得之異數也。常先生工作既勤，作品亦適隨地為人爭致，繼以集合。茲將為西北之行，出以最近所作，各類油繪人物風景靜物之屬凡四十餘幅問世，類皆精品。抗戰以還陪都人士，雅好文物之好。常先生此展，必將一新其耳目也。

卅一年中秋無月　悲鴻序

徐悲鴻一九四二年為常書鴻畫展題字作序的手跡。

迫切。於是素有抱負，而生懷異秉之士，莫不挺身而起，共襄大業。常書鴻先生亦其中之一，而藝壇之雄也。常先生留學巴黎近十年，師新古典主義大師勞朗斯先生，歸國之前，曾集合所作，展覽於巴黎。吾友千米葉·莫葛蕾先生曾為文張之。莫葛蕾先生，乃今日世界最大文藝批評家，不輕易以一字許人者也。法京國立外國美術館亦購藏陳列常先生作品，此為國人在國外文化界所得之異數也。常先生工作既勤，作品亦隨時隨地為人爭致，難以集合。茲將有西北之行，故以最新所作，各類油繪人物風景物之屬，凡四十餘幅問世，類皆精品。抗戰以還，陪都人士，雅增文物之好。常先生此展，必將一新耳目也。」畫展開幕之日，徐悲鴻抱病前來，並當場挑選了一幅靜物，後來他送給我一幅國畫《五雞圖》，作為我們互贈的紀念品。這次即將西行的告別畫展，得到了重慶各界人士的廣泛贊同和支持，展出的四十餘幅油畫售出不少，籌得了前往敦煌必需的幾萬元經費。

一九四二年的八月，重慶報紙上公開報導了「國立敦煌藝術研究所」即將籌備成立的消息，公佈了籌備委員會委員名單，由七人組成，陝甘寧青新五省監察使高一涵任主任委員，常書鴻任副主任委員，王子雲任秘書，張庚由、鄭通和、張大千、竇景椿等任委員。

我於一九三六年為前往敦煌而回國，經過六年的坎坷風雨，而如今就要實現西去敦煌的理想，十分興奮，立即著手準備西行。

第四章

初遇敦煌

1. 沿著河西走廊前進

在一九四二年一個煙霧瀰漫的早晨，我隻身離開重慶珊瑚壩機場，飛往西北高原的蘭州。嚴冬的西北高原，一派空曠蕭條的淒涼景象。奔騰咆哮的黃河，冰雪初封，顯得格外馴服、平靜。河邊上停著幾架破舊的木輪大水車，掛在車上的竹罐子在呼嘯的西北風裡發出一陣陣嘶鳴，像是訴說著什麼悲涼的遭遇。古城蘭州的街道上行人稀少，人們穿著厚厚的棉衣或皮大衣，戴著皮帽子。幾輛包著青棉布棚的馬車，吱吱啞啞地在雪地上碾過；還有幾輛馬拉的水車，車上一個大木桶，後面有一個出水口，從木塞上滴出的水結成了冰凌，這是從黃河中取水供給居民使用的。在這樣的氣氛中，我頓生一種淒涼之感。

第二天，任五省檢察使和敦煌藝術研究所籌委會主任的高一涵來我下榻的勵志社看我。為了工作方便起見，他帶我拜會了甘肅省政府主席谷正倫、西北軍的朱紹良、省參議會議長張鴻汀（兼《甘肅省通志》主編）、老歷史學家慕少堂以及西北公路局局長何競武等。谷正倫當面指示甘肅省教育廳大力幫助，在原籌備組成員王子雲未到時，由鄭通和調來天水中學校長李贊亭任秘書，並責成省交通廳和西北公路局負責解決今後敦煌和蘭州的交通問題，因當時蘭新公路只經過安西，從安西到敦煌一百二十公里沒有公路。

一九四二年底，在蘭州召開了敦煌藝術研究所籌備委員會，初步決定了敦煌藝術研究所的各項籌備工作。當時有人提議將研究所所址設在蘭州。我說：「蘭州距敦煌一千兩百公里，這麼遠怎麼搞保護怎麼搞研究呢？」我向于右任也反映了這個意見。于右任支持我的意見。他說他提議建立研究所是寓保護於研究，所以不能離開千佛洞。這樣一來，一些原來想在這問題上打個人算盤的官員臉上就掛起了冰霜，結果對於我提出的工作要求、人員配備、圖書器材、繪畫材料等問題採取不合作態度，使許多工作難以展開。

時間一天天過去了，人員和物資仍無著落。當時，一提起塞外戈壁灘，不少人便談虎色變，對於長期去那裡工作，則更是望面卻步，無人問津了。一天，一個偶然機會，碰到一個在西北公路局工作的國立北平藝專學生龔祥禮。他一見如故，欣然應允隨我前往敦煌，並且又由他介紹了一名小學美術教員陳延儒和我們一塊去。有了兩個人的隊伍，總比單槍匹馬好多啊。我內心感到很欣慰。後來，又經過和省教育廳交涉，由省公路局推薦了一位文書，名叫劉榮曾。最後還缺少一名會計，沒有辦法，我只有到教育廳舉辦的臨時會計訓練班去招聘。開始，這個班四十幾個人中沒有一人願意應招。半個鐘點以後，才有一個穿著長布衫名叫辛普德的人站起來說，他願意去敦煌。他說他原在武威工作，因為受到馬家迫害才來蘭州的。這一下總算解決了班子問題！班子雖然不大，但也「五臟俱全」了。

在臨離開蘭州的前三天，龔祥禮興高采烈地跑來，讓我看一份已購置的物品清單，有紙、墨、筆、顏料、尺子、圖釘、圓規等，雖然少得可憐，但我簡直是喜出望外了。有了隊伍，又有了這份家當。可以幹一番事業了。記得我當時很感慨地說，能搞到這些物品，真是不錯了。不要忘記，這是在抗戰的大西北後方，靠這點物品，只要艱苦奮鬥，照樣可以搞出好東西來。

一九四三年二月二十日清晨，我和李贊廷、龔祥禮、陳延儒、辛普德、劉榮曾一行六人，像中世紀的苦行僧一樣，身穿北方的老羊皮大衣，戴著北方老農的氈帽，頂著高原早春的刺骨寒風，乘著一輛破舊的敞篷卡車，開始了一生難忘的敦煌之行。

敦煌是漢武帝為抵禦匈奴所建的河西四都之一。從蘭州到敦煌，途經涼州（武威）、甘州（張掖）、肅州（酒泉）三郡，每郡之間相距約五六百華里。按古代中國長途交通驛站的標準行程（也是人畜皆可以完成的行程），是每日七十華里，這樣，約需半月行期。但是，我們乘著現代化的汽車，卻一共走了一個來月，主要是因為當時乘的是老式而破舊的「羊毛車」（前蘇聯支援的一種汽車，因用西北羊毛交換而得名），機器陳舊，又缺少零件，路上經常拋錨，司機還沿途運私貨，技術也不高明，加上道路坎坷，因而還趕不上人畜的速度。行速之慢雖然給我們帶來不困苦，卻也增加了不少觀光的機會。

離開蘭州西行，堵塞永登後便進入了祁連山脈中通向古代絲綢之路的河西走廊。這裡地勢逐漸升高，氣候也更加寒冷，沿途村煙稀少，谷野荒涼。幾天之後，越過烏鞘嶺，我們來到武威郡，也就是古代的涼州郡。這裡曾是十六國時期西北的佛教中心。前秦沮渠蒙遜佔據此地後，自立為王，號北涼。為鞏固政權，他利用來自西方的佛教來統治勞動人民，故而佛教事業昌盛。在涼州至今保留不少古寺廟和石窟。天梯山石窟就是著名的沮渠蒙遜時代建造的石窟寺，其內容、結構與藝術風格和新疆赫色爾及敦煌千佛洞的早期藝術作品有極為相似之處。但是，這個在漢、唐時代盛極一時，素有「銀武威」之稱的富庶城市，如今在軍閥馬步芳兄弟馬步青的統治下，已變得城鄉凋蔽，田園荒蕪，民不聊生了。馬步芳不僅挑起民族矛盾，破壞生產，而且肆意拆毀古建築和盜竊墓葬文物。我在蘭州時就聽說，馬步芳曾派一連步兵，把敦煌石窟封鎖了三天三夜，將所有唐代元代的佛塔都把基座挖掉，搜索密藏，還挖走了一座五代時候曹議金家中的銀質寶塔和一隻天禧二年的宋代白瓷瓶，以及其他經卷等不少珍貴文物。這個土皇帝過著奢侈的享樂生活。而在他統治下的人民，卻貧窮到了不堪設想的地步。我們在汽車站，親眼目睹了這種歷慘景象：人們衣衫襤褸，面帶菜色，特別是車站上的一些十三四歲的男女孩子，竟然在涼天雪地裡只穿著破爛不堪的棉上衣，腿、腳卻完全裸露著。他們拖著凍成紫紅色的肢體，提前裝有燒洋芋和熟雞蛋的破籃子，爭著向旅客叫賣。那嘶啞顫抖的聲音和那僵慘的饑寒景象，真令人不忍目睹。

武威西行的第二郡是歷史上較武威更為富有的甘州城，又稱「金張掖」，但如今已是到處充滿貧窮落後，「銀武威」不「銀」，「金張掖」不「金」了。沿途所見，滿目悽涼，田野中幾簇乾枯的小灌木在寒風中顫抖，沙土堆像荒塚起伏，偶爾遇到一兩個身披羊皮的老農，蜷伏在枯瘦的毛驢背上。我們在孤獨、寂寞的伴隨下，無言地走向斜陽落日、黑水長流的遠方。歷史記載，西元四〇〇年四月十六日至七月十五日，高僧法顯西行過張掖時曾在這裡坐夏。這裡也是魏晉十六國時期佛教傳播的中心之一，曾有不少化塔和寺院的遺跡，早期石窟馬蹄寺就在附近。但令人氣憤的是，這些古香古色、雕樑畫棟的街道建築和寺院樓閣，正在由於擴建馬路而橫遭破壞。（這些民族民間建築遺產，第二年在國民黨「開發西北」建築蘭新公路的口號下全部拆毀，蕩盡無存）看著那些千百年來顯示著勞動人民勤勞智慧的藝術結晶在刀劈斧砍中倒下，在塵土飛揚中淹沒，心中悽楚難言。

在張掖至酒泉的途中，有一件事至今記憶猶新。黃昏時分，我們的汽車正在路上顛簸，忽然有一個農民帶著一個乘小毛驢的婦女攔車。他們苦苦哀求，說婦女懷中的小孩得了急病，想搭車趕到城裡醫治。這時車廂裡雖然已擠得水洩不通，但大家還是硬擠出一個空檔，讓這個婦女坐了上來。汽車在寒冷的夜間行駛，戈壁灘上的風沙夾著冰冷的雪花刀割一樣的抽打著車上的人。大家都把頭縮進老羊皮領子裡，就像一袋袋沒有生命的貨物一樣堆在那裡。鼻子裡呼出的熱氣馬上被凍成冰花，粘結在鼻孔周圍，漸漸堵塞，使人的呼吸都感到困難。車上沒有一個人講話，只有風聲、破爛羊毛車的馬達聲和沙粒打在羊皮衣上的聲音混雜著在耳邊鳴響。在這些聲音裡，我隱隱約約地開始聽到孩子的哭聲，在刺骨的狂風中漸漸熄滅了，不久又聽到那位婦女的淒酸的哭泣聲斷斷續續地傳來。漸漸地，我在極度寒冷中朦朧地睡著了。清晨，那位婦女突然嚎啕大哭起來，原來，她懷中有病的嬰兒已在半夜凍死了。眼前的慘劇使我心情沉重。我不由聯想到，西元前一三八年，張騫出使西域時，正是沿著這條道路前行，幾經危難；四世紀時的法顯和尚到西域取經，同樣沿此路前行，他的同伴惠景和尚在翻越蔥嶺時，慘死在風雪嚴寒之中；著名的唐代名僧玄奘，也在這裡買了一匹好馬，他想西行時安全度過布隆吉爾有名的風口，臨走時碰到一個經常由酒泉走哈密的老人，看了玄奘那匹新買的馬說：「這匹馬在平坦的道路上走倒是好的，但不能走戈壁和風口，它不識路，不識水，到哈密去很危險，不如我這匹老馬好。」玄奘聽到老人的話很感動地說：「對了！你說中要害，我願意換你的老馬。」果然，玄奘在安西迷失道路，在馬上昏迷，還是老馬把他帶到疏勒河水地邊，拯救了他的生命。在《西域記》中，他記述九死一生的危難險惡也就是指這段沙漠行路的艱辛。在這條千百年來的絲綢之路上，留下了多少榮辱盛衰，又掩埋了多少行人屍骨。而現在，偏安重慶的國民黨達官顯貴們，也許正在燈紅酒綠的歌舞場上狂歡醉飲，或者正面對著巧取豪奪的金銀財寶大喜過望。但此時此刻，在貧窮落後的寒外，又一條幼小可憐的生命，被貧窮困苦湮沒在寂寞的荒野，永無聲息地消失了。這遼闊的大西北，為什麼竟如此充滿著荒涼、貧窮、災難和死亡？

酒泉郡是漢代建立的歷史名城。漢代名將班超在塞外征戰二十年後，曾上書武帝說：「臣不敢望酒泉郡，但願生入玉門關。」他指的就是這個地方。這裡也遺留有漢、魏、十六國、隋、唐等各朝代的大量歷史文物。如酒泉西北側的黑水國，即漢代的沙漠古城。人們曾在那裡發掘出大批文物，如聞名世界的「居延漢簡」，反映了當時各族人民生活情況，也展現了各國之間東西友好往來的政治、經濟、文化交流情況。在酒泉城附近的文殊山上，有一個十六國時期北涼沮渠蒙遜修建的石窟寺，寺中文物富有中國早期壁畫和彩塑特點。酒泉城西北的嘉峪關是明代所建的通向西陲的城關，也是封建社會流徙犯人的邊卡；一出此關，眼前即是一片茫茫無垠的戈壁瀚海了。當地人們流傳著這樣的歌謠：「出了嘉峪關，兩眼淚不乾，前望戈壁灘，後望鬼門關。」它反映了當地勞動人民為謀生存而西渡流沙，難卜生死的悲慘命運。酒泉盛產一種「夜光杯」，用當地一種玉石製作，杯身細薄，斟上酒後，燈光下透過杯壁可清晰地看到杯中酒的顏色，奇巧玲瓏，名譽古今中外。盛唐詩人王翰在一首〈涼州詞〉詩中寫道：「葡萄美酒夜光杯，欲飲琵琶馬上催。醉臥沙場君莫笑，古來征戰幾人回！」可見夜光杯已久享盛名了。

出了嘉峪關，沿途看到一些土砌的墩子殘垣，這是有名的漢代傳遞資訊的烽燧。所謂「流沙墜簡」，就是在烽燧附近被流沙所埋藏的漢代邊疆戍座留下的簡箚。這裡也是漢代長城的餘脈沿絲綢之路通向敦煌郡的匯合處，是東西文化、物資交流，友好往來的重要歷史見證。

安西是我們乘汽車行程的最後一站，再往前就沒有公路可行了。這裡又是被稱為「一年一場風」的「風城」。我們於一九四三年三月二十日下午到達里。到此，一個月的汽車顛簸生活結束了。塞外的黃昏，殘陽夕照，昏黃的光線被灰暗的戈壁灘吞沒著，顯得格外陰冷黯淡。王昌齡詩句「邊日少光輝」，正是此景的逼真寫照。在公路的盡頭處，我們看到一塊用土坯砌成的四五丈高的泥牌子，上面寫著「建設大西北」五個大字，襯托著牌子後面被流沙掩埋的殘城一角，破敗凋零，一派頹廢景象。這真是對國民黨當局絕妙的諷刺！聯想一路上的所見所聞，在這到處充滿貧窮、饑餓、荒涼、頹敗的大西北，這塊土牌子可算是國民黨建設大西北的唯一「建設」了。

從安西到敦煌一段行程，連破舊的公路也沒有了，一眼望去，只見一堆堆的沙丘和零零落落的駱駝刺、芨芨草，活像一個巨大的荒墳葬場。這段行程只有靠「沙漠之舟」的駱駝幫忙了。雇了十頭駱駝，開始了我們敦煌行的最後旅程。

騎駱駝，這還是我有生以來的第一次。駱駝很溫順地跪在地上，讓人跨上它那毛茸茸的峰背。駱駝起來時先起後腿，當人向前傾時再起前腿，行走時後腿高於前腿。伴隨著有節奏的駝鈴聲，它搖搖擺擺地向前行走，使人感到安全舒適。這不禁使我回憶起小時候在西子湖上微波泛舟的情景，那一起一伏的感覺大有相似之處。「戈壁之舟」果然得名有理。

第一天，我們走了十五公里，午夜後到達自古以盛產甜瓜聞名的瓜州口。但是，這個瓜果之鄉，如今卻因為井水乾涸，連人畜飲水也要用毛驢從十公里以外馱來。「瓜州」已變成了徒有虛名的不毛之地。在慘澹悽涼的月光下，山溝裡隱約露出幾間土房，我們前去投宿。一個守屋的老漢只能提供半缸水，還不夠我們七個人（加上駱駝客，當地對趕駝人的俗稱）的飲用。我們和衣擠在土炕上，度過戈壁灘上的第一夜。

過了瓜州口後，駱駝客告訴我們，下一站要到甜水井打尖。「甜水井」，這名字在我們心中激起一陣興奮的漣漪，在枯燥的沙州旅行，誰不產生對水的珍愛和嚮往呢！當夜在漆黑中我們來到甜水井。大家都盼望著痛飲一次甜水。好不容易從井裡打上半桶，急忙用獸糞煮開，誰知喝到嘴裡卻是又苦又臭，剛才那種如飲玉液瓊漿的憧憬一下子雲消霧散了。第二天早晨，我們才發現，原來井口周圍堆滿了獸糞。這些水是牲畜長年累月連吃帶拉的結果。駱駝客走過來，看到我們一副望著井搖頭歎息的失望表情，便說：「從安西到敦煌一百二十公里的戈壁灘上，還只有這一口井哩。別看不好喝，對我們牽駱駝、趕牛馬的窮苦人來說，可真是一口救命的甘泉哩！」他的話對我們啟發很大。「嚴寒知火暖，饑渴覺水甜」，在日後敦煌艱苦的歲月中，我常想起這口甜水井和駱駝客的話，便增加了茹苦為樂的勇氣。

甜水井的下一站，是疙瘩井，聞其名便知無水可尋了。這是一個長滿駱駝刺的大沙丘。卸下重載的駱駝無精打采地啃著乾癟癟的駱駝刺。我們的水已用盡，只好坐臥在沙堆上，啃著又冷又硬的乾饃和沙棗鍋盔。深夜，輾轉難寐，仰望寒空如罩，繁星點點，空曠無聲，萬籟俱寂。正如古詩所云：「天似穹廬，籠蓋四野。」然而，這寂靜的沙漠之夜，卻使遊子心潮煩亂，無法與大自然氣氛吻合。我突然浮想聯翩，記起唐玄奘在《慈恩傳》中記述：「夜則妖魑舉火，燦若繁星……傾間忽見有軍眾數百人滿沙磧間，乍行乍息，皆裘褐駝馬之像及旌旗䂍纛之形，易貌易質，倏忽千變，遙瞻極著，漸近而微，初睹謂為賊眾，漸近見滅……」這種類似的感覺，確是人在孤獨的沙漠之夜易產生的幻景。恍惚間，在伯希和《敦煌石窟圖錄》中所見的飛天夜叉、天神菩薩的形象，也彷彿在眼前浮現。的確，再有一天多的時間，這些藝術形象即可真的呈現面前了。

當一輪紅日從嶙峋的三危山高峰上升起來的時候，駱駝客指著那裡說：「喏，千佛洞就在太陽的西邊，鳴沙山的腳下。」我們順著方向望去，只見三危山盡頭依然是一望無際的戈壁和沙山。駱駝客看我們焦急的樣子，便打趣地說：「千佛洞是仙境，時隱時現，變化無窮，哪能一下子讓人看見呢？」我們不滿意他的回答，但也無奈。駱駝依然慢悠悠地在沙灘下印刻著它那蓮花瓣一樣的美麗圖案，駝鈴也伴著它的緩慢的腳步叮噹地響著。當駱駝轉過一個沙丘時，突然，我們不約而同地歡呼起來。從一個沙丘的夾縫裡，不遠的峽谷，隱隱露出一片泛綠的樹梢頭，猶如綠島點綴其間，真是別有天地。大家急相指點，喜笑顏開。駱駝這時也加快了腳步小跑起來。駱駝客揮鞭吆喝，也無濟於事。它們歪歪斜斜地奔下山坡，在一條清澈的小溪邊狂飲起來。此時，我們卻完全被眼前的壯觀景象陶醉了。不遠處，透過白楊枝梢，無數開鑿在峭壁上的石窟，像蜂房一樣密密麻麻。燦爛的陽光，照耀在色彩絢麗的壁畫和彩塑上，金碧輝煌，閃爍奪目。整個畫面，像一幅巨大的鑲滿珠寶玉翠的錦繡展現在我們面前，令人驚心動魄，讚歎不已。一股湧自肺腑的對偉大民族藝術敬仰愛戴之情油然而生。我們跳下駱駝，向著嚮往已久的民族藝術寶庫跑去。

2. 致禮莫高窟

來到敦煌的當天，顧不上休息，我們迫不及待地作了初次巡禮。

真是「百聞不如一見」！對這個偉大的藝術寶庫，我過去一點支離破碎的瞭解，簡直太膚淺、太可憐了。僅就「千佛洞」的名稱而言，過去以為是因有一千尊佛像而得名。看了西元六九八年李懷讓重修莫高窟碑文之後，才知道這個石窟群名為莫高窟，始建於西元三六六年（東晉十六國的前秦建元二年），到唐代立莫高窟碑時，已累建起大

敦煌莫高窟的六字箴言碑，上面為于右任一九四七年的題字。

小窟龕一千多個。到那時止，雖已經千餘年的風沙侵蝕及人為的毀損，但仍保存較完好的洞窟有數百個。它是中國石窟寺中現存規模最大，保存最完好，也是最古老的藝術寶庫之一。這個石窟群，開鑿在敦煌東南三十公里的三危山和鳴沙山之間，大宕河左岸的酒泉係礫岩的陡壁上。陡壁高三五十米不等，由南至北，開鑿石窟的崖壁共一千六百八十米，七百餘窟，分南北二區。南區長九百四十米，是石窟群藝術精華所在。因為地面平坦，沿著大泉細流的沖刷，自南至北，沖向戈壁，洞窟的修鑿，順水流自南向北分上下三四層，壘壘如蜂房，櫛比相連。包括晉、魏、隋、唐、五代、宋、西夏、元朝各代修建的壁畫、彩塑洞窟三百零九個（按當時張大千編號），中隔上下的馬路坡道是原來經過二層檯子往返城鄉的通道。北區長七百二十米，有大小洞窟二百餘個。其中大部分是因開始時莫高窟無樹木蓋房，鑿窟為室，供工匠居住，內有壁畫和彩塑洞窟五個。整個石窟群共有四百九十二個洞窟（解放後至今歷年發現洞窟，現總計有壁畫塑像洞窟四百九十二個），壁畫總面積四萬四千八百三十平方米，彩塑二千餘身。如果將這些壁畫排成兩米高的畫面展出，這個畫廊可達二十二·五公里長。因此，把敦煌壁畫稱為世界上唯一最大的古代藝術畫廊是當之無愧的（阿富汗的巴米羊是佛教藝術的中心，現經日本考古學者水野清一、樋口隆康十餘年的發掘，據稱原有洞窟七百餘個，但屢經戰亂至今僅存不到十餘個洞窟。到我寫此文時，這些洞窟仍在遭受最近掀起的戰亂的破壞）。而更為寶貴的是整個石窟的藝術價值。這數量巨大的壁畫彩塑，從洞窟建築結構，壁畫的裝飾佈置，畫面的主題內容，民族特徵，時代風格看，是自四世紀到十四世紀的千餘年中，無數藝術匠師們嘔心瀝血、天才智慧的藝術結晶！這些輝煌的藝術成果，既是中華民族優秀文化藝術的結晶，又是在充分吸收和融合了外來民族文化藝術基礎上不斷創造的結果，是民族文化藝術交流的集中體現。敦煌藝術是中華民族取之不盡、用之不竭的偉大藝術寶庫，也是全世界人民的寶貴藝術財富。

置身在敦煌這個藝術宮殿裡，每一個洞窟都具有令人陶醉的藝術魅力。那建於五代時期的窟簷斗拱上鮮豔的樑柱花紋，那隋代窟頂的聯珠飛馬圖案，那顧愷之春蠶吐絲般的人物衣紋勾勒，那吳道子般的舞帶當風的盛唐飛天，那金碧輝煌的李思訓般的用色，這些體現著民族傳統和時代風格的山水人物繪畫。栩栩如生、呼之欲出地展示在我們眼前。在這裡，我看到了在伯希和《敦煌圖錄》中所看不到的各時代壁畫絢麗燦爛的色彩。而敦煌早期壁畫中那種描寫人物所用的粗獷遒勁的線條，如敦煌第二七五窟東晉十六國時期壁畫毗楞竭梨伽本生的故事等，是河西當地民族匠師們的一種特有風格。在這裡還可以看到比歐洲文藝復興大師喬托早一千多年，具有高度現實主義風格的唐代人物的風景畫。

義大利十四世紀文藝復興大師喬托畫的《小鳥說法圖》，把人物穿插在簡單的樹木風景中，小鳥有的在地面走動，有的正展翅飛翔，能給人生動現實的感覺。這幅畫是喬托成為文藝復興先驅者的重要成就。但是與敦煌第二一七窟《化城喻品》繪畫比較，喬托的作品在藝術造詣上就相形見絀了。在這幅盛唐的畫面上，青綠明快的初春景色，展示著現實主義的人物山水佈局。畫中山巒重疊，行人在彎曲的鄉村夾道上魚貫而行，人物和所處的山水景物隨著透視的演變愈遠愈小。畫中還出色地運用了中國民族傳統繪畫的一種高瞻遠矚的散點透視法。畫面上表現的山山水水、建築、人物，引導我們的視線從下到上、由近而遠、由大至小，經過「落花流水」、「浮雲幻城」及近水遠山，最後遠遠地消失在藍天白雲之中。

特別使我注目的是，在三十多個北魏、西魏石窟中，保留著完好的數以千平方米的絢麗多彩、豪放曠達的壁畫和樸質純厚的彩塑及裝飾圖案。它們的創作思想和表現手法在一定程度上還一絲一縷地保留著漢代的藝術傳統，如《狩獵圖》、《山川樹石》和《行雲流水》等。早期石窟壁畫中加進佛教內容的飛天、夜叉、天神、梵女等，再加上壁畫中筆力遒勁的榜書題記，及整個石窟建築的結構佈局，構成了一種「風馳電掣」、「遒勁超息」、「氣韻生動」的民族傳統，而且，這一傳統從四世紀至十四世紀歷經千年而不衰。

在這個偉大的民族藝術寶庫面前，我感到深深內疚的是，自己在漂洋過海、旅居歐洲時期，只認為希臘、羅馬和歐洲文藝復興時期的藝術是世界文藝發展的高峰，而對祖國偉大燦爛的古代藝術卻一無所知。今天，面對祖先遺留下來的稀世珍寶，才如夢初醒，追悔莫及。

令人憤慨的是，二十世紀初葉，敦煌密室寶藏曾遭到一場帝國主義瘋狂的劫掠。如第十七窟，在西元一〇三五年時（宋仁宗景佑二年），為逃避西夏入侵搶掠，莫高窟和尚和當地豪紳把歷代寶藏、經卷、畫幅、古文藝手抄本、契約三萬餘件文物封藏在這個位於第十六窟甬道北壁耳洞中（編號第十七窟），並用土基將洞口堵塞，畫上菩薩像偽裝壁畫。西夏佔據敦煌百餘年，封藏文物的主人逃難一去不知所終，從此近千年內無人得知。直到西元一九〇〇年五月二十七日，才為居住下寺的道士王圓籙在清理流沙時偶然發現。他和當地土豪及外國盜寶者奧勃布魯切夫、斯坦因、伯希和先後盜去數以萬計的手抄經卷，以及繡像、幡畫等，最後只有八千餘卷經卷文書劫後餘生，送至北京（現在保存在北京圖書館）。如今，第十七窟室已空無所有，只剩下被遺棄在外的洪䛒和尚塑像、北壁唐人畫的供養仁女像二身。這兩個色彩文雅、栩栩如生的畫像，成了歷史變遷的目睹者，是帝國主義分子盜竊中華民族寶藏的可恥罪行的見證人。

當時，我默默地站在這個曾經震動世界而今已空無所有的藏經洞中央的洪䛒造像坐壇前，百感交集，思緒萬千。寶藏被劫掠已經過去三四十年了，而這樣一個偉大的藝術寶庫卻仍然得不到最低限度的保護和珍視。就在我們初到這裡時，窟前還放牧著牛羊，洞窟被當作淘金沙人夜宿的地方。他們在那裡做飯燒水，並隨意毀壞樹木。洞窟中流沙堆積，脫落的壁畫夾雜在斷垣殘壁中隨處皆是。洞窟無人管理，無人修繕，無人研究，無人宣傳，繼續遭受大自然和人為毀損的厄運。眼前，這空空蕩蕩寂靜幽暗的洞室，像是默默地回顧著她的盛衰榮辱，又像無言地怨恨著她至今遭受的悲慘命運。忽地，砰然一聲巨響把我從沉思中驚醒，原來是三層上面的第四四窟五代的危簷下崩落了一大塊岩石，隨之是一陣令人嗆塞的塵土飛揚。我不勝感慨，負在我們肩上的工作任務將是多麼艱巨沉重啊！

敦煌——這個古代絲綢之路的要隘重鎮，是從漢代開始興建的。文獻上說：「敦，大也；煌，盛也。」可見，早在西元前二世紀時，這裡已成為中國與西域各國進行政治、經濟、文化交流的一個大都會了。佛教也因此在這裡得到發展。從印度傳入中國的佛教，到西元四五世紀的南北朝時代開始盛行。這正是中國歷史上各族大遷移、戰爭頻繁、「尚寐無訛，不如無生」的時代。統治者們紛紛利用佛教，宣揚消極處世、逆來順受的思想，以麻醉人民，鞏固其統治地位。同時，廣大人民群眾在當時的歷史條件下，無力擺脫民族壓迫和階級壓迫，也只好把佛教當作一種精神安慰劑吞食下去。因此，儘管當時田園荒蕪，城市坍圮，但善男信女卻節衣縮食，修行拜佛，修造窟龕，作為來世幸福的希望。莫高窟地處絲綢之路上陽關大道的旁邊，因此往來東西方的商旅士紳、戍卒衛士，仿照中亞開鑿石窟寺的風尚，在敦煌大宕河床西岸峭壁中修造石窟。這是敦煌石窟包括西千佛洞、榆林窟在內的石窟開鑿的起源。據現存敦煌文物研究所藏唐武周聖曆元年（六九八）重修莫高窟碑記載，前秦建元二年（三六六），有一個名叫樂僔的和尚，西游到敦煌三危山下，時近黃昏，西方落日金光萬道反射在東面三危山上。只見山上一派耀眼的金光中，好像有千萬個佛像出現。和尚把幻覺當真，認為這裡一定是塊聖地，便在這裡鑿下了第一個石窟。不久又有一個法良禪師從東方來到這裡，又在樂僔窟的旁邊鑿下第二個洞窟。此後，從十六國至魏、隋、唐、宋、元一千年間，歷史石窟就連續不斷地修建起來了。

唐代（六一八～九〇七）是莫高窟發展的高潮時期。這時開鑿的洞窟數量最多，藝術造詣也最高。據唐碑碣記載，當時有數以千計的石窟，窟前有木構的窟簷，並有棧道相通。山上建起了一座座金碧輝煌的殿堂，雕簷畫棟，光彩奪目。窟前是「前流長河，波映重閣」。然而，經過一千多年風沙雨雪的大自然毀損，敦煌已經發生了「滄海桑田」的變遷。有的窟毀壞消失，有的窟被流沙掩埋，雕簷崩塌，那「波映重閣」的長河宕泉到現在只剩下一股涓涓細流。為了使它不再毀損，我決心以有生之年為敦煌石窟的保存和研究而努力奮鬥，決不讓我國舉世之寶再遭受災難了。

3. 戰風沙　築圍牆

一九四三的三月二十四日，我們六個人盤坐在千佛洞中寺破廟的土炕上進晚餐。我真有點不習慣盤腿而坐，而會計老辛卻坐得非常自如。因為我們到的這天，正值敦煌縣城前天受到國民黨民隊的洗劫，全市罷市，什麼也買不到。從老喇嘛那裡借來的燈，是用木頭剜成的，燈苗很小，光線昏弱；筷子是剛從河灘上折來的紅柳枝做成的；主食是用河灘裡鹹水煮的半生不熟的厚麵片；菜是一小碟鹹辣子和鹹韭菜。這是來敦煌的第一頓晚餐，也是我們新生活的開始。

我的秘書，原來是天水中學的校長老李，久患胃病，經過旅途的疲蘇顛沛，終於病倒了，躺在土炕上呻吟。另一個同事提醒我，教育部臨行給的那點經費，因為另外請了三位攝影專家，他們從重慶乘飛機就花了我們整個五萬元籌備費的三分之一，加上我們來時一路上的開銷，現在已經所剩無幾了。這裡物資昂貴，有錢也買不到東西。千佛洞孤處沙漠戈壁之中，東面是三危山，西面是鳴沙山，北面最近的村舍也在三十里戈壁灘以外。在千佛洞裡除我們之外，唯一的人煙是上寺一老一少兩個喇嘛，下寺一個道人。因此，工作和生活用品都得到縣城去買，來回路程有八九十里，走戈壁近路也要七八十里，而我們唯一的交通工具是一輛借來的木輪老牛車，往返至少一天一夜。

在萬籟俱寂的戈壁之夜，我被這些牽腸掛肚的難題所困擾，思前顧後，深夜難寐。半夜時分，忽然傳來大佛殿簷角的鐵馬鈴被風吹動得叮噹作響的聲音。那聲音有點像我們從安西來敦煌騎的駱駝鈴聲，只是比駱駝鈴更細脆而輕飄。漸漸，大佛殿的鈴聲變輕了，少了。我迷迷濛濛好像又騎上駱駝，在無垠的沙漠上茫然前行，忽而像飛天一樣長了翅膀，在石窟群中翱翔飛舞，恍惚間，又夢見頭上坍下一大塊壁畫，壓在我身上……

我從夢中驚醒，看見窗外射來一縷晨曦，已是早晨七點多鐘了。我起身向著石窟走去，只見一夜風沙，好幾處峭壁缺口處，細黃色的流沙像小瀑布一樣快速地淌下來，把昨日四四四窟上層坍塌的一大塊崖石淹沒了。有幾個窟頂已經破損的洞子，流沙灌入，堆積得人也進不去了。我計算一下，僅南區石窟群中段下層洞窟較密的一段，至少有上百個洞窟已遭到流沙淹埋。後來，我們曾請工程人員計算了一下，若要把全部堵塞的流沙清除，光雇民工就需要要法幣三百萬元。我一聽，嚇了一跳，教育部臨行給我們的全部籌建資金只有五萬元，何況已經所剩無幾，叫我們怎麼雇得起呢？

沙是保護石窟的大敵，一定要首先制服它。眼前最緊迫的問題是沒有經費雇民工，這些積沙如何清理？雖然生活工作條件異常艱苦，但工作人員情緒都很高。大家想了不少主意，後來，我們從易喇嘛那裡聽說過去下寺王道士曾用流水沖沙的辦法，於是我們便試著幹起來。用繩索拉著木板刮沙，然後再用渠水將積沙沖走，把下層被沙埋的洞窟清理出來。

因為這裡原來是無人管理的廢墟，三危山下和沙灘邊的農民已習慣於把牛羊趕到千佛洞來放牧。當我們來到時，春草在戈壁上尚未生出，老鄉們趕來的牛羊經過沙漠上的長途跋涉又渴又饑，只有拼命地啃為數不多的幾棵楊樹的皮。我再三向牧民交涉，但他們沒有辦法使饑餓的牛羊不啃樹皮。為了加強管理，保護樹木以防風沙，我們計畫建造一堵長達兩公里的土牆，把石窟群圍在土牆裡面。

我把這一計畫向敦煌縣陳縣長提出，並希望得到他的協助。這位縣太爺聽我講完，頓時哈哈大笑起來。他挖苦地說：「你大概是書讀得太多了吧，真是一個書呆子！」我聽了十分生氣地對他說：「這並不是笑話，這是急待解決的問題，否則石窟的大量民族寶藏日夜受損失，難道就聽之任之？」他看我生氣了，也嚴肅地對我說：「教授先生，這裡可不是湖北和你們浙江，我們是在敦煌千佛洞鳴沙山的腳底下，這裡滿是沙、沙、沙，叫我哪里弄上去？沒有土怎麼築牆呢？尤其是一堵六尺高近三里長的牆，這簡直比修萬里長城還要難。我的教授先生，實在沒辦法！」

「沒有辦法。」這句話像當頭一棒，我惘然若失地回到千佛洞。這是我頭一次與當地官員打交道，沒想到就碰了壁，還遭到他一番奚落挖苦。回來的路上，我拖著沉重的腳步，心中充滿悔恨、憤慨，真不該去找這個傢伙。我走得口乾舌燥，便一屁股坐在沙丘上，用手掏著沙丘。沙、沙、沙！真是掏不盡的沙，竟沒有一星土。細細想來，也真像姓陳的縣長講的，哪裡來的土呢？可是，難道就這樣束手無策，無所作為嗎？

一定要把牆築起來！

從縣城回來不久，一天，這個寂寞空蕩的千佛洞，忽然駛來幾輛大馬車。馬車上裝著鍋灶、柴火、碗筷、油鹽醬醋等什物。這是怎麼回事？上寺的老喇嘛告訴我說：「再過三天就是農曆四月初八了，這是佛祖誕生的日子，也是千佛洞一年一度的大廟會。那可是人山人海，熱鬧非凡的大節日呢！」

「人山人海的大節日！」開始我不大相信，但果然來的人越來越多了。除了先來的幾家飯館之外，還來了不少小商販，連測字算命的三教九流也都跟著來了。這批人除了有車馬的買賣之外，其餘騎馬、騎毛驢和步行的香客都是從石窟群北首的上馬路下來的。從上馬路北行十里，有個廢廟和茶房子，那裡有一口水井和一口鐘。這口井相傳是專供廟會香客飲水用的。至於鐘，遇著春天風沙瀰漫之日，則打鐘來給人們指點行路方向。現在水井已乾涸，鐘也被人盜走，只有一個廢廟了。因為我們研究所占了中寺，所以來趕廟會的香客都住在上寺老喇嘛那裡，還帶來不少小牛小羊，作為供養喇嘛的佈施。老喇嘛說：「這是我們的老香客。」老喇嘛和他的徒弟徐喇嘛不知從哪裡取出大紅繡字的幢幡彩帳，把做道場的大佛殿裝飾佈置起來，大有節日歡樂氣氛。

不久，趕廟進香的人們絡繹不絕地湧向了千佛洞。這些人先是住進上、中、下三個寺院，後來三個寺也容不下了，南北兩邊的石洞窟中也住進了人。還有不少老年人住在洞窟前的樹林中。一次，我到下寺來，偶然發現兩家飯館正用沙土築起了一堵小圍牆，作為買賣小店。我心裡一震，趕忙過去觀看。只見他們用沙土加上水，然後夯實，小牆便築起來了。我急忙向他們打聽，像這種辦法，能否在千佛洞打一堵長圍牆。老鄉告訴我，千佛洞的水，含鹼量很大，夯實了，完全可以作牆。老鄉的話使我高興得差點像小孩子一樣跳起來。真是「山重水複疑無路，柳暗花明又一村」了！修圍牆的計畫又在我腦海升騰。我彷彿看到一堵圍牆已築起，馴服的流沙被阻在牆外。

廟會期間，真是車水馬龍，熙熙攘攘，一派節日盛況。但隨之而來的是秩序維持和石窟保護問題。雖然縣裡出了「佈告」，也無濟於事，結果洞窟搞髒了，樹林中不少樹皮和枝丫都被牲口啃得一團糟。我們堅持讓這位「縣太爺」來此看一看情況，採取措施，並趁此機會，再次提出修築圍牆的問題。縣太爺果然也來了。我把老鄉修土牆的情況告訴了他，並說：「修牆一方面是今後防止遊客破壞，一方面是防風沙侵蝕。如果不修牆，繼續損壞下去，責任理應由縣裡負。」這一來，縣太爺怕負責任，勉強同意派人來研究修牆計畫。這位「縣太爺」還答應由縣政府和敦煌藝術研究所聯合發出佈告，宣示敦煌莫高窟又名千佛洞已正式收歸國有，並保護千佛洞、標止放牧牲口和私自進洞窟等。修牆的計畫總算有了一線希望。

農曆四月八日的廟會過去了，香客們紛紛離去，千佛洞又恢復了往日的寂靜，只有那些被啃過皮的樹木裸露著白花花的傷痕。

在我們催促下，縣裡果然派來一個負責工程建設的科長。他打了一下算盤說，一個兩米高，二千來米長的土夯牆，要二・七萬個工，至少需要要二・七萬元，加上材料、工具等不能少於三萬元。以每天三百人施工，需三個月竣工。但我們手中只剩下一千餘元了，還要維持生活，等教育部匯款來，更要一段時間（我們一到敦煌就打電報要求匯款，至今三個多月無回音）。最後，決定縮小規模，只修一個一千米長的牆。我們火速拍電報給教育部，希望立即撥款修牆，加電說同意築牆，款隨後匯，但我們等了一個月，仍無音信。這時已進入夏季，往南山挖金沙的人都要經過千佛洞。他們的驢馬牲口，便在夜間放牧，繼續糟蹋林木莊稼。更嚴重的是，這些人與土豪劣紳、官僚都有密切關係，流氓成性，任意在洞中居住往來，煮飯燒菜，對石窟藝術作品損壞不小。我們只有六個人，顧此失彼，無法照管，因此，修築圍牆是刻不容緩了。

我又找到縣政府，提出先由縣裡借款動工，匯款一到便還帳。那個陳縣長，這次竟意料不到地滿口答應。他說：「我也認為必須趕快把圍牆修起來。款子的問題，現在正是青黃不接之際，鄙縣也很緊張。但部裡的款子久匯不至，為了公事，鄙人有個解決辦法。你是個書呆子，暫不要管這些人。由縣裡想辦法雇人、備糧、備柴、備車等等。至於經費，等部裡款子寄到後，咱們再來算帳，不要忘記包括你的『大作』在內。」他的突然慷慨使我既意外又懷疑，但事情已到了走投無路的關頭，也只好由他一手包辦了。我最後也答應了送他一張千佛洞風景畫為酬謝。

十來天以後，縣裡派來一個科長、一個科員和五個員警，還有一百多個民工，隨即糧食、柴草等也都運到千佛洞。經過五十多天的施工，民工們起早貪黑，終於即將完工。不料，最後幾天，忽然出現民工逃跑的事。我一瞭解，才知道了真相。原來這些民工都是縣太爺派的公差，沒有任何報酬，民工用的糧食、柴草都是各鄉民工自備。有些鄉村收成不好，被派的窮苦民工帶的糧少，吃不飽，活又累，實在餓得難熬，只好逃回去。這消息使我大吃一驚。

該縣長的卑鄙行徑，使我怒不可遏。我在國外期間，曾一度片面強調過西方文明，重洋輕中。直到在巴黎的吉美博物館中，我才發現了燦爛的祖國文化藝術，發現了偉大的敦煌藝術寶藏，從迷途中驚悟過來。我懷著一股強烈的赤子摯情遠涉重洋回到祖國的懷抱，但國民黨的黑暗統治令我失望。我離開烏煙瘴氣的重慶，來到三危山下，把對祖國的熱愛寄託在這舉世無雙的民族事業上。當我剛剛在保護這些千百年藝術匠師勞動成果的工作中邁出微弱的一步時，美好願望卻遭受到這個縣長可恥的褻瀆，變成他投機自肥的賭場，向勞動人民轉嫁災難。第二天我趕進城去質問姓陳的縣長。這傢伙一看陰謀已被揭穿，便吱吱唔唔地搪塞起來，什麼「你說得有道理，但我們是個窮縣，借不出錢呀」，「老百姓對千佛洞老佛爺很虔誠，給千佛洞修牆是好事呀」等等。我對他說：「你要把每個民工的姓名、住址造一個花名冊，錢一匯到，便把報酬送還他們。」但使我內疚的是，這樁心願始終因這筆錢未匯來而未能實現。不過，當時這堵千米土牆，的確對保護洞窟和林木起了很大的作用。這也是勞動人民為千佛洞貢獻的一份力量。

4. 樂在苦中

仲夏的敦煌，白楊成蔭，流水淙淙，景色宜人。在這美好的季節，我們的工作也緊張有序地開展起來。當時人手雖少，條件也很艱苦，但大家初出茅廬，都想幹一番事業，所以情緒還不錯。我們首先進行的工作是：測繪石窟圖、窟前除沙、洞窟內容調查、石窟編號、壁畫臨摹等。

為了整理洞窟，首先必須清除常年堆積窟前甬道中的流沙。清除積沙的工作是一件繁重的勞動。雇來的一些民工，由於沒有經驗，又不習慣這種生活，有的做一段時間便托故回鄉，一去不返。為了給他們鼓勁，我們所裡的職工輪流和他們一起勞動。大家打著赤腳，用自製的「拉沙排」，一人在前面拉，一人在後面推，還喊著號子，互相比賽。我們把積沙一排排推到水渠邊，然後提閘放水，把沙沖走。民工們糧食不夠吃時，我們設法給他們補貼一些，使他們能逐漸安下心來。

一九七三，常書鴻與同事一起在莫高窟進行洞窟勘查。

據縣裡來的工程師估算，單這些積沙，就有十萬立方米之多，再加上還要修補那些頹圮不堪的甬道、棧橋等等，工作看來難望短時間完成。我們只能一步一步幹。

當我們通過自己的勞動，看到圍牆擋住了牲畜的啃咬和破壞，裡面的幼林生長得鬱鬱蔥蔥，工作人員及參觀遊覽的人能在安全穩固的棧道上來來往往時，心裡真是充滿了喜悅。

我們到了敦煌，消息不脛而走，聲勢鋪開了！

從大後方陸續來了好幾位我在國立藝術專科學校的學生。董希文和他的妻子張琳英，首先風塵僕僕趕到了這孤懸塞外的藝術洞窟，這使我大喜過望。希文是我相當看重的門生，他來了，我彷彿添了左膀右臂。我要他帶著琳英著重臨摹壁畫。隔不多久，張民權也來了。再接著，李浴、周紹淼、烏密風也來了。這些年輕人各有各的追求。李浴就一直在關心和搜集美術史的資料，對這個寶窟自然很快著了迷。有這些年輕人在身邊，我的膽氣也壯了好多。

但困難也接踵而來。

要臨摹壁畫，這紙、筆、顏料就難以為繼。紙，當時最好的要算四川的平江竹漿紙，但由於交通阻塞買不到了。我們只好就地取材，用窗戶皮紙自己來裱褙；筆，畫禿了，自己來修理，一用再用。顏料的需要量很大，單靠帶來買來的一些顏料，簡直是杯水車薪，無濟於事。怎麼辦？我們想來想去，想到古代民間藝人用的顏料，就自己動手做試驗。把紅泥用水漂淨加膠做紅色顏料，黃泥做黃色顏料，其他也一一找代用品。這一著棋果然就走活了。這種天然顏料，不僅資源無限豐富，而且還不易褪色。這樣，我們一早一晚每人手裡一個碗一根小棍，邊聊天邊碾起顏料來。

這臨摹壁畫，也是事非經過不知難。洞壁上的畫還好說，可以一塊一塊分片包圍，洞頂上的畫就要命了。畫上幾筆，早已手臂酸麻，描繪無力了。加上洞中幽暗，工作中時常要點一支土蠟燭，燭光搖曳，時明時暗，更容易疲倦。看看古代畫工的筆法，是這樣錯落有致，遒勁奔放，許多地方簡直是一氣呵成。我心裡不禁掀起崇敬之情。歷代畫壇評論，往往只談士大夫的畫，對畫工的畫，不屑一顧，這種偏見很可笑。看看這兒吧，畫工中有多少丹青的高手！我自己用土顏料臨摹的幾幅北魏壁畫，論氣勢的恢宏，論線條的粗獷，法國野獸派畫家魯阿的作品，又何嘗能超出哩！

就是較為簡單的調查工作，也自有一番甘苦。

有一回，我和另外兩個同事就經歷了一場虛驚。當時我們沒有長梯子，只靠一根長的楊樹椽子，每隔三十公分釘上一個短木棍而製成的「蜈蚣梯」，手腳並用地向上攀登。九層樓高四十四米，其南側編號為一九六窟半懸在三十餘米高的岩壁上，窟口有前人題字「此洞係從山頂下」，留下了進洞的方法。但我們是從下層架蜈蚣梯上去的。調查結束後，正準備下來時，不慎將梯頭移位，梯子倒了。我們被困在洞中，上不著頂下不著地。但是老竇有經驗，他瞧了瞧四周的情況說：「如今只有從崖頭爬陡坡上山頂，險是險些，好在路不長，只有一二十米。我先爬給你們看看……」他說完，果然彎腰躬身，十分敏捷地爬了上去。一個藝專學生，自恃年輕，也奮勇往上爬，誰知剛爬到一小半，連聲大喊「不行，不行！」站住了。我也不示弱，試著跨了幾步。原以為坡上的沙石是軟的，用大力一蹬會踩出一個窟窿，沒想到下面礫岩很硬，彈力特大，反而站立不穩，差一點摔下去。驚慌之中，我手中拿的一個調查記錄本，飄飄蕩蕩落到了崖下。老竇看我們這樣狼狽，知道不好，忙高喊：「你們都原地站住，不能再動了，我這就下山去拿繩子。」隔了好一陣，他拿回了繩子，從山頂吊下來，才一個一個把我們都拉到了山頂。他又想法去揀回這個調查記錄本。

隨著調查和保護工作的開始，我們的生活條件變得越來越艱苦了。四五個月過去了，重慶教育部分文沒有匯來，只好向敦煌縣政府借錢度日，債台越築越高。為了解決工作中這些棘手的困難，我只好一個人跋涉戈壁，往返城鄉，天亮出發，要摸黑才能回到家，常常是精疲力竭，困頓不堪。更使人憂心的是，這個滿目瘡痍但儲滿寶藏的石窟，隨時會發生危急的警報。昨夜剛發生四五八窟唐代彩塑的通心木柱因蟲蛀突然倒塌，今天在檢查時又發現一五九窟唐塑天王的右臂大塊脫落下來。報警之後，隨之而來的便是我們一陣艱苦的修補勞動。因為這些文物的修補工作，本身就是藝術性很強的活，不敢輕易委託民工，只好親自動手。

還有一個更可怕的困難，是遠離社會的孤獨和寂寞。在這個周圍四十里荒無人煙的戈壁沙洲上，交通不便，資訊不靈，職工們沒有社會活動，沒有文體娛樂，沒有親人團聚的天倫之樂。形影相弔的孤獨，使職工們常常為等待一個遠方熟人的到來，望眼欲穿；為盼望一封來自親友的書信，長夜不眠。一旦見到熟人或者接到書信，歡喜若狂，而別人也往往更易勾起思鄉的憂愁。特別是有點病痛的時候，這種孤寂之感，更顯得可怕了。記得有一回，一位姓陳的同事，偶受暑熱，發高燒，當我們備了所裡唯一的牛車要拉他進城時，他含著眼淚對我說：「所長，我看來不行了，我死了以後，可別把我扔在沙堆中，請你把我埋在泥土裡呀！」後來，他病癒以後，便堅決辭職回南方去了。類似的情況，對大家心理影響很大，因為誰也不知道哪一天病魔會找到自己的頭上。的確，如果碰上急性傳染病，靠這輛老牛車是很難急救的，那就難逃葬屍沙丘的命運了。在這種低沉的險惡境況下，大家都有一種「但願生入玉門關」的心情。但對於我這個已下定破釜沉舟之心的「敦煌迷」來說，這些並沒有使我動搖。記得畫家張大千在一九四三年初離開莫高窟時，半開玩笑地對我說：「我們先走了，而你卻要在這裡無窮無盡地研究保管下去，這是一個長期的——無期的徒刑呀！」張大千於一九四一年和一九四二年先後兩次來敦煌，第一次曾對敦煌洞窟進行了編號，計三〇九號，將唐代洞窟分為初、盛、中、晚四期，並臨摹了不少作品。他的畫風，在後期受敦煌壁畫的影響。老竇原來是張大千手下的雜工，因熟悉情況，勤懇手巧，便繼續留下來做些工作。

張大千的話給我一陣苦惱和憂愁，但我的決心已定，笑著對他說，如果認為在敦煌工作是猶如「徒刑」的話，那麼即使是「無期」我也在所不辭。因為這是我多年夢寐以求的工作和理想，也正是這種理想使我能夠在多種困難和打擊面前不懈地堅持下來

第五章

艱難歲月

1. 心血瀝瀝

初到敦煌，我一心都繫在工作上，保護洞窟、內容調查、編號、臨摹等都已展開，並取得了成果。每到工作之餘，便念及遠在千里之外重慶的妻子和兒女。我在信中也不斷鼓動妻子攜帶兒女前來敦煌安家落戶。幾個月後，為了向教育部要錢和籌備展覽的事，我回了一次重慶，並接來了全家。當敦煌這個絢麗多彩的藝術宮殿展現在他們面前時，他們興奮極了，孩子們適應能力很強，也深深為敦煌藝術的博大與精美而折服。

我們一家住在中寺。中寺又名皇慶寺，離上寺很近，前後共有兩個院子。前院院中有兩棵栽於清代的老榆樹，院中正房（東房）是工作室，北面是辦公室和貯藏室，南面是會議室和我的辦公室。後院東房是我們設立的陳列室，北面兩間是我們的居室，室內兩個土炕，由土坯砌的書桌、書架並列在牆邊。西南的房子是磨坊，我們所有工作人員的麵食都是自己買小麥用毛驢推磨加工的。

同事們住在皇慶寺北側用馬房改建的一排房子裡。每間有一個土炕、一張土坯壘起的桌子和書架。大家都在研究所辦的食堂吃飯，以麵食為主。當時雖然沒有硬性規定工作上下班時間，但大家都十分自覺，利用一切時間勤奮工作，飯後都早早進洞子臨摹、調查，各幹各的。下班時打鐘，臨時召集人開會時也是打鐘。

董希文、張琳英、周紹淼、烏密風、邵其芳、龔祥禮等都上洞子臨摹壁畫，蘇瑩輝、李浴調查石窟內容，我除主持所裡工作外，也到洞窟中進行調查和臨摹。

芝秀和琳英、密風她們一起上了幾回洞子以後，藝術創作的熱情被重新點燃。她決心臨摹雕塑，第一個臨摹的是第三一九窟盛唐坐佛。敦煌石窟中保存著上千尊塑像，具有極高的造型能力和藝術水準。陳芝秀是在巴黎學習雕塑的。她所學的西方雕塑，所看到的西方雕塑作品都是單色的，而敦煌的千尊佛像竟全是金碧輝煌、色彩斑斕的彩塑，這就是說，這些彩塑既是雕塑藝術，又集繪畫、裝飾藝術於一體，簡直美極了！在第四二七洞，那裡有九尊高大的彩塑，芝秀說她走遍歐洲也沒有看到這樣生動美妙的彩塑。她們豐滿健壯，衣飾華美異常，雖然臉上的貼金已被人刮去，但其神態依舊莊嚴動人。她在一個個洞中欣賞觀摹，幾乎每一個都使她激動不已。有時，我們還互相探討，交流對壁畫、雕塑的新認識。陳芝秀對敦煌藝術的熱心和開始臨摹工作，使我很高興，也不斷地鼓勵她。

一九四五年初，原任研究所總務主任的張民權走後，從管理方面來看，我總感到缺少一個有力的幫手。這時正好酒泉的一個熟人介紹來了一個新疆某部隊裡退下來的小軍官，三十多歲，浙江人，現在家鄉也回不去了，想就近找工作。我們住在沙漠孤洲上，又缺個總務人員，此人不正合適？我一聽是浙江人，勾起了鄉情，心裡已有兩三分喜歡了，就說：「那麼，你請他到敦煌來找我一下，我們見個面再決定好嗎？」

隔了兩三天，那人果然找來了，身帶一支駁殼槍。我一聽他的口音就問：「你是浙江什麼地方人？」他說：「諸暨楓橋人。」我心想：諸暨楓橋，不正是陳芝秀的家鄉嗎？在這樣荒沙大漠舉目無親的邊塞裡，能聽到浙江口音，都算是難得的同鄉了，更何況是地地道道的小同鄉！我便連忙把芝秀叫出來認一認。兩人果然用諸暨話談上了。

新總務主任上任的不多日子裡，積極性特別高。他騎上所裡的一匹棗紅馬，帶上自己的駁殼槍，在沙洲上為我們打來了一隻黃羊，不久，又從哈薩克牧民那邊為我們買來了一頭大肥羊。這樣一改善伙食，上上下下一片叫好聲。可時間一長，他也就有點吊兒郎當，許多事情顯然是做給別人看的，對我顯得過分恭順，對芝秀又顯得過分殷勤。

大西北的冬天風大天冷，滴水成冰。經過寒冬的煎熬，開春以來，大家都開心地上洞工作。但我發現陳芝秀的工作熱情下降了，臨摹塑像的泥和好了，就是塑像基座好多日子也搭不好。她說她有病，堅持要馬上去蘭州醫治。我因所中工作繁忙，沒法抽身陪她去。四月十三日，我們進城參加友人結婚典禮，得悉友人即將赴蘭州，因此，拜託友人關照陳芝秀去蘭州就醫。四月十九日，我送她進城坐車與友人一起離敦煌東去，還寫了好幾封信，拜託沿途友人關照她。而她走後多日，卻一直沒有音信。有一天，我去洞中臨摹壁畫，下午四五點鐘，董希文來洞子約我一同回去。我們一邊走一邊講到陳芝秀走後沒有音信，講到開春以來的一切變化。董希文勸我寬心，並說師母可能不會來信了。在我的追問下，他拿出一疊信，說這是師母走前，他用錢在徐喇嘛那裡截獲的陳芝秀送去聯繫出走的信。我要董把信給我。董說老師您不生氣，我就給您。我答應了他。他把一疊信給了我。我一看陳芝秀的信，簡直呆了。

我氣得悲愴欲絕，連話也說不出來。我只有一個念頭，趕緊追，把她追回來，立即牽出棗紅馬就上了路，拼命往前趕。我估計芝秀最多也只能走到安西，宿夜後才能繼續向前走。我只要在天亮前趕到安西，便能夠找到。月夜下的戈壁，死一般的沉寂，我感到一股透心的荒涼。這裡還經常有強盜出沒，一個孤身旅客可以被輕易地沒收財物，置於死地，屍體往沙丘裡一埋，什麼痕跡也沒有。而且，這類事情如家常便飯一樣，時常發生。但我卻顧不上這些了，只知道拼命往前跑，往前趕。到第二天早上，我果然馬不停蹄地趕到了安西。但是我找遍了安西的車站、旅店，也沒找到她的影子，只聽人說，前幾天是有一輛汽車往玉門方向開去了，司機旁邊好像坐著個打扮漂亮的女人。失望和疲憊一下侵襲了我全身，幾乎要一頭倒在地上。我強打著精神，匆匆喝了點水，吃了點乾糧，給馬餵了點草料，坐下休息了一會又繼續向玉門方向追了過去。不知追了多久，也不知在什麼地方，我顫悠悠地從馬上摔了下來，失去知覺，什麼也不知道了。

後來才知道，我是被當時在戈壁灘上找油的玉門油礦地質學家孫建初和另一位老工人救起的。那裡已地靠赤金，那天他們一清早馳車出發，運送器材到老君廟去，在赤金外的公路旁，發現我一個人倒臥在戈壁灘上，無聲無息。經過急救和三天的護理，我才恢復過來。後來當地一個農場的張場長聞訊趕來，他是我浙江的同鄉，他安慰我，也勸導我注意身體。他又告訴我說不要再尋找陳芝秀了，她已到了蘭州，並立即登報說與我脫離夫妻關係，離婚。在選擇事業還是選擇家庭的這一關鍵時刻，家庭和事業都牽繞著我的心，但最終我還是決定以事業為重，讓她走吧！不幾天，在他們的幫助下，我又回到了敦煌。

在子女的哭叫聲中，我開始默默地隨著這意想不到的打擊。在苦不成寐的長夜裡，鐵馬聲聲，如泣如訴，更勾起了我萬千思緒。回想回國後幾年來的坎坷風雨，回想妻子這幾年跟我一起遭受的痛苦，在怨恨之後，又感到自己心頭襲來的一陣自我譴責。是啊！我沒有重視她的思想情緒，沒有幫她解開思想疙瘩。在貴陽，遭日寇飛機轟炸後，精神上的創傷也是難以癒合的。後來她成為一個虔誠的天主教徒，每週堅持做禮拜，直到敦煌後也是如此。但條件卻不一樣了，敦煌是一個佛教聖地，作為一個信仰基督教的人，也許她還有另外一種內在的和深刻的不適應。她的變化既有她主觀思想上的問題，也許更多的還是客觀條件上造成的困難及難以忍受的困苦和艱難。陳芝秀出生在浙江諸暨，那裡是聞名遐邇的江南魚米之鄉，而長期的法國留學生活，已經使她習慣或者說適應了法國的生活方式。她像一般法國婦女一樣每天塗脂抹粉，化妝打扮，喜愛穿高跟鞋，瀟灑的風度加上她藝術家的氣質，更顯得年輕、漂亮。在回國後，她隨我從上海、杭州到昆明、貴陽、重慶等地，過著戰亂中的辦學生活，逐漸適應了一些，但比起在法國安穩而相對富裕的生活而言，條件還是太惡

常書鴻的妻子陳芝秀離家出走後，他把女兒常沙娜從酒泉接回敦煌莫高窟，帶著年幼的常嘉陵在楊樹林路上。

劣了。她一邊努力改變生活，有時也逐漸改變自己，但仍有化妝的習慣，衣著也十分講究。記得剛來敦煌時，她仍是穿著高跟鞋，得體的衣裝和經過化妝的模樣，與當地封閉的農民們又髒又破的裝束形成極為鮮明的對比，也引起了當地人的注目甚至是圍觀。艱難的生活如果是一天、兩天或一個月幾個月，挺一下就過去了，現在是有日子沒有天，不知要到什麼時候。有時經費幾個月撥不下來，大家在艱難困苦中度日。我自己一心沉在工作中，也沒有時間照顧家庭、照顧妻子，工作不順心時，還在家中與妻子發生口角甚至是爭吵。這一切都是我過去所忽視的。使我懊悔的是，我的失誤還在於我任用了那個國民黨兵痞出身的人當了總務主任。他在背後的鼓動，與妻子陳芝秀的出走也有很大關係……

更使我憤怒、憎恨的是國民黨政府。在我們為敦煌藝術獻身的日子裡，總是掀起一陣陣險風惡浪。我們的工資往往被扣住不發。想到這些，我又想起一直支持我們堅持下去的同志。在不寐的長夜裡，忽而，我腦中又呈現出一幅幅丰姿多彩的壁畫，那栩栩如生的塑像，繼而，我又想到第二五四窟中著名的北魏壁畫《薩陲那太子捨身飼虎圖》，它那粗獷的畫風與深刻的寓意，又一次強烈地衝擊著我。我想，薩陲那太子可以捨身飼虎，我為什麼不能捨棄一切侍奉藝術、侍奉這座偉大的民族藝術寶庫呢？在這兵荒馬亂的動盪年代裡，它是多麼脆弱多麼需要保護，需要終生為它效力的人啊！我如果為了個人的一些挫折與磨難就放棄責任而退卻的話，這個劫後餘生的藝術寶庫，很可能隨時再遭劫難！

不能走！再嚴酷的折磨也要堅持幹下去。望著窗外如水的月光，我帶著自信和不屈服於命運的強勁沉入了夢鄉。在夢中，我看到一個個「飛天」從洞窟中翩翩飛出，天空中飄滿五彩繽紛的花朵，鐵馬的叮噹聲奏出美妙的樂曲……

2. 苦度難關

到敦煌以後，開展工作需要很多錢，這些錢與那些達官顯貴的奢侈消費相比是微不足道的。但我們自建所後已半年多時間，教育部卻一直沒有匯錢來。維持所裡的開支，僅靠我在離別重慶開畫展時賣畫的一點錢，用完後只得向敦煌縣政府借錢度日。這也引起一些敦煌縣政府人員的懷疑，懷疑我們是否是政府派來的。這種懷疑逐漸已影響到我們的工作了。我接二連三地向教育部打報告，均石沉大海。後來，我給當時支持我來敦煌的梁思成先生發了一個電報，請他幫助詢問教育部，落實經費問題。第三天，我接到梁思成的回電，說他接電後即去教育部查詢，教育部推到財政部，財政部查後回答說並無一個「國立敦煌藝術研究所」的預算，只有一個「國立東方藝術研究所」的經費計畫，因查無地點，無從匯款。並說此事純屬荒唐，現已查明，款即匯出，望繼續努力。接到覆電後不久寄來的經費，對工作人員的思想情緒起到了暫時的穩定作用，經費除還債外，還有一部分結餘。於是我們又托在成都的朋友幫助購買了一點臨摹用的繪畫顏料、紙張，以及裱畫用的綾絹，還買了有關敦煌歷史、美術包括國外發表的有關敦煌的報告、文章等資料。同時還擴大了編制，招收了幾個新的有專業知

一九四五年在重慶畫展。

識的職工。為了專心工作，我還把在酒泉上中學的女兒沙娜叫來，跟我一起學習臨摹壁畫並照料失去母親的幼小弟弟。

一九四五年春，張民權帶一批臨摹作品，在重慶搞了一個小規模的畫展。通過介紹我們的工作成果，向社會廣泛介紹我國自北魏以來，各朝各代連續不斷地發展創造的敦煌藝術的輝煌成果，以引起整個社會對偉大的民族藝術遺產的重視和愛護，同時希望內地藝術學校畢業生和畫家，能到敦煌來學習和研究祖國的傳統藝術。

當我憧憬著事業的美好前景時，一九四五年七月，我們接到國民黨教育部來的一道命令，宣佈撤銷「敦煌藝術研究所」，命令我們把石窟交給敦煌縣政府。這一突如其來的變故，給了我一個嚴重的打擊。我拿著命令，簡直呆傻了，前妻出走的折磨剛剛平息，事業上又遭到來自政府的這一刀，真是忍無可忍了！

這接踵而來的打擊，使我像狂風惡浪中的孤舟一樣，忽而浮起，忽而又沉下，剛剛振作起來的熱忱，又一次被無情地吞沒了。我寫信給于右任等，力陳保護敦煌、研究敦煌的重要性，希望他們呼呈保留這成立不到兩年的研究所。但呼呈如石沉大海，許久沒有消息。正在瀕於絕望的時刻，我接到了一封沒有發信位址和人名的來信，打開後才知道，原來是曾在我們這裡工作的張民權同志在赴延安前於重慶寄來的。他在信中說，由他帶去重慶的首批千佛洞壁畫摹本，在重慶中蘇文協樓上正式展出時，意外地受到中共董必武、周恩來、林伯渠、郭沫若等同志的親自參觀。在信中他還轉達了中國共產黨領導人以及後方文化界進步人士對我們在邊陲戈壁保護祖國藝術遺產所做工作的支持和讚揚。郭沫若在展覽觀後還在《大公報》上發表了兩首感情充沛的詩篇。讀完這激動人心的來信，我心中久久不能平靜，在戈壁沙海的危難困苦之中，任何一點支援都是十分寶貴和鼓舞人心的，何況我們是得到了中國共產黨一大批領導人的同情和支持呢！它像火一樣重新點燃了我心中即將熄滅的火種。我立即提筆寫信，發給曾支持敦煌工作的愛國民主人士，把國民黨教育部取消敦煌藝術研究所的情況告訴他們，並表示，我們堅決不走，要繼續幹下去的決心，希望他們代為呼籲。

不久，我就陸續收到各處熱情支援我們堅持下去的信。有一個朋友告訴我，他們正和一個民辦藝術機關聯繫，這個機關已向教育部表示，如部裡取消這個國立的藝術研究所，他們就接管。這些信暫時穩定了職工們的情緒，但與教育部的關係已中斷一兩個月，經費也停發了。我們只好靠那點餘款度日，並盡力節約開支，每人每月只發生活費五十元。維修工作也只得停下來，但臨摹、調查、研究及引導遊客參觀等工作仍照常進行。

為了應付經費緊張問題，我們也想了一些辦法。記得當時我們定做了第四二八窟的木門，木工材料費就要二三百元。這筆錢在當時可不是小數目。恰好這時城裡的一個商人要我畫一幅畫像。我就借機要求他捐款。他為了要畫，拿出了這筆款子，不過還要求將他和他兒孫的名字刻在木門上。在這一時期，我們雖然勉強度日，但職工們情緒受了很大影響，心緒不寧。八月十五日，傳來了日寇投降的消息，我立即跑到大佛殿的鐵鐘上重重的敲了二十一下，並向職工們宣佈了這個大喜的消息。這天，為了歡慶抗戰勝利，我們殺了一隻羊，熱熱鬧鬧地聚餐慶祝。這時，國民黨中央研究院接管我們所的通知也收到了，並匯來了一筆錢。但是，由於日本戰敗投降，一些職工希望儘快回到過去的敵佔區與親屬團聚，有的已無心再待在這個邊陲荒涼之地，想儘早離開這裡，因而，接著而來的就是一個散夥「復員」的狂潮。

一天晚上，董希文和張琳英夫婦找我來了。

董希文帶著難以啟齒的神態說：「老師，這幾年我倆在這兒受到你的幫助、教育真不少。趁現在日本鬼子投了降，各地好容易恢復了交通，我倆打算回南方老家去看看……」

張琳英又靦腆地加了句：「將來老師如果還辦這個所，要我們回來，我們也樂意！」

我心想：這夫婦倆來得最早，可以說為敦煌局面的打開是立下汗馬功勞的。董希文臨摹的《薩陲那太子舒身飼虎圖》等壁畫，對原畫精髓的理解，對藝術創作上的精益求精，都是相當突出的。張琳英懷孕臨產時，由於這兒條件太差，我們是用兩頭毛驢、一副擔架送到縣城裡去的。三十公里的大漠風沙，三十公里的行旅顛簸，她都沒有說一句半句的埋怨話。據護送的人說，她肚子痛得厲害時，也只是咬牙忍受著……如今抗日戰爭勝利了，他們想回去探探親，也是人之常情，我還有什麼好非議的呢？這樣，我就問了句：「你們打算怎麼走呢？」

希文說：「計畫先去北平，看看再說。」

我沉吟了好一會兒，終於鬆了口：「那麼好，你們走吧，到北平給我來信。」

我這一鬆口，希文發自內心地說：「我們也是不得已，我和琳英雖然離開了，可心還是和敦煌連在一起的，還是和老師您緊貼著心的！」

就這幾句話，我也感到寬慰了。

董希文和張琳英兩人一走，我的陣腳就壓不住了。

李浴、周紹淼、烏密風三人也向我提了要回東北去。

李浴這一兩年來在美術史上的鑽研是有成績的。他多次對我說，我國歷來寫畫史，都是只寫幾個著名士大夫畫家，例如唐代提來提去是閻立本、尉遲乙僧、吳道子、曹霸、韓干、李思訓、王維等人，絕口不談或者只是浮光掠影扯上幾句民間的藝術創作，這是不對的。他說他將來要是寫畫史，就一定要扭轉這種傾向，要把敦煌的石窟藝術，作為一個重要的方面來描述。我相信，有志者事竟成。敦煌培養了他，下一步就讓他自己去闖蕩也好！周紹淼和烏密風夫婦倆早就說過，他們是離不開白山黑水，大豆高粱的。抗戰八年，好容易趕走了日本鬼子，他們想回家鄉去看看，也都是情理中的事，我更沒有理由反對，只得也鬆了口：「好吧，只要你們心中有敦煌就行！」

三人幾乎同聲說：「老師，這哪能忘得了呢！」

一會兒，李浴還顫聲說：「不，我們要把敦煌的花朵，開到各自的崗位上……」

三人走後，又隔了一段時間，留下的潘潔茲也來找我了。他囁嚅著說：「老師，我也想……」

他的話儘管未說完，可我早已心照了。潔茲原來是張自忠部隊上的，下來以後，他為了籌錢上敦煌，一路賣畫。到了蘭州，他安頓下妻子，就孤身一人風塵僕僕地踏上了河西走廊這塊長達兩千多里的荒漠之地。他到達敦煌那天，正好國民黨教育部不要敦煌研究所了。所裡的同事，個個愁上眉頭，我更是滾油煎心。當他拿出五省檢察使高一涵的介紹信給我看時，我真是有難言之隱：原來的人尚且糊不住嘴，怎麼能再添丁進口？但我感到這個青年壯志的可嘉，最後還是說了句：「你那麼遠的路跑來了，那就留下吧，苦日子一塊兒過！」

潘潔茲來了以後，也真是一把好手，臨摹壁畫，自有一種風格，剛健清新。他對歷代的服飾感興趣，不遺餘力地搜集整理。寫起文章來概括性、條理性都較強。當然，我很快瞭解到，他也有和我類似的處境，妻子是十分反對他來敦煌的。潔茲到這兒後，接連去了幾封信，都沒有得到妻子的回覆。我將心比心，十分理解他現在的處境，但願不要再蹈我的覆轍才好。這樣，我不等他說完，也就鬆了口：

「好吧，你也走，早點回去看看，事業和家庭都重要，不要學我……」

走了，走了，他們一個個都走了。這對我來說，無疑是失去了同志、至交，工作中的好幫手，患難中相濡以沫的親人。但又有什麼辦法呢？

敦煌的夜是如此萬籟無聲，死沉沉、陰森森的，只有遠處傳來幾聲恐怖的狼嗥。這樣的夜，我本來是早已習慣了的。可是如今我卻是輾轉反側，怎麼也不能成寐了。我披衣走出屋，任涼風吹指。我向北端的石窟群望去，「層樓洞天」依稀可辨，那是多麼熟悉的壁畫和彩塑，它們在月光下閃爍著光芒，在那裡蘊藏著多麼珍貴的藝術啊！當我一來到這個千佛洞，我就預感到自己的生命似乎已經與它們融化在一起了。我離不開它們。現在，經過幾年的努力，不但沒有淡化我對這些石洞的感情，而且更深了。這裡有我和同事們付出的眾多心血。如二二〇窟貞觀十六年唐代人畫的壁畫，是初唐時期的代表作品。一九四四年老工人竇占彪從宋代重繪的泥壁下剝露出來，色彩金碧輝煌，燦爛如新，東壁左右的維摩變中的維摩居士的畫像，帶有晉代大畫家顧愷之「清羸」的畫風和神態。這是莫高窟所有五十餘幅維摩變中最好的一幅。這是前人，包括研究者如伯希和、斯坦因、華爾納以及張大千所未見識的。第二八五窟是西魏大統四年和五年（五三八～五三九）修建的，是隋唐以前最為精美完整的中國民族藝術代表窟。美國人華爾納曾於一九二五年，妄圖明目張膽地盜取窟中壁畫，遭到敦煌人民的反抗而未得逞。另一個修建於五代太平興國五年的六十一窟的文殊洞西壁畫《五臺山》立體地圖，高五米，長十三．五米，是一幅精美絕倫的藝術珍寶。畫中的城樓台閣、伽藍、寺廟、庵、觀、亭、閣、橋樑分別佈置在「五台」和「繁峙」兩縣境內五百里的寄岩峰和五台峰中，在曲折的山山水水裡面還穿插了看不完的山鄉行旅、朝山進香的信徒、高僧說法時的聽講群眾，旅店、磨坊、行人、走馬、駱駝等等無不應有盡有，真是一幅舉世無雙的現存最大最古的山水人物畫地圖。

這時，我不由又想起幾天前，由敦煌縣長帶來一個國民黨部隊軍官，在遊覽中想憑他的勢力，明火執仗地拿走石窟中一件北魏彩塑的菩薩像，說是放在家中讓他媽媽拜佛用，真是荒唐。後來我費盡口舌，並以女兒沙娜畫的飛天畫作為交換，才把那個傢伙送走。想到這些，我如果此時離開，把權力交給敦煌的縣長，這個藝術寶庫的命運是不堪設想的。幾年的艱苦歲月，這些洞窟中留下了我們辛勤的汗水，而這些藝術珍品也在艱苦環境中給了我們歡樂和欣慰。思前想後，我默默發誓，我決不能離開，不管任何艱難險阻，我與敦煌藝術終生相伴！

3. 父女畫展

兩頭毛驢上分裝著我們一家的簡單行李。我騎了一頭，沙娜摟著嘉陵騎了另一頭。時序又是初冬了，這是一九四五年的冬天。千佛洞前的白楊樹全都赤裸著兀立在風沙中，落葉連同沙山上的泡泡刺，在已結冰淩的大泉宕河上飛旋飄舞。敦煌這時分外清冷和孤獨，在朦朧的晨霧中顯得灰暗而沉悶。先後來所工作的人大都走了，雖然中央研究院接管了我們研究所，但具體的工作還沒有開始，可以說關係也沒有接上。這次我們暫時離開千佛洞，也就是為了去重慶落實各種接管關係，以利今後的工作。

我們就要走了。留下的僅有老工友竇占彪和范華兩人。從昨天起他們就幫我們料理一切。我反覆告訴他們，我們一家是暫時去蘭州、重慶辦事，隔不了多久就會回來。可他們根本不相信，認為研究所的人都走光了，所長是一個巴掌拍不響，也自尋門路去了。一時我也解釋不清，臨走，我又叮囑了兩句：「老竇，這洞窟的維護和保管的事就交給你啦，你可要千萬上點心！」這個心靈手巧的莊稼漢老竇，眼圈紅了紅，點點頭。我又招呼老范：「所裡其他的公務雜事，收收發發，都交給你啦，將來可要向我報帳！」老范「嗯唷」答應了聲，聲音也喑啞了。

正在這時，上寺的老喇嘛易昌恕，也急匆匆趕來送行。這幾年我們相處得很熟識了。他對宗教是虔誠的，特別是老佛爺的事，從不二心。對生活，他也一天天熱愛起來，帶著徒弟徐喇嘛，自己種棉花、種麥子、種蔬菜、種瓜，自給有餘。他為我們送行，口中不停地念著：「阿彌陀佛，阿彌陀佛……」

我們一家就這樣暫時離開千佛洞，騎著毛驢到了敦煌縣城，輾乘車，趕到蘭州。在蘭州，高一涵和省教育廳廳長等人提議我將隨身攜帶的女兒沙娜臨摹的壁畫作品，以及我在敦煌所作的少數民族的速寫和油畫寫生作品在蘭州公開展出，以飽蘭州人的眼福，我同意了。這個展覽會的名稱是「常書鴻父女畫展」，展出的作品，大部分

四〇年代常書鴻與女兒沙娜。

是沙娜這幾年在敦煌所臨摹的各時代壁畫的摹本，約三四十幅，我的關於少數民族的油畫、速寫約二三十幅，展覽會地點在蘭州雙城門。

這次畫展取得了意想不到的成功，特別對於沙娜的畫，各方面的評論都很好，而且還有一個收穫或者說是插曲。在展覽期間，一天，一位來自美國的加拿大籍的老婦人，中文名字叫葉麗華，當時在紐西蘭的中國老朋友路易・艾黎設立在山丹的「工合」培黎學校從事染織教學。她熱愛中國，在路過蘭州時來看這個展覽。她看沙娜畫的許多敦煌壁畫摹本，認為這些精美的畫作出自一個十三四歲的女孩子之手是極為難能可貴的，有很好的培養前途。她看到沙娜亦十分喜愛，主動向我提出她願意帶沙娜去美國學習，並以她自己的勞動所得（她說她是美國一家染織工廠的技工）來提供沙娜去美國的費用和學費、生活費。因那時沙娜才十三四歲，我接到這個邀請時說，孩子現在還太小，沒有獨立生活的能力，最好過幾年以後再說。葉麗華也同意這個意見，說她在培黎學校任教的聘期也是三年，等三年工作結束後再來千佛洞研究這個問題。在這之後，我就再也沒有考慮這個問題，總以為那個美國婦人是說了玩的。

但到了一九四八年夏天，她突然來到千佛洞找我，說她來是為三年前的提議要個回答。我心中很矛盾。沙娜這孩子聰明好學，但自她母親出走後就沒有堅持上完學，有機會到美國去受一些正規教育應該說是好事。經過幾天幾夜的反覆考慮，我最後還是同意葉麗華把沙娜帶到美國去學習。但就這樣把孩子交給一個外國人，我心裡還是很不安的。當一切手續辦妥之後，我請了一個相熟的律師寫了一個合同，主要是保護葉

一九四八年，常沙娜在美國波士頓博物館美術學院上學時在校門口和同學一起。

麗華給常沙娜提供在美國四年的學習、生活費用並做沙娜的監護人等事宜。沙娜去美國後，在波士頓美術博物館附屬美術學校學習美術，同時還勤工儉學。不久她結識了葉麗華的侄女及其朋友，他們都是美國擁護新中國的進步人士，其中有已故的史沫特萊和現在居住在中國的愛潑斯坦等友好人士。通過他們，沙娜參加了中國在美留學生的進步組織。祖國解放後，她積極要求回國。一九五〇年底，她在美國留學生爭取早日回國參加新中國建設的熱潮中，沒有學完就提前回到祖國。

在蘭州的畫展結束以後，我們即赴重慶。

這時的重慶已相當混亂，所謂的接（劫）收大員滿天飛。從南京、上海傳來的小道消息和醜聞不斷，街上到處是地攤，拍賣著傢俱、舊衣物及各種來自美國的剩餘物資。重慶的達官貴人們大都往南京、上海去了，政府機構幾乎沒有人好好上班。我在中央研究院裡找人也沒有找到。經過兩三個月的奔走催促，在五月間找到了中央研究院的傅斯年院長。他剛從延安參觀回來。他當時代表中央研究院的朱家驊，作為留守在重慶本院的負責人。我向他彙報情況以後，他對我孤軍奮戰、堅持在戈壁之中保護敦煌文物表示十分欽佩和讚賞，並要我將遇到的困難和問題提出來，一定幫助解決。我提出了關於經費、隸屬關係和補充人員、購置圖書等問題。他說，敦煌藝術研究所今後是隸屬中央研究院一個所，增加人員、購置圖書設備馬上可以辦到。我還要求有一個方便的交通工具，最好是卡車，以便我們將添置的人員設備一起運到敦煌去。最後他幫助撥來了一輛美制十輪大卡車。我們還購置了一台小發電機和照相機、膠捲以及繪圖用的紙張、畫筆、顏料等。這輛十輪大卡車，滿載著我復興敦煌藝術研究所的希望和新招收的人員、材料開向敦煌。

4. 黎明的前夜

由中央研究院向軍政部陳誠要求，軍政部後勤部在美軍遺留物資中調撥來的大卡車是美國產的斯蒂貝克牌。我們一邊裝貨，一邊招兵買馬。由中央大學藝術系呂斯百教授和陳之佛教授推薦，我招聘了中央大學藝術系畢業生郭世清及其妻子、南京師範大學畢業的劉縵雲，由國立藝專王臨乙教授推薦介紹的雕塑系畢業生凌春德也一同前往敦煌。我們於六月中旬由重慶出發，經成都去敦煌。在成都時，我們在四川省立藝專又招聘了該校圖案系畢業生範文藻和在藝專任男生指導員兼體育教員的霍熙亮，他原來也是國立藝專的畢業生，我曾教過他。另外搭車前往敦煌的，還有四川省立藝專教授沈福文夫婦。

沈福文教授早已有志於敦煌藝術研究，只是由於種種原因未能成行。在我的熱情邀請下，趁著有方便的交通工具，他動心了，只是擔心自己留不長。我說：「長固然好，短也聽便，只要宣傳敦煌就行了。」我們兩人在車上天南海北聊得很多，核心卻是對敦煌藝術的評價問題。因為我

一九四六年常書鴻與國立敦煌藝術研究所職員合影（上端旗幟在文革中被刮去）。

是主人，基本上是他問我答。我反覆闡述了自己的這樣一個認識：敦煌是一個大畫廊，陳列著從兩晉到元代一千多年間的藝術代表作。它們的作者主要是「畫工」、「畫匠」，沒有社會地位，住的是鄰近和野人洞差不多的山洞，靠著對宗教的虔誠，一代代畢生從事於壁畫和彩塑的創作。他們並不留戀什麼殘山剩水，也不主張什麼胸中丘壑，而是切切實實地描繪社會生活和理想中的佛家世界，使人們喜聞樂見。他們的筆觸剛勁有力，線條流暢自如，剛柔相濟，用色厚重而明快，描繪精緻而完整，造型更是生動完美，美輪美奐。畫工所形成的淳樸而渾厚的畫風與後來中國文人畫的繪畫風格，是兩種不同的風格和路子。我認為這是中國藝術的正宗與主流。

上：一九四七年常書鴻、李承仙在蘭州結婚。
下：三〇年代張大千與李容恢（李承仙父親，孫中山同盟會會員，辛亥革命時期南洋籌款總辦）。

我的上述認識，是從我真正認識了敦煌後所形成的。我是學西畫的，從崇拜西方的藝術大師到以無名的中國民間工匠為自己尊崇的對象，是中國民間藝人所創造的敦煌藝術感動了我、啟發了我。敦煌藝術確實是民間畫工們創意性的傑作。在壁畫、彩塑中，沒有完全相同的東西，即便是描寫同樣經典內容的藝術作品，畫工藝人們也能根據自己的創造力和想像力創作出完全不同的作品。如第一七二窟南北兩壁相同內容的西方淨土變，畫風截然不同；又如第六十一窟的《五臺山圖》，既畫有磨麵的人、登山的人，還畫有嬉戲的馬，隨處可以看到畫家獨具的匠心。敦煌的藝術作品保存至今仍顯得栩栩如生，是因為它們是工匠藝人們用心用靈魂創造出來的。從心靈深處產生出來的創造力，是真實的，與虛假做法是無緣的。真正的藝術品，即使經歷千百年，仍能給人以強烈的感染力，其藝術性會經久不衰。沈福文教授也同意我的觀點。

車子在路上開開停停，一個月後才到達蘭州。這時又來了一個青年人叫段文傑，前些時候我在蘭州開「父女畫展」時他曾幫助佈置展覽。他希望隨我到敦煌工作。他說他是重慶國立藝專的畢業生，目前在蘭州社會服務處任職業介紹股股長。我接受了他來敦煌工作的要求。在蘭州，我們經過短暫的休整，繼續西行，於一九四六年的中秋節前夕到達了敦煌。根據我的安排，郭世清負責總務，其妻劉縵雲任會計，段文傑為美術組組長。一過中秋節，敦煌一帶的百姓家家戶戶忙著過冬的事情。為了使這些天府之國來的人們能站穩腳跟，我傾注了相當大的精力，安排過冬事宜，總算度過了又一個嚴冬。

一九四七年夏天，我們研究所又增添了一批年輕人，有孫儒僩、黃文馥、歐陽琳、李承仙、薛德嘉、蕭克儉等人。一九四八年冬天，史葦湘也來了。李承仙是重慶國立藝專西畫系的畢業生，也是四川省立藝術專科學校教員，立志於敦煌藝術事業。她在從國立藝專畢業的那年，就想去敦煌。一九四六年五月，我在重慶招收敦煌工作人員時，她來找過我。我讓她在筆記本上寫下她的名字，她留下了「李承仙」三個字。我問她：「你是油畫專

一九七九年中秋節在敦煌皇慶寺庭院，常書鴻持地圖向關山月（持蘑菇者）、黎雄才介紹張大千蘑菇地圖的故事（常嘉煌攝）。

業的，為何去敦煌？」她回答說：「我父親叫李宏惠，原名李寄緣、李容懨，辛亥革命前是孫中山已創建的同盟會的第七位簽名者，南洋籌款總辦，是一位反清革命家。二伯父叫李瑞清，曾教過張大千先生。當時父親對我說，作為一名中國畫家，首先應該去敦煌，研究中國的民族遺產，研究敦煌，然後創立自己的風格。我父親與張大千也有較深的交往。張大千去敦煌取得重要收穫也啟發了我，於是，我下決心去敦煌。」我對她說：「敦煌是遠離人煙之地，古代只有軍隊和流放的犯人才去那裡，而且生活非常艱苦，你能受得住嗎？」她說：「我已決心獻身於藝術，不會因困苦而退卻的，您放心吧。」但那一年她沒有如約來敦煌，因為她父親病了。她做了四川省立藝術專科學校的助教。第二年，我的好友沈福文、學生畢晉吉把我的經歷告訴了她。之後，沈、畢二君一直觀察她的行止，為她去敦煌的意志所打動。他們認為她會和我一樣，成為「敦煌癡人」，於是替我談到結婚的事。一九四七年九月，李承仙從成都赴蘭州，我從敦煌去蘭州，在那裡結婚後，一起回到敦煌，從此我們成了一對「敦煌癡人」。

李承仙從四川給我帶來了張大千贈送給我的禮物，一套日本松本榮一著的《敦煌畫研究》。這是上、下兩冊的大型精美圖冊和研究文字，文字是松本榮一寫的博士論文，圖冊是伯希和拍攝的敦煌

右：四○年代常書鴻與李承仙在莫高窟前。
左：五○年代與研究所討論壁畫。

圖錄，全部為黑白版。這套書也是張大千的心愛之物，上面有張大千閱讀研究時留下的許多朱筆批文。這套書尤其是研究文字，對於我從事敦煌研究很有幫助。接到張大千這份珍貴的禮物，還使我想起一九四三年在敦煌，張大千在離開千佛洞時送給我的另一件很有「生命意義」的禮物。那時，張大千即將離開千佛洞回四川，分手時他親手送給我一個紙卷，說：「送給您的這個紙卷，要等我離開後才能看。」我等他乘車去了，打開紙卷一看，原來是他親筆繪的一幅彎彎曲曲在樹林水渠邊一隱蔽處找到食用蘑菇的路線示意圖。在敦煌莫高窟戈壁之中，沒有什麼蔬菜，天然後食用菌菇更是難以發現，因此，各人如有發現都盡力不讓他人知曉，以保障自己的來源。循著大千先生的地圖，我們果真發現了在水渠邊他一直採用的蘑菇生長地，在日後的生活中，還真解決了一些問題。

我常常思念贈送給我蘑菇圖的張大千先生。我也從此喜愛畫蘑菇，並自賦打油詩一首：

敦煌苦，孤燈夜讀草蘑菇。
人間樂，西出陽關故人多。

這批生力軍的到來，不僅使研究所充滿了朝氣，而且使停頓了的不少工作得以開展起來，臨摹壁畫的隊伍也十分齊整了。因此，我開始下決心和拿出精力，集中力量把各個時代有代表性的作品全部臨摹下來，以備將來保存資料和展出，系統介紹千餘年的中國美術發展演變的情況。

洞窟壁畫臨摹是一項很艱苦細緻的工作。由於石窟開鑿在一條坐西朝東的峭壁上，而洞窟一般只有一個向東的進光線的門，加上每個洞窟都有一段甬道，所以經甬道遮掩，真正能照在壁畫上的光線十分微弱，到下午光線就更加黯淡。這對臨摹者來說，很費眼力，尤其在寒冬季節，又黑又冷的條件下。我們沒有梯架設備，沒有照明器材，只能在小板桌、小凳上工作，對看不清的地方，就要一手舉著小油燈，一手執筆，照一下畫一筆，十分費力。要是臨摹窟頂畫時，就更加艱苦，要仰著頭，脖子和身體都成了九十度的直角；仰看一眼低頭再畫一筆，不一會兒就頭昏腦脹，有時甚至噁心嘔吐，尤其是臨摹大幅壁畫，困難就更大了。

經過一段時間的探索，我們把壁畫臨摹細分為客觀臨摹、復原臨摹和整理臨摹三種。客觀臨摹就是現在壁畫怎樣，臨摹的作品也怎樣，現畫面有缺損，臨出來也照缺不誤，好處是不失實。復原臨摹，就是碰上有缺損的地方，由臨摹者揣度而加以補充，使臨摹的色彩復原到原來作畫時的色相，好處是畫面整體、美觀，但容易主觀臆斷，造成失實。整理臨摹，是介於上述兩者之間的臨摹方法。我們經過反覆討論，認為只有不失實，才有研究價值，僅好看而失真這無疑是捨本逐末。為了保證品質，我們根據情況，有的畫由一個人單獨起稿，有的是幾個人分片包乾起稿，但勾墨線、著色都要嚴格一致。在臨摹階段，為了不斷提高臨摹水準，精益求精，每到月底，我們用兩三個晚上，點上汽油燈，將臨摹作品一幅幅掛在牆上，大家共同評議研討。沈福文教授在時，由我和他負責主講主評；沈福文教授走後，就由我一個人來作最後講評。這個方法行之有效，使大家臨摹的水準得到提高。事實表明，這一段時間臨摹出來的壁畫，品質好、數量多，是大家所公認的。

戈壁灘冬天來得早，去得晚。每年十月便下起雪來了。正如唐朝詩人岑參詩中所寫：「北風捲地白草折，胡天八月即飛雪」，「瀚海闌干百丈冰，愁雲慘澹萬里凝」。在這樣寒冷的季節，顏料凝結，手腳僵硬，洞窟中的臨摹工作就只好停下來。這時，我們便轉到另一工作方面，改做專題資料的收集和整理工作。一九四七年冬至一九四八年春，我帶領李承仙、段文傑、蕭克儉對莫高窟有壁畫和彩塑的洞窟進行全面編號。在莫高窟歷史上，早在唐宋時代，為了禮佛和祭拜的需要，洞窟曾有過窟名，如瞿家窟、陰家窟、文殊窟等等。從近代莫高窟的研究歷史來看，以阿拉伯數字為序的編號有四次，但各有差別。

一九〇七年，法國人伯希和照其考察的順序，對洞窟進行編號，共有一百七十一號。後來有的洞窟的號與鄰近的洞窟號碼相同，只是加了A、B、C等英文字母作為區別。這樣，伯希和實際編列的洞窟有三百八十三個。

由於他是按其考察順序編排號碼的，因而所編號碼無規律可循。

一九四一年，張大千按洞窟下、中、上的層位關係和排列次序，從第一層開始由南向北依次編號，第一層結束後又從北向南，第二層按「之」字形編至三四層，共計編有三百零九個窟號。他將大窟中的小窟、耳洞均附於大窟作南或北耳洞，因此，實際洞窟計有四百四十一個。

此外還有敦煌官廳編號。一九四四年我所聘任史岩作石窟供養人題識考察工作。史岩出版供養人畫像題識這本書上的圖號與洞窟對不上，無法查找。

一九四三年初，我們到達敦煌並成立研究所後，仍然按照張大千的編號進行洞窟保護和研究，但不久便發現有些不便之處。我們這次編號是以莫高窟上山進城的路線為起點。第一層從北至南按洞窟排列順序，有一個窟即編一個號，小洞、耳洞均一一編號；第二層由南至北；第三層由北至南。如此按「之」字形編排，計編號四百六十五個。

從一九四八年進行洞窟維修等工作，至一九六五年開展石窟全面加固工程過程中，又陸續發現了二十四個洞窟。所以現今莫高窟的編號洞窟計有四百九十二個，已為世界公認引用。

在洞窟編號的基礎上，我們於一九四八年又著手壁畫和塑像的編號工作。塑像編號於一九五七年完成，全莫高窟共有塑像兩千四百一十五尊。一九六二年，隨著研究工作的深入，我們將塑像分為七類，以期分別加以保護和研究。第一類包括各時代原作保存完好者，未經後代修補，或僅局部修補過，共計一百六十三尊。第二類包括各時代原作殘損者，所謂「殘損」主要指殘頭斷指，但神韻猶存，雖經後代修補，仍十分珍貴，約計四百餘尊。第三類包括各時代原作經後代修補或妝繪，其中大部分能看出原作面貌，部分為後代添補頭部或肢體，雖原作精神已失，但有相當大的價值，這類作品數量最多，達九百餘尊，是研究敦煌彩塑的重要資料。分類初步確定後，一九六二年聘請全國有關專家加以審定確認，給予分別保護。壁畫的分類編號工作，僅在每個洞窟中的各類壁畫右下方作了初步編號，由於沒有進行專門標記登錄，所以也沒有最終完成。

經過大家的艱苦努力，我們完成了大量的工作，到一九四八年初，我們按計劃完成了《歷代壁畫代表作選》、《歷代藻井圖案選》、《歷代佛光圖案選》、《歷代蓮座圖案選》、《歷代線條選》、《歷代建築資料選》、《歷代飛天選》、《歷代山水人物選》、《歷代服飾選》以及《宋代佛教故事畫選》等十幾個專題的編選工作，共選繪了壁畫摹本八百多幅。

為了宣傳敦煌、介紹敦煌、保護敦煌，一九四八年初，在完成了十幾個專題的編選和臨摹工作後，我們選了壁畫摹本八百多幅準備展覽。我打報告給教育部，希望這些作品能在各大城市巡迴展出，然後再出國展覽。直到一九四八年七月，才接到通知，讓八月在南京展出。我攜帶了這幾年來臨摹的各時代壁畫五百餘幅離開敦煌到酒泉，原準備由酒泉乘民航機到南京，但那時，新疆到西安的民航機已停飛，只好轉道到西安，再從西安到南京。到達南京後，我住在中央大學呂斯百那裡。當時的教育部長是朱家驊。見到朱家驊後，我簡單談了一下展覽的安排，就開始了近一個月的籌備工作。八月二十二日，「敦煌藝展」在南京國立中央研究院展出。開幕之日，外交部與教育部還聯合邀請了當時駐華外交使節來參觀。有司徒雷登、法國大使戈斯默等。八月二十八日，蔣介石冒雨前來參觀，于右任、陳立夫、孫科、傅斯年等均來參觀。在南京展出後，展覽又移至上海展出。在上海大新公司樓上展出的一周，參觀的人比南京多了幾倍，報刊的宣傳介紹也很熱烈。展出不久，敦煌圖案的風格和樣式已經在上海新出口的輕工業品中反映了出來。在展出期間，我們也收到一些來信。信中提醒我們說：「現在蔣幫的末日已到，希望提高警惕，努力保護敦煌藝術寶庫；只有毛主席共產黨才能救中國，救敦煌藝術。」我也深深感到蔣介石的滅亡已經即將來臨，黑暗也快結束了，在這混亂的時刻，我們要提高警惕。

當時上海的出版情況還不錯，我想利用展出機會，將展品中較好的作品彩印出版。由於教育部沒有經費，一些熱愛敦煌藝術的進步人士願意私人投資出版。解放後曾擔任文化部副部長的鄭振鐸就是其中一位。他希望這些摹本能夠出版發行，但他只能承擔出版黑白版。考慮敦煌摹本的色彩價值，我希望出彩色片，因而當原上海建業銀行經理黃肇興提出他願意出資出版全部彩色版時，我同意了。黃肇興是董希文的姐夫。在製版期間，有一天，教育部社會教育司剡司長突然來到我住處，拿出教育部長朱家驊的親筆指示，要我從速把全部敦煌摹本運往臺灣展出。為了對付這一指示，我藉口說正在印刷，製版未完，完了就去。當時國民黨已全線潰敗，上海金融市場上一片混亂，人心惶惶。這個社會教育司的剡司長無心久留，對我虛張聲勢地嚇唬一番，說什麼手令要遵守，如不照辦，後果自負云云，當晚便乘飛機到廣州去了。

為了防止國民黨教育部取走敦煌全部摹本，我連夜將摹本包紮好分別交給上海李承仙的姐夫朱惠康和杭州我大哥常書林幫助隱藏起來。第三天，我通過朋友搞到一張去蘭州的飛機票，離開了上海，輾轉蘭州、酒泉、安西，回到了千佛洞。當時正是一九四八年十一月初的一個晚上，塞外的嚴冬季節已經開始。月光下，高大的白楊樹在寒風中搖曳著，落葉飛沙滿地。我從驢背上下來時，中寺空寂無人，只有老喇嘛迎面走來。這個年過八旬的老人，是我在寺中唯一的鄰居。我大聲親熱地招呼他。他一見我，急忙撥開圍到嘴邊的頭巾，雙手合十，很有禮貌地說：「是所長吧？辛苦了！一個人這麼晚回來，可凍壞了吧！」說完這些話，口中念念有詞地又走了。

在中寺我們的辦公室裡，只有兩個老的工作人員正圍著一堆柴火取暖，見我來了，給我端來一條板凳，倒了一滿杯熱茶。我和他們邊烤火邊聊起來。因為經費無著，幾年來與我患難與共的職工又有很大一部分另謀生路去了，只留下少數人，他們是其中的兩個。他們熱情地幫我打掃房間、生火、點燈。他們走後，我環顧離開了幾個月的四周，還是那樣如常。窗外，一輪孤月，幾點繁星，白霜滿地。面對窗外無垠的瀚海，我感到一陣空虛與寂寞，真是「倦旅歸來，萬念俱灰」。信手推開窗戶，一股刺骨的寒風迎面而來，燈一下子也被吹來了。這時，從九層樓上遠遠傳來了清晰的風鈴聲，多麼熟悉的鈴聲！這種既淒涼又悲壯的聲音給我以安慰，給我以希望，也使我意識到自己還在敦煌，在我心繫的地方！等我關上窗，重新點上油燈時，發現書桌上、書架上早已落下了一層細細的流沙。沙，這個可惡的得寸進尺的東西！我們在這裡已經與它鬥了幾年，但它還是無孔不入！如果我們退卻，它就會把我們連同整個千佛洞全部吞沒。堅持下去，與沙鬥！我抹去桌上的流沙，振作精神，開始提筆寫下了《從敦煌近事說到千佛洞的危機》，後來這篇文章刊登在一九四八年十二月十四日上海《大公報》上。在文中我向人們呼籲，支持我們，並提出了與流沙鬥爭是關係到敦煌洞窟存亡的大問題。這也是對我自己的一種自我激勵。

文章刊出後，我陸續收到全國各地不少好心讀者的來信。信中對我們在千佛洞工作的人表示熱情慰問和支持。記得其中有一封署名戈揚的來自上海的信中說：「你們的艱苦工作，我們不但知道，而且經常關心著你們，望堅守崗位不屈不撓地繼續努力，直到即將來臨的全國人民的大解放。」

一九四九年初，國民黨政府已到了日暮途窮、全面崩潰的時刻。七月份，酒泉來人告訴我們說，甘肅省政府的官僚們正收拾金銀財寶，準備經新疆、印度逃往臺灣。這時，到處發生潰逃的國民黨軍隊搶劫財物、殘害人命的事件。為了防止國民黨匪特與潰敗的軍隊互

經二十世紀五〇年代至六〇年代的洞窟編號及全部加固工程後的莫高窟全貌。

相勾結，破壞、搶劫千佛洞文物，我們一方面加強莫高窟的戒備，一方面仍未停止對洞窟的保護和臨摹、研究工作。我們曾組織了幾個人的保衛小組，除日夜值班外，並在山口岩邊設置崗哨，還在石窟群最高的一三〇、一五六、一五八、一五九窟內儲藏了乾糧、鹹菜和水缸，準備了幾支破舊的步槍，以及石塊、沙袋等，準備一旦出現緊急情況，就堅守石窟，保護石窟。

這時，各種謠言不斷從敦煌城中傳來，使一些職工有些驚慌。我們都擔心，就我們幾個人，萬一有一批國民黨潰敗軍隊來搶劫石窟文物，真是很難抵抗啊！我們都焦急地期待著解放軍早日到來，保衛敦煌，把千年的燦爛藝術珍寶從黑暗的社會中拯救出來，讓它永放光芒！

第六章

國寶之光

兵無異。我猜想，這大概就是馳騁南北戰場的將軍們吧！迎著陽光，我向他們走去。這時一位年輕力強的戰士向我走過來。他和藹地問我：「你就是這裡的領導常所長嗎？」我回答：「正是。」我接著問：「你們的首長呢？」這時一位面帶笑容，目光炯炯有神的解放軍向我走來。年輕軍人介紹說：「這是我們的張獻奎團長和戚成德政委。」這時張團長一個快步走到我面前。我握著張團長的雙手，久久沒有鬆開。我把他們一行領進早已佈置好的接待室。這裡就是中寺皇慶寺前院我辦公室外間的會議室。在這個不足三十平方米的會議室裡，我們研究所的十多位同事和解放軍戰士擠滿了一屋。因為會議室地方小，那些坐不下的戰士們就在院內大榆樹下擺設的凳子上休息。在接待室裡，我向張團長一行一一介紹了我們研究所的同事們。張團長風趣地說：「看我們像不像是國民黨宣傳的那種青面獠牙的怪物？」我聽了忍不住笑了起來，說：「我們才不相信那些鬼話呢。其實他們自己才正是殺人放火的強盜呢！他們在臨解放的前兩天，還在陽關所在的南湖進行了野蠻的搶劫，他們還揚言要來千佛洞。為此，我們還做了一些保護莫高窟石窟文物的工事呢！」說著我們就分作幾個小隊引導著子弟兵參觀石窟。大家都興高采烈地邊導遊邊講解。我帶領張團長等一行參觀。他們很仔細地聽我介紹敦煌石窟藝術，面對五彩繽紛的壁畫和彩塑，驚歎我們祖國有這麼美好的文化藝術遺產，一再囑咐我們要好好保護。當我們經過石窟群南端第一三〇窟，從底層小洞門沿著傍的狹窄暗梯道魚貫而行攀登第一五六、一五八、一五九窟這一組最高層洞窟後，就看到了我們在暗道口用麻布做的沙袋和裝滿大量鵝卵石的口袋堆築的工事。張團長很認真地看了我們的工事及洞窟內備藏的乾糧、水缸和鋪蓋等等。我笑著對張團長說：「這是我們這些沒有戰鬥經驗的書生們的幻想，一定沒有實用價值的吧！」不料張團長卻用讚歎的口氣說：「很好！很好！別看你們表面上文質彬彬，到了緊要關頭還真的有兩手呢！現在，有了共產黨和毛主席的領導，在解放了的新中國，你們專心做保護和研究工作吧！有我們在，你們再也不用擔心害怕了。過去，你們在沙漠中長期工作的精神是很可貴的。我相信你們今後會更好地從事石窟的保護和研究，專心致志地貢獻自己的智慧和力量！」說罷，他從口袋裡掏出一本小冊子給我。這是一個以郭沫若同志為首的北平文化界向全國文化界發表的宣言。宣言中強調指出：「文化工作者只有在政治上堅決向中國共產黨靠攏才有光明的出路。」並號召人們在新形勢下努力學習，加強思想改造。這個小冊子裡還登載了郭沫若同志到達初解放的北平時，在火車站上即席向新聞記者發表的激動人心的詩句：多少人民血，換得此和平！

我看了後感動地對張團長說：「謝謝你們，這正是我們需要好好學習的材料啊！」

幾天後，我接到剛成立的敦煌縣人民政府的邀請，紅色信皮上寫著「常書鴻所長收」幾個大字。這是我第一次榮幸地參加敦煌縣慶祝勝利解放的軍民聯歡慶祝大會。駐敦煌的騎兵師專門派警衛送來一匹白色灰點的大馬，警衛員在扶我上馬時說：「這是賀老總的馬。」我騎上馬不到一個小時就趕到城裡了。這個城市不久前還是商店倒閉、路無行人、死氣沉沉的塞外城鎮。這時，我想了前幾天進城時的一次遭遇。為了防範壞人，我們騎馬進城總要在身上背一根棍子，同時也可以打狼，因為戈壁灘上經常有惡狼出現，狼是怕棍子的。那天我們騎馬走到紀家莊，這是到達敦煌縣城附近的第一個村落。我們幾個人在距村莊遠遠的地方，就聽到村內一陣陣敲鑼打鼓聲，不一會又聽到延續不斷地敲打鐵桶、鐵盆等的各種聲音，還有人的吆喊聲。這時我們真是進退兩難，進村吧，怕遇到麻煩，退後吧，是光禿禿的沙漠戈壁，怎麼辦呢？我想，事到臨頭也只有闖進村去。我一揚鞭，打馬進了村莊，習慣地走進經常來去歇腳的紀老漢家裡。紀老漢見到我們哈哈大笑，說這是一場誤會的喜劇呀！原來他們剛才遠遠看見幾個騎馬背棒的人，還以為國民黨的殘兵敗將又來搶掠了呢！所以大家敲鑼敲桶以通資訊。他還說：「想不到如今草木皆兵，連你這位菩薩所長也遭了誤會，不要見怪。」我說，大家彼此一樣，在千佛洞我們也防範於萬一，在洞子裡構築了工事，這些土匪不能不防。

解放了的敦煌縣城，生機勃勃，欣欣向榮。大街小巷張燈結綵、紅旗飄揚。商店營業，生意興隆。街頭熙熙攘攘，軍民聯歡的秧歌隊、高蹺隊披紅掛綠，在喧鬧的鑼鼓、震耳欲聾的鞭炮聲中，載歌載舞地從四面八方湧出來。人人笑顏逐開，歡呼慶賀。入夜後，敦煌鐘樓上按照舊時敦煌古郡在農曆正月十五日張掛彩畫壁燈的傳統風俗，懸掛了一幅高三丈寬二丈的絹繪彩色經變畫像，絹畫後壁架上點燃了近百盞油燈，透過燈光使整個彩畫在夜空中閃閃發光，真是金碧輝煌、普天同慶。彩畫前有歡騰的人們在盡情地歌唱著「解放區的天，是晴朗的天，解放區的人民好喜歡……」一邊唱一邊扭秧歌。我彷佛覺得自己置身在敦煌壁畫中「西方淨土極樂世界」的幻想天地中。我正沉醉在這美好的場景時，冷不防，一個快樂活潑的小戰士，一把將我拖進了軍民聯歡的秧歌隊，笑嘻嘻地說：「常所長，你不認識我吧？我就是那天騎兵師派到千佛洞接你的，那天你還帶我看了千佛洞壁畫上那些跳舞的伎樂，那跳的真來勁，那是古代舞。我們現在解放了，我們跳的是腰鼓秧歌舞。你也來參加吧！」我說：「謝謝你。實在對不起，我不會跳舞。」小戰士熱情地說：「沒關係，我們大家都不會，來，跳一跳秧歌吧！」說話間不由分說就把我拉進了人流中，隨著腰鼓和銅鑔的咚咚咚、嚓嚓嚓的聲音，這樣前進半步，後退二步，再進三步，隨著一進一退雙手順勢擺動，身體也隨著音樂的節奏扭動。在小戰士的幫助帶動下，我模仿著別人的動作，來來往往地轉動身子，這是我生平第一次跳秧歌舞，也是生平第一次與解放軍、農民一起聯歡。受到熱情洋溢的青年們純樸情感的陶融，我彷佛也變得像年輕的小夥子那樣，邊唱邊跳，不知疲倦地到了午夜。

第一個國慶日剛過，我們正在接待著一批批連續不斷地乘卡車來千佛洞參觀的解放軍隊伍時，又意外地收到郭沫若同志發自首都北京的電報和鄭振鐸同志熱情洋溢地希望我們堅守工作崗位的來信。回憶一九四五年，當我在敦煌突然接到教育部取消國立敦煌藝術研究所通令的時刻，鄭振鐸同志安慰我說，以後是可以改變的，只要努力。後來我們特地派張民權同志帶著僅有的一些摹本，在四川重慶七星岩中蘇友好會堂舉辦了一個敦煌壁畫摹本展覽會，以引起朝野對我們工作的同情和支持。當時正在重慶與國民黨進行和談的周恩來、董必武和郭沫若同志還親臨展覽會，給予我們寶貴的支持。現在剛解放，郭老又熱情地來電慰問，並鼓勵我們要更好地為人民保護好敦粕民族文化寶庫的遺產。鄭振鐸同志是最早支持我去敦煌的好友之一。他還以私人名義投資印刷出版了《域外壁畫集》。他對敦煌藝術極為愛好，一九四八年「敦煌藝術展」在上海展出時，他曾在各方面給予大力支持和幫助。這時他又在信中對我們多年在沙漠戈壁中，為祖國保護敦煌文物藝術表示衷心的慰問，並殷切在希望我們堅守崗位，繼續努力，在保護和研究工作中做出更大的貢獻。在荒涼的大西北沙漠中，幾經風雨，苦度八年歲月的我們，在今天得到廣大人民群眾的慰問和鼓勵關懷時，興奮的心情是難以用筆墨形容的。共產黨領導下的新中國對祖國文化遺產的關心和愛護，恰恰與國民黨反動政府對文化工作殘酷的摧殘破壞形成鮮明的對照。

這期間，我們又陸續收到來自北京、瀋陽、上海等地的不少慰問信件、書籍及有關黨的文藝政策宣傳資料，其中有毛主席的《在延安文藝座談會上的講話》和《新民主主義論》等重要的學習文件。這使我們的思想認識得到了進一步的提高。但在我們所裡也有少數不能正確理解黨的文藝文物政策的人。他們以左的面貌出現，把掛在上寺的清朝道光十一年「雷音寺」的匾額和九層樓大佛殿有關修建九層樓大佛殿的歷史記錄的匾額等統統都拉下來了。一九四九年十月二十日，酒泉軍分區接管敦煌藝術研究所，由於軍分區負責同志不瞭解我們文物工作的性質和目的，對於像我這樣在法國留學十年的留學生，聚集在戈壁沙漠中工作很不理解。當時聽了我們所某些人的讒言，把研究所的工作定為特務性質，錯誤地沒收了我們的發電機、照相機、收音機、繪畫和辦公用品，還進行了搜查，到我住宅正式向我宣佈「要徹底清點你所有的一切財物，不准轉移，聽候發落」，並抄收了我的繪畫用品、照相機、縫衣機等等。這種錯誤做法，後來酒泉地委聞

一九五〇年八月西北軍政委員會文化部接管敦煌藝術研究所。

訊後，立即加以糾正。一九四九年十二月底，酒泉地委書記賀建三同志和酒泉專署劉文山專員親自來到研究所，向我們道歉，並作了必要的說明。他們說由於沒有調查研究，不瞭解敦煌藝術研究所業務的性質和常書鴻所長領導下艱苦工作的精神，你們不但沒有錯誤，而且是應該受到黨和國家鼓勵和保護的。劉專員還帶來了大量的小米、棉軍服、棉鞋、皮手套等工作和生活的必需品，並退還前些時被錯誤地沒收的所中公物和我私人財產。除了表示慰問，他還傳達了地委劉長亮書記的指示：大家要在常書鴻所長領導下，繼續為祖國偉大的民族藝術寶庫莫高窟的保護和研究做出努力。酒泉地區黨委對於我們無微不至的照顧，使我們全所同志更好地團結起來了。大家又開始了臨摹和研究工作。但也有少數人，過去雖然在所裡從事過臨摹等工作，一解放，認為只有跟解放軍去搞土改才是革命的，而視臨摹和研究是與封建迷信打交道，是錯誤，於是鬧情緒，打報告要求離開。酒泉地委和專署的領導同志幫助我們做思想工作，並專門派汽車來接研究所的一些幹部到酒泉去過解放後的第一個新年。我和李承仙等少數幾個同志為了照管所中的日常工作仍然留在千佛洞。為了歡慶解放後的第一個新年，我們繪製了新年畫。這些工作得到敦煌縣委石志剛書記等同志的支持和鼓勵。同時，編敦煌的解放軍隊伍以及進疆的解放軍部隊，他們需要大會和會議室禮堂內用的大幅毛主席、朱總司令的畫像，我也十分樂意地承擔了這項任務。我和李承仙在二三米高的白洋布上，用炭精粉繪製一幅又一幅的毛主席和朱總司令的畫像。在敦煌，這個小小的古城，我親眼看見解放幾個月以來的顯著變化。我們一面畫像，一面從心裡認識到毛主席、朱總司令和人民解放軍的偉大，真是沒有共產黨就沒有新中國。

春節後，在酒泉過春節的一些同志回來了，天氣也逐漸暖和了，已經到了每年最好的進洞窟臨摹、研究的季節，但受左傾思潮影響，一些同事堅持不再進行宣傳封建迷信的壁畫臨摹工作，提議搞大生產。在「不勞動者不得食」的口號下，我們不得不放棄了繼續對壁畫和彩塑進行分類臨摹和研究的計畫，而全部投入了蔬菜和糧食的生產。在千佛洞園牆內的一片小土地上，我們種哈密瓜、芹菜、洋芋、韭菜、小麥、胡麻等蔬菜和作物。在極左思潮的鼓動下，少數人還提出每週評選一次所長，每週評定一次各人的勞動報酬等計畫，迫使每個人不管身體好壞都得到田間勞動，一直到一九五〇年秋天天氣轉冷時候。看看這麼多研究人員全都放棄了研究工作，而整天看上去在勞動實際上無所事事的情況，我不得不把所中存在的嚴重情況向政務院文化教育委員會社會文化事業管理局和鄭振鐸局長作了彙報。不久我便接到西北軍政委員會文化部通知，將由西北軍政委員會文化部領導派員來所解決問題。九月間西北軍政委員會文化部文物處趙望雲處長、張明坦副處長前來接管敦煌藝術研究所。他們隨身攜帶了不少慰問品，其中包括我們工作中急需的收音機、繪畫顏料、筆墨紙張、文化用品等等，還給我那出生不久的兒子嘉煌送了一套大紅緞繡花衣服。當孩子的媽媽李承仙再三推辭不肯接受時，張明坦副處長說：「這是黨組織對你們的關懷，非接受不可喲！這也是延安解放區的老規矩，是軍民一家幹革命的老傳統，這一點禮物務必全部收下！」他們含有真摯感情的話，使我們像見到親人一樣，感到溫暖，不禁流下熱淚來。就這樣不到半天，張明坦同志及我們原來早已熟悉的畫家趙望雲同志就同大家打成一片了。四五天過去後，適逢傳統的中秋節，根據趙望雲和張明坦同志的提議，舉行一個象徵全所團結的「月光晚會」。月光晚會在中寺前院兩棵大榆樹間露天舉行。這天晚上，戈壁灘月光如洗，桌桌擺滿剛摘下的大紅棗、桃、梨、哈密瓜、白蘭瓜、西瓜和大如面盆、上面雕刻著敦煌藻井圖案的胡餅，顯示出敦煌地區特有的秋色。畫家又是書法家的趙望雲同志嘴中含著香煙低著頭，拉著「山丹丹開花紅豔豔」的陝北抒情曲調，晚會在鑼聲中開幕了！儘管晚會開得不錯，但我總感覺到有些人思想還在作怪。我對張明坦同志表示了我的擔心。張明坦同志勸我說：「思想工作要慢慢來，不能求之過急。」並說：「西北軍政委員會文化部要在本月晚些時候在西安召開西北文藝工作代表大會，你是文化部早已決定了的代表，現在這裡的初步工作已告一段落，你就和我們一道去西安開會吧。」

道：「不能走！」「把你的展品放下來，才能走！」我說：「為什麼不能走？這是昨夜社會文化事業管理局打急電要我帶去北京開展覽會的，請示了張明坦決定的。」「有社會文化事業管理局電報也不能走！」有人叫喊著，「決定了也不能走！因為這是錯誤的決定！我們不能拿牛鬼蛇神、封建迷信的東西到莊嚴的人民首都展出！」我說：「這是鄭振鐸局長的指示。」一青年接著說：「鄭振鐸的指示也是錯誤的！」我對於這種一貫以幼稚的、左的面貌出現的投機分子的做法，非常氣憤。於是我只能看著張明坦處長，要他作出決定：「您看怎麼辦？」他看著我手中拿著的一卷壁畫摹本說：「你把手中那卷畫留下來罷！」我悶著一肚子的氣，將手中一卷壁畫摹本交給了他們。汽車開動了，離開敦煌時已十點半了。我對張明坦和坐在司機臺上的趙處長說：「這幫蠻不講理的人行為實在幼稚可笑，如果我沒有寄存在南方的大量摹本，敦煌文物在首都的展出將成為不可能的了！」「那也決不能讓他們如此放肆！」坐在司機台中的趙望雲同志憤怒地表示，「剛才發生的事是無理取鬧的搗亂！」汽車衝過甜水井沙窩子，很快地在敦煌至安西的公路上加速前進。

因為趕路，汽車經過安西、玉門、嘉峪關、酒泉，在河西走廊上日行夜宿地趕了三天三夜。在蘭州住了一宿，繼續乘汽車東行，越過華家嶺、天水、寶雞到達絲綢之路的故都——西安。

西安，這座歷史古城，解放後是西北軍政委員會的所在地，是廣大西北地區政治軍事文化藝術的中心。我們到達後就受到西北軍政委員會文化部柯仲平部長等領導的熱誠接待。通過趙望雲、張明坦同志的介紹，第一次會見了延安的老詩人柯仲平同志。他用慰問的口氣，表示熱烈歡迎來自敦煌寶窟的同志參加西北文代會。張明坦同志還介紹我會見了習仲勳主任，以及王元方、石魯等同志。他們都是參加過延安文藝座談會的西北革命文藝老幹部。通過我和他們的會見，使我們有機會進一步加深了對黨的文藝工作方針政策的理解，初步認識到文藝為工農兵服務方向，以及如何在普及的基礎上提高和在提高的基礎上普及的辯證關係。這次能來西安參加西北文代會是我一生文藝工作中一個非常重要的轉變時期。第一次西北文代會是由彭德懷將軍講話開始的。他主要說明文藝和工農兵相結合，並不是要文藝工作者都來當兵，現在全國解放，國家建設時期，需要文化藝術的發展。彭總的講話，使我明白了我們所存在的放棄敦煌研究和保護工作的思潮是左傾的錯誤觀點。

西北文代會期間，地方劇團分別演出了西北各地的地方劇種。除觀摩演出外，會議還組織安排我們參觀了長安古都周秦漢隋唐等十一個朝代的文物古跡。通過參觀訪問，使我知道最早的西周奴隸制社會是在西安附近建立的。由於關中的自然條件優越，很久很久以前就有人類在這裡繁衍生息。在灞河南岸公主嶺上發現的「藍田猿人」化石，揭開了五六十萬年前，舊石器時代原始人類的歷史篇章。在渭、灃、灞、浐河兩岸階地上，又是新石器時代原始人類居住和生活的地方，如半坡遺址，是一個典型的母系氏族社會村落。周人初期生活在關中西部，經過幾次遷徙，後來定居在岐山、扶風之間的周原。在周文王、武王時期，已把王城移動今西安城西灃河西岸，建立了豐鎬兩京。在西元前十一世紀，武王興兵滅商後，豐鎬就成為西安歷史上第一次出現的最大的京都。在這裡，先後有秦、西漢、隋、唐等十一個朝代建都，歷時一千一百多年，是我國建都較早、為時最長的都城。我們的祖先，在這裡創造了燦爛的文化，遺留下不少氣宇萬千、金碧輝煌的建築，以及名勝古跡、藝術珍品。但因年湮代遠、幾經滄桑，秦時的阿房宮，漢代的未央宮，唐代的大明宮，這些壯麗的偉大建築都隨著兵燹戰亂的破壞，至今只是一堆殘磚頹垣，供人們憑弔而已。

長安古代遺址中與敦煌佛教藝術關係最密切的，是唐高宗為紀念高僧玄奘而興建的興教寺、大雁塔和慈恩寺。據古籍記載，慈恩寺修建於唐貞觀二十二年（六四八），是唐高宗李治為太子時，為了追念他的母親文德皇后而建造的，所以寺名「慈恩」。唐代高僧玄奘為了保護佛經，建議修造大雁塔。這個塔建於唐高宗永徽三年（六五二），初建時只有五層，高一百八十尺，武周長安（七〇一）年間重加修建，由五層加到十層，後經損毀再經修建，現為七層高塔。唐代著名詩人岑參有詩曰：

塔勢如湧出，孤高聳天宮。
登臨出世界，磴道盤虛空。
突兀壓神州，崢嶸如鬼工。
四角礙白日，七層摩蒼穹。
下窺指高鳥，俯聽聞驚風。

那天，我隨參加西北第一次文化藝術代表大會的代表們一道瞻望高塔，聯想到玄奘法師西行求法，從唐貞觀三年（六二七）至貞觀十九年（六四五），穿越浩瀚無邊的戈壁沙漠，翻越巉岩峻嶺，背負佛像和經籍，不管盛夏和嚴冬風霜雨雪，白天和黑夜，一步一個腳印地行進，完成了史無前例的歷時十九年步行五萬里的西遊歷程。他把中國的古文化介紹到印度等國，又從印度帶回六百五十七部梵文經典。回國後，在西安慈恩寺內譯經達十年之久，創立了中國佛教的一大支派——慈恩宗。這位亘古少有的一代宗師不僅給我們以刻苦鑽研的勇氣和力量，而且使我感到保護和研究敦煌佛教藝術的責任和應盡的義務。

十月初，西安秋高氣爽，西北文化部特別安排我們到臨潼驪山華清池勝地遊覽。這是有三千多年歷史的溫泉勝地。溫泉從山間流出，水溫一般在42℃左右，水內含有多種化學成分，常用溫泉沐浴可以醫治疾病，是著名的療養勝地。這裡有一座唐代遺留下來的宮苑。唐代的華清池，建於開元十一年，天寶十一年改名為華清宮，溫泉池也改名華清池。這是唐代玄宗皇帝李隆基和他的寵妃楊玉環經常居住遊樂的地方，至今還有他們當年洗澡遊幸的遺跡。唐代詩人白居易（七七二～八四六）曾在他的名作〈長恨歌〉中描寫道：

春寒賜浴華清池，溫泉水滑洗凝脂。

詩人杜牧（八〇三～八五二）在〈過華清宮〉詩中也寫過：

長安回望繡成堆，山頂千門次第開。
一騎紅塵妃子笑，無人知是荔枝來。

這正是封建皇朝驕奢淫逸的寫照。唐玄宗為了取悅貴妃，不惜萬里行程，用奔馬驛站從四川、廣東專程送鮮荔枝來長安，萬里跋涉，不知跑死了多少人和馬。真是：

漢皇重色思傾國，御宇多年求不得，
楊家有女初長成，養在深閨人未識，
天生麗質難自棄，一朝選在君王側。
回眸一笑百媚生，六宮粉黛無顏色，
春寒賜浴華清池，溫泉水滑洗凝脂，
侍兒扶起嬌無力，始是新承恩澤時。
——白居易〈長恨歌〉

這是我初到長安時第一個深刻的印象。

在參加西北文代會後，根據鄭振鐸局長來信的指示，為儘快完成首都敦煌藝術展覽會的籌備工作，要我火速去京研究籌備事宜。我於一九五〇年十月與趙望雲同志一起從西安來到首都北京。一九三七年七七事變後，在炮火硝煙中我匆匆離開這座古城，距今已十三年了。今日的北京與昔日的北平真有天壤之別。在前門火車站下車，古老的正陽門兩側有軌電車叮叮噹當來回奔馳，擴音喇叭播送著「嗨啦啦啦！嗨啦啦啦啦！天空出彩霞呀，地上開紅花呀！中朝人民力量大，打敗了美國軍呀……」雄壯的歌聲，到處紅旗招展，一派欣欣向榮的景象。新中國站起來了，怎能不叫億萬人民歡欣鼓舞！

在社會文化事業管理局所在的北京團城樓上，鄭振鐸局長和王冶秋副局長親自接見了我們。我與鄭振鐸自一九四八年十一月在上海分手至今也已兩年。我們不約而同地講：「我們真是後會有期，兩年來好吧！」鄭振鐸向我們談了這次中國決定在北京舉辦敦煌文物展覽的意義。他說：「展覽能作為當前抗美援朝運動中愛國主義教育內容之一。」聽到這個消息，我們都很興奮。這是新中國成立以來對我們工作的第一次檢閱和召喚，也是對我們工作的肯定和鼓勵。

展覽會由敦煌文物研究所和中國歷史博物館主辦。為了取回一九四八年分別轉移在上海、杭州的敦煌壁畫摹本，我派李承仙、常沙娜兩人於一九五一年元月到上海、杭州兩地，取回寄存在上海親戚朱惠康先生家中和杭州親戚常書林家中的全部敦煌壁畫摹本。他們為我們妥善保存了全部摹本，毫無缺損，使我們十分感激。

為了積極進行工作，文化教育委員會社會文化事業管理局，決定借歷史博物館西朝房為敦煌文物展覽會聯合工作室，籌備展覽工作。籌備工作在鄭振鐸和王冶秋主持下進行，在歷史博物館、北京大學、清華大學、中央

二十世紀五〇年代初，常書鴻全家在北京重逢。

美術學院、科學院考古研究所有關學者、專家、教授夏鼐，向達，王重民，徐悲鴻，梁思成，周一良，周叔迦，鄧以蟄，王遜，沈從文，陰法魯，陳夢家，董希文，傅樂煥，淨文儒，宿白等熱心幫助指導下，由潘潔茲、李承仙、常沙娜和歷史博物館的同志們負責編排佈置。自一九五〇年十二月開始，經過近五個月的緊張工作，於一九五一年四月初籌備就緒。開幕之前，鄭振鐸局長還在團城——當時是社會文化事業管理局所在地，召集首都有關敦煌學及敦煌藝術研究專家舉行會議。鄭振鐸報告了敦煌文物展覽會籌備的經過，提出敦煌石窟藝術是敦煌學的重要組成部分，也是祖國民族藝術自四世紀到十四世紀前後一千多年，中國佛教藝術發展源源本本的無比重要的寶庫。「而這個寶庫，像藏經洞寶藏一樣受無縫不鑽的帝國主義者們的凱覦，他們借考古為名，像在雲崗、龍門一樣，膠粘、斧砍……當我們敘述著一部我國近五十年來帝國主義侵略的慘痛經過，也便是敘述著一部我國文化、文物近五十年來被帝國主義侵略、掠奪的慘痛經過。這一切使我們提高了愛國主義精神，使我們感謝中國共產黨和毛主席徹底乾淨地掃除了百年來帝國主義的腥膻，使中國人民從此站立了起來。我們決不允許過去的那種被侵略、被掠奪的慘痛史重演！只有在人民政權之下，才能保護人民最高藝術創作與文物，而不令其遭受掠奪與破壞。這便是敦煌文物展覽的主要意義。」鄭振鐸的講話，受到在場專家們的熱烈鼓掌。

鄭振鐸先生學貫中外古今，著作等身。我在去法國之前，由當時在杭州的作家王以仁介紹，一九二四年第一次在杭州梅花碑舊書店看到他。他手裡拎著一個大包袱，包著他從舊書店裡收購來的明、清善本書。他笑著問我：「你喜歡《小說月報》嗎？」王以仁先生說：「他就是西諦先生，商務印書館出版的《小說月報》的主編。」我說：「我喜歡讀《小說月報》的小說。」「那很好。」鄭振鐸先生說，「我以後給你寄幾本。」不久，果然收到他寄來的好幾本《小說月報》、《婦女雜誌》和《東方雜誌》等，從此引起我對文學的愛好。所以當一九四八年六月，我在上海辦「敦煌藝術展覽」時，他特地到大新公司展覽會場來找我。他說：「這次敦煌藝術展覽在上海影響很大、很好。」他很想把全部展品印刷出版，為此，邀我到他家裡去吃飯，研究如何有計劃地把敦煌壁畫印刷出版。他還親自簽名送給我四本他編輯的《域外壁畫集》，該畫集是用珂羅版精印的。臨行時，他問我的行止。我說：「這幾天教育部派專人來滬催我帶著全部展品到臺灣展出，我已斷然拒絕，處理一下展品的安排後，就返回敦煌。」據手道別時，鄭先生信心百倍地說：「我們後會有期！」

我在這裡之所以要倒敘難忘的過去這一段「後會有期」珍重道別的插曲，是因為在解放前，鄭振鐸先生就不僅是一個專家學者，而且是一位真正愛護祖國民族文化遺產的戰士，是一位一貫如一地熱愛祖國文化藝術、熱愛祖國的赤子。他在解放前就完成了《敦煌俗文學》的寫作。在我的成長和敦煌工作中，他一直給予關心、支持和鼓舞。他既是師長，後來又是領導，但不管如何，他對我總是坦誠和信任的。解放初期，當我在敦煌受到所裡那些幹部威脅並揚言要對我清算鬥爭、掃地出門的時候，他來信要我堅守崗位。所以，當我在北京再次見到他時，心裡是多麼感激和興奮啊！

3. 接待周總理參觀展覽

「敦煌文物展覽」的展出會場設在故宮午門樓上。四月七日是星期天，這天上午，佈展的同志們都休息去了，展覽會場只有我一個人在校對整理展品，忽然接到中南海打來的電話，說今天下午有一位首長要來展覽會場參觀。我說今天是星期日，同志們都不在會場。打電話的同志問：「你是誰？」我說：「我是常書鴻。」那人回答說：「只要你來接待就可以了。請你在下午三時準備接待，不要外出。」我向歷史博物館延安時期的老幹部張秘書彙報了上述情況，並請他下午三時一同接待。這天下午二時，我和張秘書早早來到午門樓上，望著端門的進口處，當時天正下著濛濛細雨。兩點半時，我看到一輛小轎車從端門朝著午門開過來，最後停在午門城樓下。警衛員先從車中走出來，並把他帶著的一件淡藍色雨衣，披在下車的首長身上。我和張秘書同時走到前樓臺階上迎接。我們發現健步走上臺階的正是我們敬愛的周總理。他看到我們沒有拿傘，站在細雨中等候他的到來，就馬上把披在肩上的雨衣脫下來交給警衛員。我們見到總理，張秘書先為我做了介紹，總理馬上緊緊地握住我的手，熱情地看著我說：「早已知道你了！記得還是在一九四五年，我在重慶七星岩也曾看到你們辦的敦煌摹本展覽會。已五六年了。但那次只有一二十件展品，現在規模大得多了！」我說：「我也知道早在五六年前，總理就對我們的工作給以支持和鼓勵，正因為您的鼓勵和支持，我們才得以繼續工作。」這時總理滿意地望著午門樓上大廳裡張掛著的數以百計的摹本和展品及經卷文物等。它們引起了總理的關切和興趣。

展品分三大陳列室陳列：

第一陳列室：序廳及敦煌文物參考資料

1. 總說明。

2. 敦煌文物參考資料。

（1）本所於一九四五年在中寺土地廟發現的北魏寫經六十八卷；（2）唐代白描絹畫菩薩像三幅；（3）遼陽漢墓壁畫殘片（摹本）；（4）敦煌壁畫殘片（實物）；彩塑模本等。

第二陳列室：

1. 莫高窟地理環境與歷史背景。

2. 莫高窟歷史之代表作壁畫摹本。

（1）北魏、西魏時代壁畫摹本共兩百五十六幅；（2）隋代壁畫摹本共一百七十七幅；（3）唐代（分初、盛、中、晚）、五代、宋、西夏、元各時期代表作壁畫摹本等共計三千六百五十五幅。

第三陳列室：歷年帝國主義者劫奪敦煌文物罪證。

第一室中有一幅橫披白底紅字的大標語。標語前面寫了「代序」二字，接著寫了毛主席《在延安文藝座談會上的講話》片段：「我們必須繼承一切優秀的文學藝術遺產，批判地吸收其中一切有益的東西，作為我們從此時此地的人民生活中的文學藝術原料創造作品時候借鑒。」總理在這個大標語前站著，仔細地看後說：「毛主席在延安文藝座談會上講的這段話，今天看來仍然非常重要。全國廣大的文藝工作者對於如何從人民生活中吸取養料，批判地對待古代民族的歷史文物，從古代封建社會和現在資本主義的各式各樣的創作中，批判地吸收其中對革命有益的因素，作為我們加工成為觀念形態上的文學藝術作品是非常重要的。但是今天我們還有一個與帝國主義鬥爭（指抗美援朝）的任務。我們敦煌燦爛的文物，半個多世紀以來，在昏庸的清王朝和國民黨反動派放任不管的情況下，受到了帝國主義者的掠奪和破壞！這個展覽會起到了配合抗美援朝進行愛國主義教育運動的作用。我們自一九四五年在重慶見到你們初步的臨摹工作時，就鼓勵你們要在困難中堅持工作。直到今天看到你們如此豐富的業績，我是非常高興的！」我當時親聆總理的讚譽和教誨，感激得不知說什麼好，只是說了句：「我們雖然做了一些工作，但離黨和人民對我們的要求，還是很不夠的！」總理爽朗地說：「不！決不是這樣！你們長期在敦煌艱苦的環境中，做了不少工作。」接著總理又說：「看了你們這許多臨摹作品，想敦煌藝術的發展，一定會有一個全盛時期，我想請你講一講為什麼會這樣發展呢？」我說：「我過去在法國是學習希臘羅馬時期西洋美術史的，對於祖國的藝術毫無所知，這幾年雖然在敦煌用心研究，但我學習得很不夠，只能簡單地說說。敦煌藝術，是漢魏以來佛教自印度傳入後，中國民族造型藝術突飛猛進發展的結果。在此以前，中國古代藝術，主要通過墓葬壁畫、明器、俑人以及祭祀時用的器皿等反映出來。自漢武帝派張騫出使西域後，隨著佛教的傳入，佛教藝術也相應地由天竺通過絲綢之路傳入中國。這使文學藝術原來為封建統治階級歌功頌德、舉賢戒愚的主題內容，改變為宣傳佛陀一生及佛陀在成佛之前的芸芸眾生的宗教內容。通過宣傳要人們相信，只要善男信女一心念佛，人人都有進入西方極樂世界的希望。大乘佛教與早期印度教不同之處，在於它不分貧富貴賤，簡單的念佛修行就可以得到解脫，所以佛教就越來越符合廣大民眾的希望和幻想，成為世界宗教之一。宣傳這種來自印度難明難解的異國佛教教義，需要用藝術的手段來加以烘染和解釋。這就是地處絲綢之路要隘的敦煌佛教藝術經過千年的不斷產生和發展，因而才能夠留傳給我們如此豐富而且燦爛的佛教藝術遺產的主要原因。」總理一直在注意聽我講，有時對著展出的摹本不斷地點頭。他對四二八窟北魏飛天的摹本感到筆觸、用色非常有力、渾厚。他說：「我看這和雲崗、龍門石窟雕刻一樣，其氣勢之雄偉，造型之生動，使我們體味到中國藝術的『氣韻生動』四個字。從敦煌壁畫摹本看來，表現得更加突出。」總理停了一刻繼續說：「當然，雕刻在石頭上展現的是刀斧之功，這裡在壁畫上卻是筆墨之力，南齊謝赫的『畫有六法』是當時評選中國畫創作的標準。想不到在敦煌壁畫中得到了印證！」總理對敦煌藝術的高論，使我十分欽佩，歡喜讚歎，真是勝讀十年書。總理又回過來看北魏四二八窟董希文臨摹的《降魔變》。他對這張畫很感興趣，在仔細地欣賞魔兵外道的服裝和魔女變醜婦的描寫時說：「這些筆觸，頗有龍門十二品、魏碑上龍飛鳳舞的氣魄。」他說：「有些神鬼的造型，使我想到——可能你也記得，巴黎聖母院簷上裝飾著的怪獸造型。」總理敏銳地感覺到了敦煌北魏藝術與歐洲藝術之間的有機聯繫。巴黎聖母院是早期哥特式建築的代表。哥特式藝術是希臘羅馬藝術與少數民族哥特人的文化藝術相結合的產物。敦煌北魏時期藝術，實際上也是漢族文化與西北少數民族鮮卑拓跋族文化相結合而形成的。我向總理表達自己不成熟的看法時說，這是否可以說是中國文藝復興的一個徵兆呢？魏晉時期的其他藝術也是這樣，如書法藝術，從殷墟甲骨文經商周、秦漢至魏晉形成一個新的發展高潮，晉代的王羲之、陶淵明、顧愷之等在書法、繪畫等方面獨領風騷時，也正是敦煌石窟藝術開始確立之時。敦煌石窟除壁畫外，還有大量寫經、絹畫、刺繡等珍寶。敦煌藝術，實際上是中國古代藝術的一個縮影，也是古代文化的一個光輝結晶。我將敦煌的千年發展稱為「敦煌世紀」，「敦煌世紀」也就是中國的文藝復興的世紀。我大膽地向周總理說出了自己上述不成熟的看法。總理笑著對我說：「那也是一家之言吧。這一問題，我們必須要和研究敦煌學的同志們共同探討。因為這是關係到民族文化歷史的一個嚴肅的學術問題，要大家根據研究成果，提出自己的看法，進行學術討論。這是非常重要的，因為人家盜竊了敦煌的文化藝術寶藏，一到他們國度裡就進行『敦煌學』的研究，而我們反而默默無所作為，那我們還算是一個中國人嗎？」

總理親切的教導，依然像昨天剛講過的那樣留在我的記憶中。憶及一九五一年四月七日下午四時許，總理慈祥的笑貌和手拿總理雨衣在旁的警衛，彷彿是昨天的事一樣。但時間迅速流逝，已經是三十多年前的事了！這些我時刻記在心上，深感自己垂暮之年，尤其是總理逝世後，我一直想把總理對我們的期望逐步變成現實，但是卻不容易做到。十年動亂中，敦煌文物被列為宣傳迷信的毒草。江青明目張膽地說，敦煌藝術沒有什麼可繼承的東西。我在總理逝世後曾小心謹慎地寫了一篇悼念總理的文章，還被人指著鼻子說：「有人利用總理逝世的機會寫文章，名為悼念，實際上想藉此機會抬高自己。」今天我敢於在這裡大筆直書，是因為，第一，人民法庭對「四人幫」的判決已經在執行；第二，我在一個偶然的機會，遇見了當年陪周總理參觀敦煌文物展覽的警衛員。那是在一九七九年阿克賽哈薩克族自治縣舉行縣慶的日子裡。那天晚會我和李承仙在招待所沒有去參加，這時住在我們隔壁的酒泉軍分區王山輝司令員到我們房間來看我們。他說：「你們大概不認識我了。今天我有意不去參加晚會想與你敘敘舊。」他說他是二十八年前陪周總理看敦煌文物展覽的警衛員。我高興極了，想不到站在我面前的這位五十來歲的軍區司令員就是當年二十歲左右的精幹的小夥子。我們在阿克賽慶祝大會主席臺上同坐一起，但我沒認出來，而他也有意專門找一個只有我們二人的時間好好暢談，所以他主動地和我講起了當年我和總理兩個多小時談話的情景。他說，總理曾把我們的談話記在他的小筆記本上。總理說：「由我們中國人自己來鑽研敦煌學，這一點是非常重要的。」在西方，「敦煌學」是由法國、英國、德國、瑞典、日本等國的人發起的。在獲知敦煌石窟藏經後，以法國漢學家伯希和，英國的斯坦因，日本的羽田亨，俄羅斯的柯司洛夫、奧勃力切夫等，自二十世紀初（一九〇七年開始）都爭先恐後來敦煌掠奪，把敦煌文書卷軸等據為己有，並集合上述國家的漢學家從事敦煌文物的研究，成立一種專門學科名為「敦煌學」（Tun huanology）。現在老一輩的人都已故去了，各國「敦煌學」研究者已是第三、四代，而我們則以過去的羅振玉、王國維、劉半農、王重民、賀昌群、向達、馮承鈞諸先生作為第一代，後來專門從事敦煌學的研究者很少，解放後，也有些從事敦煌研究的人，他們都是專一的研究中外交通史或敦煌佛教藝術的，連微觀都談不到。現在我們應該急起直追，要用宏觀大局，去展開敦煌學的研究，才能適應四個現代化的要求。

總理在看到二五七窟《鹿王本生故事》畫以及四二八窟北魏《捨身飼虎》那一條用之字形連環發展的長幅故事畫時，驚異地對我指出：這不是我們古代的連環故事畫嗎？這樣卷軸式橫幅展開的連環畫創作方式，為什麼不為被我們今天稱為「小人書」的兒童讀物所採用呢？為什麼在這方面不「古為今用，推陳出新」呢？面對如此寶貴的民族藝術遺產，你們應該當仁不讓地振臂一呼，使敦煌石窟藝術寶藏在我們這一代獲得新生。面對總理對我們的鞭策和期望，我當時表示一定要把總理的指示在工作中貫徹下去。總理好像發覺了什麼似的，望著我繼續說：「當然，工作是一步一步來的，你們多年來在沙漠艱苦地區工作和生活，主要的任務就是保護敦煌文物，介紹宣揚敦煌文物，尤其是開鑿在長達一公里崖壁上的四五百個佈滿了千百年前古代藝術家創作的雕塑和壁畫的石窟，其保護工作是繁重的。從今天我看到的幾百幅壁畫摹本已可看出，你們做了非常寶貴的貢獻！古為今用，推陳出新的工作也是需要我們大家來做的……」接著，我給總理繼續介紹隋、唐盛世的大幅壁畫。這段時期，標誌著南北朝中國佛教藝術發展的黃金時代。隋代享祚的時間雖短暫，但敦煌地處絲綢之路中外交通要道，在中亞、南亞頻繁的交往中，在民族藝術傳統的基礎上，傳來了除印度之外，希臘、羅馬拜占廷及伊朗的藝術因素，在題材內容和表現形式上有了很大的發展，形成了中國封建時期隋唐美術發展的高峰。由於大乘佛教教義提出人們在痛苦和解脫面前完全平等的思想，隋唐壁畫題材已由「淨土變」大幅描寫西方極樂世界的主題，代替了北魏時期比較盛行的題材。在敦煌隋唐壁畫中，可以看到展子虔《遊春圖》描繪的房屋、台閣、宮觀、山水、樹石，勝似隋代精工細繪的壁畫，還可以看到唐代貞觀十六年的「維摩變」壁畫的《帝王聽法圖》，它使我們想到閻立本精心刻畫歷代帝王的繪畫氣魄，從此可以證明隋唐時代中原畫風的西去。總理對於敦煌隋唐金碧輝煌的壁畫十分欣賞。他說通過你們的摹本，使我認識到：中國唐代壁畫與佛教內容相結合之後，繪畫題材廣泛了。唐代繪畫名作《凌煙閣功臣二十四人圖》、《歷代帝王圖》，還有《外國圖》的繪畫風格已經反映在唐代敦煌的壁畫中，如東壁的《維摩詰變》，北側畫的漢代帝王和侍臣，南側畫的維摩身後的外國王子，與畫史上記載的閻立本的《歷史帝國圖》、《外國圖》都相符合，也反映了唐帝國當時國勢強盛，外國人來朝盛世的情景。

既吸收了域外的因素，又發揮了民族傳統的敦煌唐代藝術，應給以很高的評價。我在一些飛天的摹本上強調了吳道子的「吳帶當風」的飛天特色，也是根據這種吳帶的出色描寫，唐代及以後的「飛天」無不臨風起舞，婀娜多姿，這表現了南齊謝赫所強調的氣韻生動的特色。另一方面，我又向總理指出：與吳道子差不多同時專作佛畫的畫家曹不興，他是以描寫犍陀羅塑像的衣褶聞名的畫家。那種僧人穿著緊貼在身上的袈裟的描法，被稱為鐵線描。因此，當時評信紙家以「曹衣出水」稱讚曹不興，而以寬鬆的衣褶為「吳帶當風」盛讚吳道子。這說明了唐代很多著名畫家都參佛畫出名，也說明當時佛教藝術在朝野的風行。敦煌壁畫中出現大幅「西方淨土變相」等構圖，也是在這個時期發生和發展起來的。壁畫中的所謂變相，是根據佛教經典，把其中所敘述的信仰中心或是

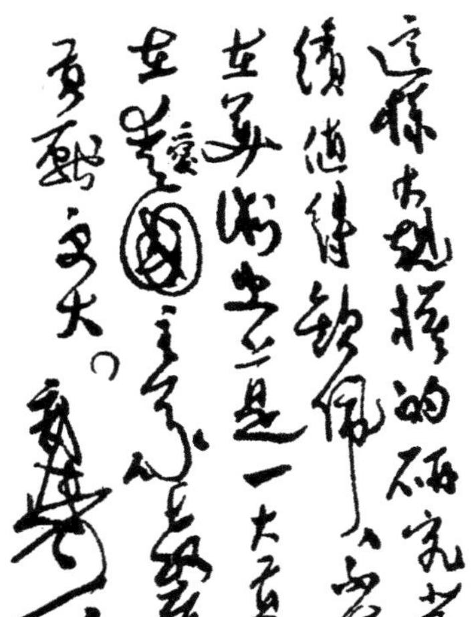
郭沫若一九五一年給敦煌的題詞。

依據佛傳或本生故事等的局部畫出來。但經典內容講教義的多，抽象難懂，畫家挑選其故事發生的地方或其他容易圖繪的部分表達出來。如《西方極樂世界》被描繪得像天上宮殿那樣富麗堂皇，佛和菩薩、飛天、伎樂、七寶八珍等有聲有色，無不包羅在內；又譬如說把某一尊佛以及他的侍從和他們在淨土區域內的種種活動，用一幅完整的構圖表現出來。這樣就使敦煌藝術成為豐富多彩的佛教藝術的寶庫。總理對敦煌藝術予以高度的評價，他說這是中國古代社會創造的文化，在敦煌四百多個洞子中還有更了不起的東西，對於這些古代文化，我們必須像對待生命一樣地把它們很好地保存下去。正如毛主席所說的，保存下去是為了批判地吸收它們民主性的精華，作為我們從此時此地的人民生活中的文學藝術加工成為觀念形態上的文學藝術作品時的借鑒。另一方面，通過這次敦煌文物在北京的展覽，要全國人民知道我國古代勞動人民的偉大創造，歌頌偉大的人民，偉大的祖國。

最後，總理跨入了第三陳列室——《帝國主義者劫奪敦煌一帶文物罪證》。這裡除了一張十九世紀帝國主義劫奪我國珍貴文化遺產的表格外，還陳列了被盜竊去的新疆和敦煌一帶的壁畫、絹畫的照片百餘件，還有重要的文書照徵等。總理說：「這很好，這些鐵一般的證據，雄辯地說明了帝國主義者近百年來用各種方法，巧取豪奪我們祖先遺留下來的珍貴文物，破壞我國的文化。為了保衛祖國，為了保衛祖國偉大的文化遺產，我們必須同仇敵愾，舉國動員起來進行抗美援朝鬥爭。這個展覽會必將起到激發我們愛祖國、愛祖國燦爛文化的作用。因此，你們多年來在沙漠中艱苦的工作，今天已在一定程度上起到了團結人民、教育人民、打擊敵人的作用！」總理臨別前還親切地問到我們工作上有什麼困難，並鼓勵我們要再接再厲，要一輩子在沙漠中把敦煌文物的保護和研究工作幹到底。我當時以激動的心情，向敬愛的周總理作了堅決的保證。

4. 人民的表彰

總理參觀後，「敦煌文物展覽」於四月十日舉行預展，接待中央人民政府有關首長及文化藝術、文物、科學各界人士二百餘人參觀。四月十三日正式公開展出。鄭振鐸局長親自主持開幕式，而且把榮寶齋趕印出來的、由鄭振鐸撰寫序文的《敦煌壁畫選輯》分贈給參加開幕式的來賓們。鄭振鐸局長和我以及籌備展覽的同志都到會場作說明接待。中央人民政府政務院副總理兼文化教育委員會主任、中國科學院院長郭沫若同志曾親臨會場指導，並揮毫書寫了「這樣規模的研究業績值得飲佩，不僅在美術史上是一大貢獻，在愛國主義教育上貢獻更大」的題字。胡愈之同志也題了字：「我從這裡認識了我們祖國的偉大，也認識了我們文藝工作者的偉大。」這次展出的敦煌文物、方獻及壁畫摹本等共計一千兩百二十件，這是建國以來規模最大的一次文物展覽會。

此次展出的六朝寫經是一九四四年八月間密藏在敦煌莫高窟中寺（即皇慶寺）後面土地廟神像腹中的，共計六十八件（其中第六十八件係八件殘品），其中精品十六卷：

展品編號三五：大慈如來告　北魏興安三年五月十日

展品編號三六：佛說灌頂章問拔除過罪生死得度經

北魏太和十一年五月十五日

展品編號三七：孝經　北魏和平二年十一月六日

展品編號三八：詩經　六朝

展品編號三九：自在王菩薩經　六朝
展品編號四〇：金光明經　六朝
展品編號四一：佛經偈語　六朝
展品編號四二：涅槃經　六朝
展品編號四三：佛經　六朝
展品編號四四：摩呵般若波羅蜜遠離品　六朝
展品編號四五：涅槃經　六朝
展品編號四六：普門道品　六朝
展品編號四七：幢將表　六朝
展品編號四八：帳　六朝
展品編號四九：帳　六朝
展品編號五〇：中論經　六朝

（以上編號係根據一九五一年中華人民共和國中央人民政府文化部文物局出版《文物參考資料》第二卷第四期附錄——敦煌文物展覽目錄。）

發現這批非常重要的六朝寫經也是偶然的。在一九四四年建所初期，一切都因陋就簡，對付著過。為了解決從莫高窟到敦煌縣城的交通問題，憑著我們的關係，當時的敦煌縣縣長陳西谷熱情幫助，將法院處理走私鴉片案收繳的一匹紅棕馬送給我們，連同原來買的兩頭驢子，一頭拉車的黃牛，所裡共計有四頭牲口。飼養這些牲口需要草料和儲存草料的房屋。我們選擇了位於中寺後面的小土地廟。在土地廟裡有清朝末年製作的三尊泥塑。因為這些泥塑製作技巧也不太好，價值不太大，我們就決定把這三尊像移到河對面塔中去。

老工人竇占彪負責三尊塑像的搬遷工作。一九四四年八月三十日這天，他突然急衝衝地跑來向我報告，說在搬遷這三尊泥塑時發現這些泥塑的中心支柱在基座下埋得很深，因為沒有別的辦法移動，只好拆開塑像，拆開後發現泥塑中心支柱是桃木的。敦煌塑像的一般製作方法是先在中心立一根木頭，在木頭上端再綁上一根短木頭，呈十字形，周圍用蘆葦和麥草嚴實地包起來，再在上面用麥秸和泥作大致的形狀，然後用綿和泥來完成細部和表面，最後才著色。敦煌的古代居民，大都迷信神靈，他們相信使用桃木可以避邪驅鬼害，因此選擇了桃木作泥塑的中心支柱。令搬遷工人奇怪的是，包木頭的材料不是麥草也不是蘆葦，而是寫經殘片。所以，他就立即來向所長報告。我立即到現場查看，的確很奇怪，包裹在中心支柱桃木上的確實是寫經，僅僅包紮著寫經，也沒有用泥和水，所以保存得很好，紙質又細又薄，墨色焦黑，書法嚴正，遒勁有力。敦煌六朝寫經真跡的發現，的確是空前驚人的發現。為了鑒定檢查以昭鄭重，我特地邀請正在敦煌佛爺廟發掘晉墓的中央研究院考古專家夏鼐、向達、閻文儒等參加我們的工作。當時所中全體職工董希文、李浴、陳延儒、張琳英、蘇瑩輝、邵芳、陳芝秀、辛普德、劉榮曾等也共同參加了驗收工作。這次發現敦煌北朝寫經的專文報導刊登在民國三十四年（一九四五）四月二十日蘭州出版的《西北日報・西北文化》「敦煌藝術特輯」第一期上。

這次發現是繼一九〇〇年震撼世界的敦煌石窟藏經洞之後的又一次意外的重大發現。寫經雖然數量不多，而且殘損，但全係北朝寫經，它的意義卻是很大的。據現已去世的當時七十多歲的敦煌莫高窟上寺（即雷音寺）

一九五三年拆除莫高窟前土台時發現了後來編號為四四七窟的洞窟。這是職工們用繩索拆土台時的情景。

住持老喇嘛易昌恕回憶：土地廟和上寺——雷音寺同時建於清代道光十一年（一八三一）間。上寺門口還有「清道光十一年建雷音寺」的匾額。土地廟神像是道光年間建土地廟時塑造的，比一九〇〇年發現的敦煌藏經洞早六十九年。這就可以斷定，這批新發現的北朝寫經絕不是第十七窟藏經洞裡的東西。那麼，這些寫經是哪裡來的呢？這就給我們提出了一個很有意義的問題，有待今後工作中繼續探討。

這次展出引起了首都中外參觀者的極大熱情和關注，外交部還特定了一天專門用來接待各國駐華使節和國際友人。一位瑞典公使興奮地說：「我國有一個敦煌學專家叫高本漢。他畢生研究敦煌學中的文書寫經，在文字書法上做文章，但從來沒有講到有關敦煌壁畫藝術的成就。可惜他已去世了，否則我一定要請他看看在敦煌學的寶藏中，還有許多珍貴的佛教藝術遺產。」人流如潮的首都參觀群眾，第一次看到了千餘年前祖國勞動人民在敦煌所創造的敦煌藝術和文物等寶貴的文化遺產，同時也看到了帝國主義劫奪祖國文物的可恥行為。熱情的工農兵和知識份子在留言簿上紛紛表示了自己對祖國文物的愛護與對帝國主義者的無比憤怒。我沒有想到七八年來我們在沙漠上艱苦的工作，今天在革命的建設事業中和抗美援朝的愛國主義教育中，起著如此

上：一九五三年常書鴻一家在北京。
下：常書鴻夫婦一九五二年在天津舉辦展覽時同著名作家阿英合影。

積極的推動和鼓舞作用。

這次展出獲得很大的成功和反響，全國多家報刊、雜誌都紛紛撰文介紹敦煌文物藝術，並對我們的工作表示讚揚。《人民日報》除了出《敦煌文物展覽》一整版圖畫和文字的專刊外，還由柏生同志——《人民日報》記者，撰寫了一篇題為《艱苦工作八年的敦煌文物研究所工作人員》的專文報導。在展覽會結束前，中央人民政府於六月六日再一次隆重給予我們全體工作同志以獎金和獎狀。

頒獎大會是在中國科學院禮堂舉行的，會後還舉行了宴會。科學界和文藝界郭沫若、沈雁冰、陽翰笙、李四光、吳有訓、王冶秋、陳夢家、陰法魯、王重民、張銜、董希文等參加了頒獎典禮（鄭振鐸因出差在外未能出席）。由我代表敦煌文物研究所接受獎狀和獎金。郭老將獎狀發給我時還講了鼓勵我們的話，要我帶領全所工作人員在黨的領導下，再接再厲，為敦煌文物的保護和研究工作做出更大更好的成績來！

當時新華通訊社會的報導說：「政務院文化教育委員會以敦煌文物研究所全體工作人員，八年來在極其艱苦困難的條件下，從事敦煌莫高窟壁畫的摹繪和研究工作，成績很大，對我國自北魏、隋唐以來千餘年間勞動人民輝煌燦爛的文化遺產，盡了宣揚和保護之功，特呈請政務院批准，發給該所全體工作人員獎狀及獎金，以示鼓勵。」

郭沫若副總理親筆書寫的獎狀：「敦煌文物研究所全體工作人員在所長常書鴻領導下長期埋頭工作，保護並摹繪了一千五百多年來前代勞動人民輝煌的藝術偉制，使廣大人民得到欣賞研究的機會。這種愛國主義的精神是

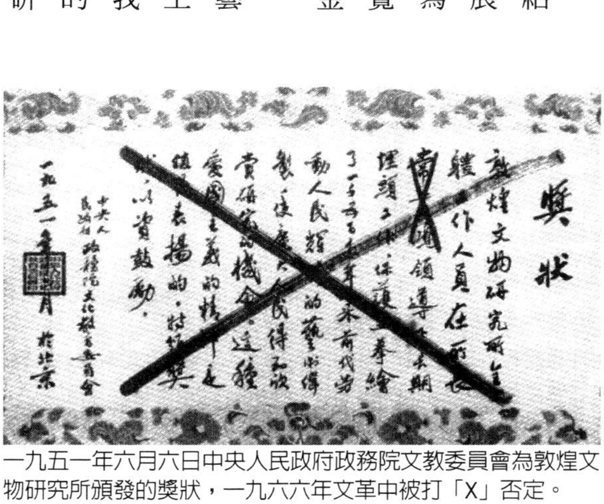

一九五一年六月六日中央人民政府政務院文教委員會為敦煌文物研究所頒發的獎狀，一九六六年文革中被打「X」否定。

值得表揚的。特頒獎狀，以資鼓勵。」這張獎狀不是一般印製的獎狀，而是特製的，長四尺，寬兩尺，邊上畫著富麗堂皇的敦煌唐代圖案，並蓋有中華人民共和國政務院文化教育委員會的朱紅大印，十分莊嚴。當我代表全所工作人員從郭沫若手中接過獎狀時，幸福、激動的淚水奪眶而出，思潮翻滾，百感交集。

獎狀不幸在一九六八年一次對我的批鬥會上被劃了兩個大叉叉。一九七八年，在北京第一次全國文聯擴大會議上，根據群眾的意見，才由蘇州工藝美術廠同志用泰山石精心刻製了一塊碑石，現存敦煌文物研究所陳列館內。

獲獎的當天晚上，我伏案疾書，把這一喜訊向全所工作人員彙報。記得我最後一段是這樣寫的：「今天的問題是，為了不辜負黨和人民政府給我們的鼓勵和鞭策，我們應該再接再厲，以忘我的熱情和勞動，更進一步對敦煌文物加強保護和研究，用馬列主義、毛澤東思想為武器，對敦煌文物進行批判地研究和分析，推陳出新，古為今用，作為我們從此時此地的人民生活中的文學藝術加工成為觀念形態上的文學藝術作品時的借鑒。」

當時，我回憶著解放以來的一幕幕令人振奮的情景，想到黨和人民對敦煌事業的巨大支持、關懷、鼓勵和鞭策，激情滿懷，輾轉難寐，半個世紀以來令人痛心悽愴的往事又一幕幕地展現在眼前。人們都知道，一九〇〇年五月二十六日，敦煌石窟藏經洞的發現，是二十世紀初期我國文物考古方面震撼世界的偉大發現。它使我國中、古時代自四世紀到十四世紀千餘年間政治、經濟、軍事、天文、地理、歷史、文學、藝術、民族關係、宗教信仰等方面的情況，以活生生的逼真的藝術造型和文字手卷公諸於世。但是，由於清王朝的腐敗和孱弱，以及地方官吏的昏庸和無知，自一九〇七年以來，聽任斯坦因、伯希和、柯斯洛夫、勒哥克、格倫俄特和橘瑞超等帝國主義分子紛紛竄來敦煌千佛洞，採用種種利誘、誆騙、恐嚇、威脅等軟硬兼施的卑鄙手段，先後盜走數以萬計的經卷、文書、刻本、佛畫、絲織物等珍貴文物。他們把所竊贓物據為己有，並作為「善本」、「珍品」封閉在倫敦、巴黎、列寧格勒等地的博物館或圖書館中，甚至不讓中國人過目、抄寫、拍照。

可喜的是，這樣的日子已經一去不復返了。現在，在國內的敦煌石窟藝術文物已全部回到人民手中，成為全體人民的財富。而這個藝術主體如今在人民手中得到珍視愛護，再也不會受到任何人的破壞了。今後，我們要永遠做敦煌藝術寶庫的忠實守衛者，讓偉大的敦煌藝術世代相傳，千古流芳。

第七章

保護與研究

訪問期間，我們參觀了印度、緬甸數以百計的文化古跡、學校、藝術和科學設備等等，我們還在印度新德里、孟買和緬甸的曼特拉等城市舉辦了「新中國建設成就展覽」，「敦煌藝術展覽」配合展出，又舉辦了各種學術性的座談會、報告會。根據組織上的安排，我在印度、緬甸都做了介紹敦煌藝術的學術報告，並和印度、緬甸有關人士進行了友好的文化學術交流。印緬人民對新中國成就和敦煌藝術以及有關學術報告都很歡迎。他們看了「敦煌藝術展覽」中的壁畫摹本，知道中國還如此完整地保存了千百年前創造的敦煌悠久的佛教藝術，都非常驚訝、敬佩。他們看到我們展出的敦煌莫高窟第六十一窟宋人畫的佛傳故事，從《燃燈佛授記》、《乘象入胎》、《樹下誕生》，一直到《臨終說法》、《涅槃》、《爭舍利》等三十二幅完整的佛傳壁畫摹本，讚美這是世界佛教藝術中未曾有的蓋世之寶，珍貴之極。特別是畫中人物的服裝都改成了中國宋代的民族服飾，並以中國的繪畫藝術風格描繪得生動自然、栩栩如生，他們讚歎不絕。在與印度朋友交談中，印度當時的考古局局長恰克拉伐蒂深有感觸地對我說：「你們至今還完好地在敦煌保存著自四世紀到十四世紀的四百多個洞窟，完美的壁畫、彩色塑像，他們的彩色還是如此鮮明、完整，真是令人羨慕。至於我們，雖然有阿旃陀那樣世界聞名的佛教藝術寶庫，但卻只有二十九個洞窟，保留了一些殘破的壁畫。就是這些殘存的壁畫，在英國人統治時期，以保護為名，把大多數的壁畫都塗上了凡納西（一種普通清漆），逐年變色，至今一部分壁畫變成為深褐色了。」說到這裡，他攤開雙手，露出了十分感傷的表情，憤慨地說：「這說明我們印度過去受人擺佈，樣樣都聽外國人的話，連自己的國寶都保存不好。」我告訴他說：「我們在國民黨統治下的舊中國何嘗不是如此呢！我在一九四二年承擔敦煌藝術研究所工作時，國民黨教育部高等教育司司長吳俊升，那時剛訪問印度回國，他曾親口指示我要按英國人對印度阿旃陀壁畫塗凡納西的辦法，把敦煌的全部壁畫也塗上凡納西油。我當時表示：我是一個油畫家，我知道油畫上塗凡納西油會導致油畫變色，在壁畫上塗凡納西油這種辦法還沒有把握，事關重大，最好不要輕率採用。吳俊升聽了我的話，臉上露出驚奇、生氣的神色，說：『你居然連英國人的技術也懷疑嗎？』我沒有作聲，現在才知道，當時不採用在壁畫上塗油的辦法，才使敦煌壁畫免遭一場阿旃陀壁畫的厄運。看來阿旃陀的厄運是我們今後保護石窟壁畫工作中值得警惕的教訓。」我最後對印度朋友說：「現在新中國成立後，政府對敦煌文物十分關心愛護，對我們文物工作十分重視，目前已大力增加經費和人力，對敦煌進行大規模的研究和保護工作。我們一定要把敦煌文物世世代代更好地保護下去。」他們頻頻點頭稱讚說：「毛主席真好！新中國真偉大！」

我是一個美術考古工作者，過去曾在歐洲看到過不少希臘、羅馬和歐洲文藝復興時期的雕刻和繪畫，但那些陳列在巴黎、倫敦、柏林等處的美術雕刻，都是帝國主義從殖民地掠奪得來的片段；局部片段雖然好，但看不到完整的藝術氣魄和完整的節奏。這次我們在印度看到如此豐富的印度民族文化藝術遺產，像桑溪的石欄、阿旃陀巨大的壁畫、埃洛拉那樣以整座石山雕刻成的巨大殿堂和生動活潑的天神大象，氣魄偉大，雕鑿精細，是前所未有的人類智慧的傑作。它們給人以不可磨滅的深刻印象，是自古以來人類文明創造的高峰。像印度埃洛拉那樣用整塊石山來直接設計雕鑿的，只有我國的山西大同雲崗、河南洛陽龍門以及四川大足的石刻堪與比擬。它們堅強的毅力與高度的智慧雕鑿出既觀察入微、形態生動的天神仕女，又是互相統一完整而氣勢磅礴的偉大的整體。敦煌石窟創建於四世紀到十四世紀，阿旃陀創建於四世紀到七世紀，前者以一千年的時間前仆後繼地在沙漠中連續不斷地修建了數以千計的石窟寺，後者以五百年的時間修建了二十九個石窟，中印兩國人民以自己的毅力和智慧創造了人類偉大的歷史文化遺產。它們是中印兩國人民的智慧結晶。

一九五一年十月二十九日中國文化代表團在訪問印度時，在新德里向甘地墓獻花。圖為常書鴻與鄭振鐸、馮友蘭、錢偉長、吳作人、劉白羽、季羡林在獻花後合影。

我們中國文化代表團經過兩個多月的訪問，不但增進了中印友誼，而且增加了很多有關印度佛教和佛教藝術的感性資料，豐富了比較研究敦煌藝術的認識。這對我們今後研究新疆佛教藝術和中亞文化發展提供了十分有利的條件。在離開印度之前，印度考古局局長還向我瞭解我國文物保護組織和解放後對文物保護和古為今用的政策，我介紹了我們敦煌研究所的情況。我說，敦煌文物研究所自一九五一年開始，直屬於中央文化部文物局，從此我們經常不斷地拉到來自文化部文物局的有關學習資料。通過學習，我們才真正認識到今後對文化遺產的保管和研究是經常的文化建設的一個重要組成部分，這也是我們人民政府文物政策法令的精神所在。這幾年來，通過學習毛主席關於「中國長期封建社會中，創造了燦爛的古代文化。清理古代文化發展過程，剔除其封建性的糟粕，吸收其民主性的精華，是發展民族新文化，提高民族自信心的必要條件，但是決不能無批判地兼收並蓄」的教導，才知道研究敦煌文物，應該從批判它的封建性的糟粕著手，然後才能吸收其民主性的精華，使古代文物在承前繼後、創造新文化的工作中起到積極的建設作用。恰克拉伐蒂局長對此表示說：「縱然我們是佛教盛行的國家，印度教和其他民族的宗教也各有其特點，但對於古代文化藝術的保護和研究，雖然沒有像你們那樣緊密地結合政治來發展，但我認為一切宗教的信仰，也是寄希望於未來。從人類生活的進步和改善這一點來說，我們是有共同的觀點的。作為印度考古局局長，我希望看到您寫一篇即將在中國北京舉辦的紀念阿放心陀壁畫一五〇〇年的紀念文章。」為此我寫了一篇〈阿旃陀壁畫在北京展出的意義〉一文，當時刊載在《光明日報》上。我寫道：「印度阿旃陀壁畫在北京的展出，對於進一步鞏固和發展中印十億人民（此文為一九五六年所作，當時中國人口六億，印度四億，故稱十億人民。）兩千年來和平友好文化交流傳統關係來說，是有極深刻意義的。」「中國和印度兩大民族悠久的和平友愛的歷史，是發自兩在民族本身在無私的互相尊重的基礎上，由文化交流和經濟往來的記錄積累而成的。今天當我們中印兩國友好和文化交流的關係進入了一個新階段的時候，重新提一提那些古老的標誌著我們祖先在文化經濟方面交光互影的歷史關係，對於我們友好往來是有重要聯繫的。阿旃陀石窟藝術在我們人民首都的展出，就是中印文化交流關係的許多友好活動之一。」

一九五一年，我曾以中國文化代表團團員的身份，在印度佛教藝術寶庫阿旃陀參觀時，那樣興奮地看到和敦煌壁畫同樣以佛教為題材刻畫出的「釋生前行傳」圖畫。它們使我彷彿墜入深遠的歷史底層，彷彿回到敦煌壁畫面前，體味著中印兩國人民聲息相共的情感。那一天，我和鄭振鐸、馮友蘭、吳作人拿著玄奘寫的《大唐西域記》走到第二十六窟前按文字記載，在卷十一按文索記中看到：

國東境，有大山。疊嶺連嶂重巒絕巘爰有伽藍，基於幽谷。高堂邃宇，疏崖枕峰，重閣層台，背岩面壑，阿折羅（唐言所行）阿羅漢所建。羅西印度人也。其母既終，觀生何趣。見於此國，受女人身。羅漢遂來至此，將欲導化，隨機攝受，入里乞食，至母生家。女子持食來施，乳便流汁，親屬既見，以為不祥。羅漢說本因緣。女子便呈聖果。羅漢感生育之恩，懷緣之致，將酬厚德，建此伽藍大精舍。高百餘尺，中有石佛象，高七十餘尺，上有石蓋七重，虛縣無綴，蓋間相去，各三尺餘。聞諸先志曰：斯乃羅漢願力之所持也。或曰神通之力，或曰尊術之功，考厥實錄，未詳其致。精舍四周，雕鏤石壁，作如來在昔修菩薩行諸因地事，澄聖果之禎祥，入寂滅之靈應，巨細無遺。備畫鐫鏤。伽藍門外南北左右，各一石象。聞之土俗曰：此象時大聲吼，地為震動……

我們四人非常興奮地來到玄奘到過的此窟，並在南北二大象前攝影留念，同時表示對中印文化交流的紀念。

2. 考察麥積山、炳靈寺和新疆石窟

一九五一年十月，甘肅省委孫作賓副書記與西北人民圖書館馮國瑞先生乘視察臨夏分區土改工作之便，抽暇到永靖縣境內炳靈寺石窟，作了初步瞭解。後由馮國瑞先生根據當時所見與傳聞，並參考了些史籍記載，寫了一篇簡單的報告，在《甘肅日報》和北京《光明日報》發表後，引起全國文化界的重視。一九五二年八月，正當甘肅省準備慶祝天（天水）蘭（蘭州）鐵路十・一國慶日舉行通車典禮的前夕，我們也正準備去蘭州舉辦「敦煌壁畫摹本展覽」。我接到中央文化部社會文化事業管理局鄭振鐸局長來信說：中央與西北的文物專管機構為了貫徹和實施政務院所頒佈的保護文物古跡的政策法令，研究和發揚偉大祖國的優秀文化遺產，經中央文化部社會事業管理局與西北文化部商議，決定組織「炳靈寺石窟勘察團」，對該石窟作進一步瞭解。由西北文化部文物處趙望雲處長為團長，常書鴻、吳作人為副團長，包括畫家張仃、李可染、李瑞年、夏同光和馮國瑞等為團員的十三人組成勘察團。隨後我調來敦煌文物研究所的孫儒僩、竇占彪等，於九月十四日到達永靖炳靈寺先做準備工作。當時劉家峽水電工程正在勘測。

「炳靈寺石窟勘察團」於九月十五日在蘭州成立，我們於九月十八日啟程赴炳靈寺石窟。早八時我們從蘭州乘汽車出發，經臨洮的辛店，這裡是聞名中外的距今約四千年的臨洮辛店期彩陶的故鄉。我們同行的人差不多在這裡都上街去購買了彩陶，我也在一店鋪購得彩陶一個。之後，我們乘汽車至唐家崖渡洮河。洮河上沒有橋樑。我們乘坐的汽車是整個汽車帶人開到一艘停靠在躉船旁的大渡船上，由渡船渡到對岸。我們繼續行進，渡通遠河，越安遠坡，渡大夏河，一直到下午七時才到達臨夏。臨夏，舊時稱作河州，在甘肅省境內，是多民族居住

地區。民國初年，河州先改為導河。後來，因為城在大夏河旁，所以又改稱臨夏。臨夏分區共轄七縣：臨夏、永靖、寧遠、和政、夏河、康樂、臨潭及東鄉自治區。在臨夏住了一宿，第二天在臨夏頭道橋水閣吃了早餐，上午我們分別作風景畫，並到擺滿彩陶的店鋪中選購彩陶，我選了六件。下午一時從臨夏出發，三時許抵達永靖縣。永靖縣在黃河邊上，舊稱蓮花堡，縣內雜居著漢、藏、回等族人民。我們在蓮花堡參觀了彩陶燒製的窯址，並參觀了店鋪中陳設的各種彩陶。

在永靖住了一宿，第二日早上十時從縣城出發。由於沒有公路，我們改乘馬，把行李工具等均馱於馬背。出了永靖縣城北門，就進入山口，經過崇王家，沿著舊時通永登縣的廢公路攀登上山，行走了十餘里坎坷不平的道路抵達駱駝嶺。我們在這裡一家崇姓本地人家中歇息以後，繼續至煙墩，向南折行至盤坡。這裡山勢陡峻，不能再騎馬行走，只好棄馬步行。山路十分狹窄險峻，沙礫散溜，幾乎不能邁步。我們只好手把手地互相攙扶而過。這樣極險的山路約莫走了十餘里，即到小積石山。石山突兀起伏、千峰攢湧，心目驚奇。我們在這危崖上，俯視崖下深谷的時候，真有些眩悸不能自持。我們一行戰戰兢兢地下得山去，再騎馬繼續前進。這時又進入山谷，仰望群峰參聚、千奇百態，再行約五里至上寺，見到揚法台並觀賞了原為唐雕經後代修飾的彌陀像和千佛洞留存的殘瓦佛像。我們還是沿著山谷繼續步行，翻越過一道山崗才進入大寺溝。我立即站到山上高處，這時渴望已久的炳靈寺大佛及石窟全貌頓現於眼前。我們急急忙忙下了山坡。山坡下有一條小溪，我們涉水而過，出山口，沿著黃河北岩步行約二三里，到達喇嘛下寺。這樣，經過三天嶇崎驚險的騎馬和步行攀登，歷盡艱辛才到達炳靈寺山岩腳下。我們當晚在喇嘛下寺住宿。第二天，我迫不及待地一早就去巡視洞窟。這裡已由先遣人員竇占彪領導工人搭起了四丈多高的木梯，梯間釘以短木，共四十級，兩端裝有活車，梯的中段有四根長木擎持，左右各有長索，分別拴於大石塊上，以免高空攀登時有閃動的危險。這樣四丈多高的梯架要二三十人之力方可安置。我和吳作人、夏同光、蕭淑芳等同志攀登上第八二窟，作了首次高窟巡禮。我與范、孫、竇四人在窟內工作，發現魏窟附近有唐人題記數則，因距離太遠，石質風化太甚，不能辨認準確。

我們的工作分兩組進行。我負責窟內勘察組，吳作人負責窟外組。我繼續與竇占彪等攀登危險的第八二窟、八三窟、八八窟和八〇窟，在八〇窟外摩崖發現北魏延昌二年曹子元造窟題記。這則題記即馮國瑞先生初次勘察時誤認為後唐的題記。那時馮國瑞先生在下面用望遠鏡觀察，因此不能準確。我為了證實這則題記，和竇占彪在高梯上再架梯子攀登上去視察。當我確切地記錄下這則題記後，回首俯視懸岩，慶幸在這樣危險的勘察工作中才能有如此巨大的收穫。當我把題記辨認確切後，就由竇占彪再次攀登梯端捶拓。我在這個高空危窟中又發現一個殘斷佛頭，由於吳作人、張仃、李可染等不能攀登上來，因此經大愛商議，同意將佛頭由窟內吊下，共同研究。經研究，均認為此佛頭石刻風格接近漢晉的傳統。我又與范一同登上五八窟工作。炳靈寺石窟離地面很高，有些高層窟根本無法從下面攀登，只能從懸岩沿石壁攀登第三、第四窟。每進一個高空危窟，都要付出很頑強的努力，往往全身汗水濕透。我對這些剛發現的珍貴的藝術作品，尤其是建窟題記，如獲至寶。在第九三窟的北端，我意外地發現了一方唐開元十九年御史大夫崔公德命副使饍部郎中魏季隨文，題名〈靈岩寺記〉的碑，上有碑文三十行，每行四十三字，由竇占彪當即拓下四份。

為了便於工作，我在夏同光所繪的窟龕圖上進行編號，並與竇占彪將這些編號書寫在各窟窟壁上。這是炳靈寺首次編號，有些編號是我在懸梯上懸空書寫的。此後我又繼續勘察第五八窟，在石龕群唐人題記中發現「孝慈」二字，疑為佛龕雕刻人名，這需要在今後繼續工作中探查。繼而攀登唐代大窟，相傳在同治年間事變時，炳靈寺僧人曾藏火藥於洞內，後在火災中炸毀。在灰燼中我們撿得唐刻天王頭像及手、足等殘石，在附近窟外的〈靈岩寺記〉也可能是為此窟而寫的。我又奇跡般地在第一二四窟發現明代藏文寫經二十九種，書法端正秀麗，內有《造像度經》一種，尤為珍貴。我們在勘察中把這些銘刻都儘量在夏同光先生的外景圖上加以注明。

在炳靈寺石窟的十天勘察工作中，我們始終群情激昂。大家互相配合，尤其在攀登高窟危險洞窟時，竇占彪同志挺身在危岩上搭架，幫助我奮力攀登數百年來無人跡的佛窟，發現並搜集到許多重要資料。至今事隔整整三十年，但這次難忘的勘察工作我仍然記憶猶新。

炳靈寺石窟勘察工作於九月二十六日全部結束。我最後在夏同光所繪石窟立面圖上對照勘察記錄反覆核校龕窟編號，並將洞窟編號標誌在每個洞窟上。這是有史以來炳靈寺石窟第一次編號，計魏窟十個、魏龕兩個、唐窟二十一個、唐龕八十五個、明窟五個、明龕一個，共計龕窟編號一二四號，後來又繼續調查增補。炳靈寺石窟現保存有西秦、北魏、北周、隋、唐直到明、清各代窟龕一百八十三個（其中窟三十四個、龕一百四十九個）。內有大小石雕佛像六百七十九尊、泥塑八十二尊、壁畫九百平方米，塑像最高二十七米，最小的僅二十餘釐米，另有石雕方塔一座，泥塔四座，其中唐代窟龕約占全部洞窟的三分之二。炳靈寺石窟在全國佛教藝術遺跡中，是具有特殊價值的一處。目前全國石窟中最早的題記「西秦建弘元年」（四二〇）即在這裡。敦煌莫高窟據記載於前秦建元二年（三六六），但洞窟中最早的題記是第二八五窟西魏大統四至五年（五三八～五三九）。

炳靈寺早期魏代造像的純民族的形式與唐代造像那種刻畫入微的高度的寫實風格，證明了中國佛教藝術是從偉大祖國的藝術遺產中一脈相傳地演變而來的。我們從炳靈寺石窟的第八〇、八一、八二等窟中的佛像與善人及菩薩的綺麗精美的造像中，彷彿看到曹仲達、顧愷之那樣堅實挺秀、生動活潑的線條，八〇窟的文殊像，端坐在兩個菩薩中間，莊嚴活潑，富麗樸厚，是一個氣韻生動的作品。

炳靈寺石窟的唐代造像藝術可以說是中國佛教藝術經過六朝時代的演變，而到達創作高潮的代表。如第五八號窟左右的幾十個佛龕群，第三、四、一一四及九八號龕的殘斷的觀音半身像，都豐滿秀麗、生動活潑，是高度民族藝術傳統的傑作。魏、唐壁畫遺留甚少，大部分是明代重繪的，已沾染了焚燒的煙薰黑。我們從比較完好的第三、四窟壁畫內容看，都以密宗曼荼羅為主。這裡的壁畫與敦煌宋、元壁畫的作風不相同，也與近代藏畫不一樣。第八四窟北壁的輪迴故事畫，是以粗壯的筆調與熱情的顏色繪成的，這是炳靈寺石窟明代壁畫的特點。

在我們勘察甘肅永靖縣炳靈寺石窟之後，西北文化部又指示我組織人員勘察甘肅天水麥積山石窟。一九五二年十一月一日，我率領麥積山石窟勘察組，經過三十天的勘察、考證、攝影、測繪和重點臨摹工作，於一九五二年十二月一日完成了對麥積山石窟首次勘察任務。

在一九五二年十月底，初冬時節，天氣已開始寒冷，我們從蘭州坐火車到達天水北道埠火車站，在這裡換乘汽車到天水縣，在天水縣做了一些去麥積山生活、交通、配備勘察人員等等的準備工作。從天水乘汽車經過馬跑泉、甘泉鎮，行走了三十五公里的平坦大道後，就進入麥積山峽口。麥積山在秦嶺山脈的西端，我們沿著緣山傍道再走約十公里，就看到聳立在我們眼前的如農家積麥之狀的「麥積崖」。正如唐代著名詩人杜甫〈山寺〉詩所云：「野寺殘僧少，山園細路高。麝香眠石竹，鸚鵡啄金桃。亂石通人過，懸崖置屋牢。上方重閣晚，百里見纖毫。」（注：唐肅宗乾元二年即七五九年秋天，四十八歲的杜甫帶著家屬住在秦州——今甘肅天水市，從此開始了直到他逝世的流浪生活。這是他在秦州麥積山所著的名詩。）

麥積山歷代開鑿的窟、龕造像是在距山基二十～三十米和七十～八十米高度的懸岩峭壁上，佛窟層層相疊，上下錯落，密如蜂房。麥積崖的石質是一種容易風化的礫岩，雨水沖滲，容易造成山崖的縱繼裂縫而崩墜。這座東西二百四十米，上下五十米的幅面，中間部分崩塌極為嚴重，有些窟龕僅殘剩一角留在斷崖上，有些連痕跡都不見了，因而形成東崖和西崖兩部分。這種崩塌可追溯到五代以前，因為在五代的時候，已有東閣、西閣之稱。可以想像當年窟外依懸崖岩壁所建築的滿山重樓複殿、飛橋棧閣的景象，可惜如今只剩幾隻燒焦殘斷的木樁了。

我們勘察組上山以後，就住在麥積山下的瑞應寺。這是一個沒有山門的寺院。我們夜晚還聽到豹子的叫聲，使人毛骨悚然。我們對這座石窟作首次勘察時條件是十分艱苦的。當時有許多洞窟不能攀登，為了做到全面考察，我們想盡一切辦法，冒著生命危險，終於克服重重困難，對麥積山石窟一百九十多個洞窟做了全面考察，包括測繪、內容考察、重點臨摹等等。敦煌文物研究所的技工竇占彪，是個一貫善於登攀懸崖峭壁探寶的開路先鋒。在他與天水麥積山當地木工文德全的配合下，在五十～六十米以上的峭壁上，抽出一個朽爛的木樁，再在樁眼中安裝上一個新的木樁，架上木板，就這樣，一個木樁一個木樁，一塊木板連一塊木板，艱難地開闢了飛棧的通路，把我們引上「天堂洞」等許多高層洞窟，這些洞窟不知已有多少世紀沒有人上去過，有的窟內鳥糞存積厚可沒脛。能在二十世紀五〇年代初攀登上這些險窟探寶，雖然生活艱苦，工作條件很差，加上天氣寒冷，但我們還是興致勃勃，一個洞一個龕地詳細勘察。尤其可貴難忘的是，文德全首次接通「天堂洞」時，他的手拉著我的手，扶著山崖，在搖搖擺擺的飛棧板道上，我們一步一步地移動腳步。這是一個初雪的上午，我上到這個洞窟後，連中午飯也沒有下來吃，整整在上面考察了一天。我們全體勘察組同志們都表現了無比的工作熱情，不避艱險，風雪無阻，克服種種困難，終於完成首次對麥積山石窟的勘察。

據文獻記載，麥積山石窟於後秦時開窟造像，創造佛寺。西魏文帝時（五三五～五五〇），再修崖閣，重興寺宇，魏文帝皇后乙弗氏甍，鑿麥積崖為龕而葬。北周保定、天和年間（五六一～五七一），秦川大都督李允信為亡父造七佛閣，距地面七十米高處，俗稱「散花閣」，居高臨下，在閣前揚手散花，花隨著上旋氣流越飄越高。五代《玉堂閒話》云：「其青雲之中，峭壁之間，鐫石成佛，萬龕千窟，雖自人力，疑是神功。」民間傳說中有「先有萬丈柴，後有麥積崖」、「積木成山，折木成功」的記載。麥積山石窟的形制完全按照我國民族建築形式開鑿，方形、平頂、前壁開門、兩側開龕，房屋建築為崖閣式。麥積山是秦嶺山脈西端的奇峰，冬暖夏涼，秋季細雨霏霏，雲霧繚繞，《廣興記》譽為「秦地林泉之冠」。「麥積煙雨」為天水「八景」之首。我們在勘察時適逢大雪，滿山遍嶺的皚皚白雪另是一番奇異景色。

在麥積山保存有北魏、西魏、北周、隋、唐、五代、宋、元、明、清各代洞窟一百九十四個（東崖五十四個窟，西崖一百四十個窟），泥塑像、石雕像七千餘尊，壁畫一千三百平方米。泥塑有高浮雕塑、圓塑、粘貼塑、壁塑四種，有高十六米的阿彌陀佛，也有小到十釐米的小影塑，有數以千計的與真人大小相仿的塑像。不論是佛還是天王腳下的「金角銀蹄」的牛犢兒，均精巧細膩，栩栩如生，極富生活情趣，令人感到親切而不畏懼。泥塑雖上彩，但不重彩。這裡堪稱「塑像館」，是與敦煌莫高窟同等重要的祖國藝術寶庫。

對麥積山的考察結束之後，我又參加了赴新疆考察石窟的工作。一九五三年六月十二日，我接到西北文化局電報：「接中央文化部電話，囑你所常書鴻所長參加新疆文物調查組工作，盼於六月十七日趕到酒泉，候同出發。」接到來電後，我即匆促安排安置所中工作並積極準備行裝，於六月十四日離開莫高窟本所，騎著我們那匹老紅棕馬到敦煌縣城。十五日清晨，我乘坐運輸公司拉貨物的大卡車，行走了兩天，於十六日到達酒泉。到酒泉後才知調查組其他成員尚未到達。一直等至六月二十一日，王子雲（西北藝專教員）、范文藻（西北歷史博物館）、劉士茂（西北大學學生）三位到達酒泉，詢知此次調查組成員為武伯綸（西北歷史博物館館長）、王子雲、范文藻、劉士茂和我五人。西北文化局指定武伯綸為組長，我為副組長。武伯綸因病不能坐汽車，已另乘飛機飛往烏魯木齊。我與王、范、劉一行四人於六月二十九日抵達烏魯木齊，住在新疆省文化處。武伯綸也已到烏魯木齊，我們即開始進行工作。

到烏魯木齊後，我們在新疆分局宣傳部趙守攻部長及文化處牙生、王元方正副處長的協助下，爭取民族幹部參與工作。經過三個星期的準備，通過賽福鼎副主席，最後確定了新疆文物調查組的工作任務、調查組的工作計畫、調查路線與調查組的成員。調查組由新疆文化處處長牙生為指導，武伯綸為組長，常書鴻、阿力哈木、于素甫拜克三人為副組長，組員有李遇春、哈力克、王子雲、傅仁麟、范文藻、梁濤蘊、哈特爾、伊克利、柳景文、阿不都拉，共計十六人。

由於新疆地區遼闊，當時決定分南疆與北疆兩個重點分頭進行工作。北疆原為北方民族發源地，是歷史上所載匈奴、烏孫活動的主要地區。由於過去考古工作尚未涉及這方面內容，因此，文物存在情況缺乏具體記載。為了初步瞭解這方面的情況，我們選定以伊犁地區為主要調查區，同時面向西北的霍城和南面的昭蘇一帶進行工作。南疆各區以庫車為中心，展開了東西兩方面的調查工作。西面以和闐、洛浦為終點，東面以吐魯番為起點。重點工作放在千佛洞的調查，同時要做古城和遺址的調查。擬定了調查路線以後，調查的地點主要是北疆的孚遠、惠遠、霍城、伊犁、特克斯、昭蘇，一直到沿哈雷克套山的撒姆哈什、哈薩克、培孜兒、下臺，南疆的吐魯番、焉耆、庫車、沙雅、拜城、阿克蘇、巴楚、阿圖什、喀什、莫吉沙、莎車、皮山、桑株、墨玉、和闐、洛浦。

全部工作人員於六月十八日乘汽車離開烏魯木齊，在途中日行夜宿，行走了三十三天，於七月二十一日到達伊犁專區。在伊犁專區的地域上，我們以伊寧、昭蘇、霍城三處作為工作重點，分別進行了調查留駐在伊犁的二十九天時間中，主要調查了金頂寺遺址、圩子古城、蘇拉官瑪扎、小紅海石人、科伯雷脫深山岩刻、阿里馬里廢地及大西溝千佛洞廢地等二十七個處所，配合調查作了保護文物政策的宣傳，並搜集了部分石器、陶器、銀銅質殘幣以及民族衣飾等等，於八月二十一日返抵烏魯木齊。在烏魯木齊，整理了調查資料，總結並準備南疆工作。其中在九月三日至七日還調查了孚遠的千佛洞與金滿縣的古城廢地。

在烏魯木齊整裝以後，我們於九月十一日離開，一直至十二月四日返回。在這八十三天中，我們總共走了三·五九萬公里的路程，調查了庫車、新和、拜城、焉耆、吐魯番等十三處主要的千佛洞，焉耆、庫車圖拉、吐魯番三處明屋，新和、沙雅等古城十三處，古遺址十四處，古塔及古墩台九處，瑪扎十一處，古墓群兩處，古岩刻一處和寺廟四處。在配合工作與宣傳文物政策的同時，我們在沿線各文物古跡的中心地區收集了完整的陶器十二件、殘陶片三百九十四片、塑像及陶像五十六件、墓磚二十二塊、古民族文字及漢文的古錢二百零八件、古銅章二十三個、古民族文字殘片三十七件、手抄本及印書二十五冊、角弓鐵衣等武器四件、古代美術裝飾品一百二十八件、石刻一件、古代民族服飾（衣帽鞋等）一百三十七件，以及其他一些文物。

在這八十三天的考察活動中，新鮮的發現和奇異的遭遇伴隨著艱苦的探索工作，大家在疲憊和艱辛中體驗到無窮的快樂。我自己也經歷了幾次既險又有趣的遭遇。在向克孜爾行進的途中，一次我們坐在堆滿行李用具的卡車上。當車通過一座橋時，車倒向一邊，由於橋前邊一棵樹的阻攔，車沒有翻，但我卻連人帶行李隨著車的傾斜掉進河裡。由於行李都壓在我身上，同行的武伯綸等同志看見了行李，卻找不見我。我因穿了冬衣沒有摔傷，經過一陣折騰，才爬上河岸，大家又驚奇又著急，我自己倒並不害怕。在克孜爾，一天晚上我去提水，發現不遠處的土坡上好像有兩束手電筒的亮光。我以為是過路的行人或附近的村民，即揮舞著手電筒劃著不太大的圓圈招呼過來的人。但當我不停地劃著圓圈後，兩束「手電筒光」卻越來越遠了。打了水回到住處，我問房主人，他們說那是狼的眼睛，正是你揮舞著圓圈的手電筒光把狼給嚇跑了。事後想想，也真險，這是平生第一次在曠野上與狼打交道。我自二十歲起就有洗冷水澡的習慣，在新疆考察不容易洗到澡，特別是在路途上。在十一月底，考察快結束回烏魯木齊的路上，一次夜宿一家小客棧，客棧中燒火取暖用的是牛馬乾糞，因嚴屋子裡充滿了難聞的焦糊味。我感到氣悶，就拿了一個睡袋睡在卡車的行包上。早晨一睜眼，發現自己幾乎完全被埋在雪中，臉上濕淋淋的全是雪水。正好乘著積雪，脫掉衣服，在雪裡擦了一個「雪澡」，清除了好幾天來的污垢，感到渾身輕鬆舒暢。在新疆大漠戈壁，這也是我獨到的一次生活體驗。

十二月四日返回烏魯木齊後，我們對上述調查作了整理總結，於十二月十四日整理完畢。十五日由新疆文化局召集有關領導及新聞記者等，舉行了南疆文物調查總結報告。報告會由新疆文化局牙生局長主持，武伯綸作了全面介紹，我作了新疆十三處千佛洞調查專題報告。至此，我們結束了在新疆行程五萬多公里、歷時六個多月的調查。我們在調查中製作的測繪圖、文字記錄、攝影、臨摹、拓印等以千計數，獲得了相當的成果。

新疆重要石窟集中在天山北路的龜茲、焉耆、高昌。它們是古代佛教的中心。作為本節的結尾，我將新疆重要的石窟從西到東的分佈情況記錄如下：

新疆石窟分佈情況表

分區	石窟名稱	位置	內容情況	時代估計	備註
古龜茲國區域	托和拉克店千佛洞	屬溫宿縣在公路經過的托和拉克店附近	有殘破洞窟六個，已空無一物。		全部殘破
	赫色爾哈千佛洞新窟	屬今拜城縣東北賽里木鄉赫色爾南約六公里處（屬拜城縣三區一鄉）	洞窟開鑿在木素爾河北面岩壁上，東西長達一千五百公尺，臨山環水，風景宜人，現在洞窟編號計二百三十五個，岩下層沙土中可能還有埋藏洞窟。此處雖幾經英、法、德、日等帝國主義分子的浩劫——但現存中國古代壁畫除敦煌外還以此處為最多。一九五三年我們調查時在洞窟沙土中清理出古龜茲文殘經片、竹簡、燒陶、殘佛頭等。壁畫內容以佛本生故事、涅槃說法圖等為主，是東西文化交流中中國佛教藝術成長的發展時期和重要藝術遺產	第三世紀到十一世紀	
	多爾千佛洞	在赫色爾鎮西北約五公司	現有洞窟八個，已大部損毀，內容空無一物，岩壁上明屋遺址一處。撿得有古民族文字的陶器殘片，農民稱此處遺址為吐爾塔木，即漢文塔院之意。	第三世紀到十一世紀	
	庫木吐喇千佛洞	在庫車西南二十四公里	洞窟沿渭干河畔岩壁上，在丁谷山龍口的山溝北。全部共有九十九個洞窟，分東西南部分計，東部有洞窟二十七個，北部有洞窟七十二個，東西兩部分石窟距約四公里。渭干河南岸，遠望似有洞窟。玄奘記龜茲國有寺百餘所其中有二伽藍一名阿奢碧貳，一名昭怙厘。「荒城北四十里，接山河——河水，有一伽藍，同名昭——昭怙厘，而東西隨稱」，此處可能即上文所描寫的昭怙厘。	第三世紀到十一世紀	

古龜茲國區域	赫色爾哈千佛洞	在庫車縣城北七公里路旁山溝內	現尚存洞窟三十九個，窟內壁畫作風與赫色爾類似。	第三世紀到十一世紀	大部為帝國主義分子盜去
	森木撒母千佛洞	在庫車縣城東北三十五公里處	此處似為專供僧尼修行學道之所，精舍較多，現存洞窟三十個。	第三世紀到十一世紀	被破壞極為嚴重
	瑪扎伯赫千佛洞	在庫車縣城東北三十公里屬今五區三鄉地方	此處由瑪扎伯赫、克利西、阿希依拉克三個小石窟群組成，洞窟修在黃土山丘上，以精舍為多，似為僧尼修行中心，共有洞窟計三十二個。	第三世紀到十一世紀	破壞嚴重
	吐火拉克埃千佛洞	在新和縣東北約五公里處	共有洞窟十九個，已全部毀損，內中無物。		
古塔神國	西克辛千佛洞	在焉耆縣城西南三十公里處	共有洞窟十二個，開鑿在山丘上，壁畫內容極似敦煌唐代形式的藻井及繪有麒麟的穹頂裝飾，有唐代文化西披跡象。	第四世紀到十一世紀	
古高昌國區域	雅爾崖千佛洞	在今吐魯番縣西十公里	共有洞窟十個，分西谷南谷兩處，西谷稱西谷寺，內容有如敦煌隋唐時代的千佛說法圖壁畫及有類似印度毗珂羅的精舍。	第六世紀到十一世紀	西谷壁畫有西谷寺題記「已丑年七月二十九日缺……到此西谷寺」等字
	吐峪溝千佛洞	在吐魯番縣城東南三十五公里處屬鄯善縣	現存洞窟九十四個，全部位於吐峪溝口兩旁的山崖上，百分之九十以上已殘毀，僅有八個洞窟殘存部分壁畫。	第六世紀到十一世紀	
	伯孜克里克千佛洞	在吐魯番東南四十公里木頭溝內	洞窟建築一部分是依崖岸鑿成的石窟，一部分作明屋式，共有洞窟五十一個，德人格魯瓦特及勒庫克在一九〇二年至一九一四年先後四次盜竊壁畫、古民族文字、文書等共計四百三十六箱，計重三十七噸。劫後殘留壁畫已不多，但顏色鮮豔，內容有如敦煌唐代壁畫的西方淨土變及立佛藥師等，題記中回鶻文與漢文並列。	第六世紀到十四世紀	

古高昌國區域	勝金口千佛洞	位於吐魯番縣城東南三十五公里處	殘存洞窟十個，其中有兩個洞窟保存有完好的壁畫和葡萄裝飾的穹頂。	第七世紀到十四世紀

3. 保護敦煌明珠

長年在地處戈壁灘的敦煌莫高窟工作和生活，其艱難困苦是可以想像的，但這絲毫沒有減弱我對敦煌石窟及敦煌一草一木、春夏秋冬景色的熱愛之情。

當莫高窟前宕泉的冰河剛剛化凍，春天的資訊便悄然而至了。不久，三月間和暖的春風和熾熱的陽光，便匆匆把樹上的榆錢和地上的苜蓿吹綠，在灰黃的沙岩間點綴出嫩綠的新芽。接著杏花、梨花爭相熱鬧枝頭，開放出與枯枝很不相稱的豔麗鮮花。在入冬以後就不知去向的黃鴨子，這時又在有九層樓高的岩石隙縫中，孵育它們的小雛鴨。蜜蜂和小鳥的鳴聲與樹蔭路旁水渠中青蛙的叫聲，把靜靜的千佛洞弄得有點鬧意。於是莫高窟前千百枝白楊和垂柳，一直到銀灰色的沙棗，在一個星期左右的時間中迅速換上了嫩綠的新裝，長滿在宕泉沙灘邊的馬蘭和紅柳也開出花朵。最後，那具有西域情調的金黃色沙棗花，以它那濃郁的香味，送來了農曆四月初八釋迦牟尼誕生的浴佛節廟會。

這時候糧棉已下了種，春忙季節已告一段落。人們趁著農忙間歇的空隙，喜歡利用這個傳統的節日，乘汽車、自行車、牛車、駱駝、馬等各式各樣的交通工具，攜兒帶女，帶了野餐的鍋灶、吃的、用的、玩的，在新店子到千佛洞的三十里的馬路上絡繹不絕地連成一條走馬燈般的行列。愛玩好鬧的青年男女還隨身帶著板胡絲竹，三三兩兩地坐臥在白楊樹的樹蔭下或淙淙不絕的泉水邊，一時歌聲和郿鄠曲牌的音樂此起彼伏……愛俊俏的敦煌農村姑娘，頭上戴著各式各樣塑膠的髮夾和綢帶，在沙灘邊擭野馬蘭的花束。

在廟會的時候，敦煌縣商業局還組織了臨時菜飯點心鋪，滿足遊客的需要。但來自農村的老鄉們，還是喜歡自己帶上小鍋小灶，從樹林中揀來枯枝敗葉，在泉水畔、樹蔭裡，簡單地用土塊和石頭架起鍋灶，就地野餐。在這裡，可以聽見流行在甘肅青海的「花兒」唱、「二人轉」和郿鄠戲……直到新月的斜影照射在宕泉上發出閃閃的寒光，戈壁灘夏夜襲人的寒氣，才使熱鬧的白晝慢慢靜寂。

四月初八廟會一過，來自各鄉的勞動人民，在此遊息了幾天以後，就像來時一樣的突然，又匆匆地回到自己的崗位上去。

當敦煌夏天的陽光越來越顯得炎熱時，東風起處，那些嬌嫩香豔的春花，像過眼雲煙一樣，一剎時消滅乾淨。於是杏樹、梨樹、桃樹、棗樹，都是油綠綠的樹葉下面露出茁壯的果實，白楊與榆樹長滿了青蔥茂密的枝葉。人們一進三危山的峽谷口，就可以望見鳴沙山和三危山之間的金色沙漠中的一條青翠美麗的織錦！

夏天的敦煌，太陽從上午五時在三危山中升出來之後，一直到晚上十時，才從鳴沙山背後落下去。在長夏的日子裡，太陽每天掛在天空整整有十七個小時。這些日子裡，在幽暗的石室內部，由於烈日的反光緣故，不用電燈也可以觀望壁畫和塑像。夏天，敦煌沙漠中的氣候也顯得特別。中午，在太陽下的溫度可以直升到60℃以上，如果你願意的話，把一個雞蛋埋在曬熱的流沙中，不到十分鐘就可以烤熟。但這裡的空氣卻是那麼乾淨，那麼純潔，人們只要在陽光射不到的樹蔭下，就會享受到涼爽清快。在房屋中，只要關閉了窗戶，放下竹簾，不使陽光射入，室內總是那麼清涼。經過半天的勞動，午餐之後，在靜悄悄的連小鳥也不叫一聲的環境中，小睡片刻，真是一劑消除疲勞的良藥！人們在午睡醒來後喝一杯千佛洞到處皆是的甘草涼茶，真是精神抖擻，暑氣全消。於是同志們三三兩兩地拿著夾衣，甚至帶著棉襖和老羊皮，背著工具箱，穿過窟前的熱的流沙，走到用柏油鋪的林蔭路上時，就會感到很涼爽，等走到洞窟門口時，就要準備受一股沖出來的冷氣襲擊，於是披上夾衣或棉襖。這時，人們用清醒的頭腦，在自己的崗位上，臨摹、攝影，或作記錄研究，繼續工作。等完成了下半天的工作出來時，傍晚六點鐘的太陽還是那樣火熱，人們喜歡再用一點時間在集體的蔬菜瓜果地上轉一下。如有成熟的好瓜和該摘的鮮菜，就摘下來一起交給管理員，準備晚膳後，大家在晚涼中圍著桌子吃一陣比哈密瓜還要香甜的「古瓜州」的好瓜——我們自己辛勤勞動的成果！這時候，我們最能體會到西北流傳的一句耐人尋味的口頭語：「早穿皮襖午穿紗，圍著火爐吃西瓜。」

我們正是帶著這種對敦煌深切的熱愛而投入到莫高窟的保護工作中去的。莫高窟是我們偉大祖國民族藝術的明珠，也是我們心中的明珠，我們愛護它就像愛護我們自己的眼睛一樣。

敦煌的保護工作是一個關係到千秋萬代的大事。敦煌石窟自創建至今已一千六百多年。經歷了這麼長的歲月和各種天災人禍，至解放時，敦煌許多洞窟已經坍塌或岌岌可危。敦煌石室出土的唐人寫「敦煌條」有以下記載：

> 瓜州南有莫高窟，去州二十五里，中過石磧，帶坡至彼，斗下谷中。其東即三危山，西即鳴沙山，中有泉自南流水名之宕泉。

這個記載，不但說明了莫高窟的位置，也指出了它所在的環境。莫高窟，修鑿在宕泉西岸磧石的岩壁上。這個磧石的岩壁屬於第四紀酒泉系的礫岩，一種由卵石和鈣化沙土結合的岩層。地質年代並不太遠，易於風化剝落，只要在礫岩上灌一些溫水，岩壁就會融化脫落，也易於雕鑿。幸而敦煌地區雨水較少，否則在雨水沖刷之下，這裡恐怕早已遭到毀滅性的災難了。但風沙的威脅還是嚴重的。一年春冬兩次來自西北和東北的季候風，勢頭兇猛而持久，往往一夜風沙，就在棧道走廊或窟門口形成一座沙丘，阻礙交通，有時還會壓坍洞窟廊簷。經常性危害是石窟壁畫的色彩紋樣的磨滅及壁畫因酸鹼畫皮剝起、發黴等等。我向社會文化事業管理局反映莫高窟的這些情況，引起了中央的重視。在北京舉行的「敦煌文物展覽」閉幕的一的一九五一年六月，中央調請北京大學趙正之教授、清華大學莫宗江教授及余鳴謙、陳明達等古代建築專家到敦煌，幫助我們對敦煌莫高窟石窟文物保護工作進行了全面的調查、勘察研究，並確定了採取治本與治標相結合、臨時與永久相結合、由窟外到窟內的步驟逐步進行的方針。對莫高窟石窟文物保護工作的調查報告，很快得到中央肯定並批准對莫高窟現存岌岌可危的五座唐宋時代窟簷的木構建築進行搶修。這五座窟簷是：

一、第一九六窟前室窟簷，頂部已坍塌，但原來唐代建築的樑柱斗拱一承其舊。據窟口甬道壁畫上供養人題記：

「敕歸義軍節度沙瓜伊西等州管內觀察處置押蕃落營田等使□□□軍檢校戶部尚書兼御史大夫鉅鹿郡開國公食邑貳仟戶實食□百戶賜紫金魚袋上柱國索　一心供養」

由此來看，這卒窟簷係晚唐時代建築。這次我們只做了現存木建的加固工程，至於整個窟簷的復原工作有待今後搜集資料進一步進行。

二、第四三一窟前室木構建築窟簷一座。這是有宋代紀年的一座建築，在原來棟樑上有楷書題記：

「□宋太平興國五年歲次庚辰二月甲辰朔廿二日已丑敕歸義軍節度瓜沙等州觀察處置管內營押蕃落等使□□檢校太傅同中書門下平章事譙郡開國公食邑一阡五百戶實封七佰戶曹延祿之世並建此窟簷紀」

「主節度內親從知紫亭縣令兼御前都押衙銀青光祿大夫檢校刑部尚書兼衙史大夫上柱國閻員清」

這次修復工程從岩腳支頂已朽損的托樑，復原了扶欄，修復了頂部並做了鴟尾，門窗均按損毀殘留部分予以復原。

三、第四三七窟前室木構建築窟簷坍塌嚴重。有窟門甬道南北兩壁繪製的男、女供養人題記：

「□□□歸義軍…………西平王曹元忠供養」

「敕受涼國夫人潯陽翟氏…………」

由此來看，這是宋代建築。這次修復工程是按現在損毀殘留的梁、柱、斗拱、頂、欄杆、門窗等等作了復原。

四、第四四四窟前室木構建築窟簷一座。在橫樑上有楷書題記二行：

「維大宋開寶九年歲次丙子正月戊辰朔七日甲戌」

「敕歸義軍節度瓜沙等州觀察處置管內營押蕃落等使特進檢校為傳兼牛書令譙郡開國公食邑一千五百戶食實封三百戶曹延慕之世並建紀」

這次修復了下部托樑，復原扶欄和窟簷頂及鴟尾，門窗按原樣修復完整。

五、第四二七窟建於隋代。這是一座前後室完整的大型中心柱窟，前室橫樑上有楷書二行：

「維大宋乾德八年歲次庚午正月癸卯朔；十六日戊辰」

「敕推誠奉國保塞功臣歸義軍節度使特進檢校太師兼中書令西平王曹元忠之世並建此窟簷紀」

該窟前室仍保存有完整的四大天王及二力士，係隋代原塑，宋代重妝。修復基本上保持了原貌，整舊如舊。這是建國以來第一次對莫高窟五座唐宋窟簷進行搶修。

新中國誕生以來，中央人民政府連續頒佈了一系列有關保護文物古跡的政策、法令。過去長期存在的那種任人盜竊文物和對祖國言語化遺產無人過問，讓其自生自滅的無政府主義的狀態逐漸得到糾正，人民群眾也對文物保護工作有了比較正確的認識。隨著管理工作的加強，來千佛洞參觀遊覽的人雖然越來越多，但任意損壞壁畫、彩塑和在牆上刻寫「到此一遊」的現象越來越少了。人為的損毀石窟的情況已基本上杜絕了。

自從本世紀初，石室藏經被發現以來，通過愚昧無知的王圓籙道士之手，陸續被帝國主義分子和當地官僚地主們盜走的文物有兩萬多件。解放前，在沒落的滿清政府和腐敗的國民黨政府的慫恿下，敦煌文物被奸商惡霸作為捐官致富的工具。有一個時期，流散在敦煌民間的文書、寫經有過以尺寸、以行字來零星估售的行市。解放後，由於人民政府一系列新的文物政策、法令的頒佈，由於廣大人民群眾對於文物有了新的認識，不少敦煌農民和商人把家中祖傳的一些零散文物主動送到我們敦煌文物研究所來。敦煌縣城有一位中藥店的店主劉掌櫃，主動把菩薩絹畫無代價地捐獻給研究所收藏。

數年來，敦煌文物研究所收藏了大量文物，其中漢文遺書三百六十餘件，還有大量藏文、梵文、回鶻文的卷子和殘片。有古代木制回鶻文活字五個。這是解放前，我和竇占彪等在清理北區洞窟時，在第四六五窟內回鶻文殘片堆中找出來的。還有在一九六三年進行的莫高窟加固工程中，在南區第一三〇窟北側岩壁沙層中發現的，以及一三〇窟壁畫加固時在「南大像」南側岩壁小孔中發現的絲織物，如唐代幡幀和太和年間東陽王供奉的彩色刺繡，以及唐代佛像「雕版佛像」等。有漢代玉門關出土的「敦煌長史」泥封印和有年代題記的漢簡，這是曾經任過酒泉統領的周統領一九四六年作價讓給研究所的。中央文化部文物局從海外收購的《景雲二年（七一一）騎尉張君義等二六三敕文》，一九六一年王冶秋局長同意從文物局調給研究所。另外敦煌莫高窟上寺易昌恕老喇嘛收藏的藏經洞出土的一幅唐代白描菩薩絹畫（畫上並附有于右任的題字），也捐獻給研究所。我還把我在敦煌縣城的保長處以三十五元白洋購買的唐人李翰寫《蒙求》捐給研究所，這是一本國內僅有的蝴蝶裝文書。

一九五〇年，西北軍政委員會接管敦煌藝術研究所，一九五一年元旦起歸屬社會文化事業管理局管理，更名為敦煌文物研究所。自此以後，社會文化事業管理局每年固定給研究所撥保護維修費，有計劃地逐年進行一般地零星修繕。除此之外，我們也根據洞窟殘損情況進行專項搶修工程，並逐年積累資料，為永久性加固工程作準備。

一九五三年，我們在清理洞窟中，發現第五三窟內北壁五代風格壁畫下部漫漶並出現裂痕。這個洞窟在岩壁的下層，距現今地面四五米以下；當然，在唐、五代建造時位置並不低，由於河床淤積，致使河床路面增高，使這個洞處在了地面以下。窟內陰濕，在北壁東側裂痕下有土坯堵塞的痕跡。我們取下一塊土坯進行試探時，發現裡面有一個密室。我們即召集了全所的業務人員一起來，希望發現一個藏滿寫經文物的密室。因為五三窟小密室的位置、情況都與一九〇〇年發現大量文物的十六窟北壁的十七窟藏經洞一樣，窟口用土坯砌起，上塗泥作畫。大家心情都十分激動。打開看時，裡面是一個大約兩米見方的小洞窟，東西壁各有板架兩層，板架上還留有唐人寫經碎片及粗陶制的調色碟子兩隻。地面上扣了一口大鍋，鍋內並無什物。西壁北邊牆壁上用焦墨直書「廣順三年藏內記」七個字，筆劃遒勁有力，類似石窟出土五代人寫經卷文書體式。從洞窟佈置情況看，此窟似為當時的庫房或藏經洞。這個

一九五八年在敦煌莫高窟四二八內，常書鴻陪同習仲勳等國家領導人參觀。

洞窟我們編號第四六九窟，處在第五三窟內北壁的位置，和第十七窟藏經洞在第十六窟甬道北壁的位置相同。它們都在距窟內地面二尺許的地方。十六窟和五三窟都是在晚唐、五代時修建的，可能當時修藏經洞已成為風氣。按廣順三年（九五三）是五代後周太祖年號，這個年號既是第四六九窟的修建時代，也是第五三窟的修建時代。

莫高窟石窟群有五代紀年的洞窟還有：

第四六八窟——後梁開平元年（九〇七）

第八四窟——後梁貞明五年（九一九）

第四〇一窟——後梁龍德二年（九二一）

第三八七窟——後唐清泰元年（九三九）

第四一二窟——後晉天福年間（九三六～九四五）

第一二三、一二四、一二五共三窟——後周廣順三年（九五三）

這是我們從第四六九窟題記和壁畫內容等排比推測出來的結果。以此作為尺度進行類推，從北魏、西魏、隋唐、五代、宋等各時代洞窟近似的內在聯繫來確定莫高窟四百九十二個洞窟的年代。因此一個有絕對年代題記的發現為我們研究石窟紀年歷史提供了十分重要的旁記資料。

蘭新鐵路開通後，鐵道部經常有人來莫高窟參觀。藉此機會，我向有關專家和領導提出說明我們進一步勘察地質情況，以利加固洞窟和進一步弄清地下埋藏情況的要求。一九五八年，鐵道部設計院勘測隊無償對莫高窟從南到北進行了底層的電測和地形測量。莫高窟的測繪工作是在一九四四年～一九四五年由測繪師陳延儒作的，繪製了洞窟外貌全圖以及全部洞窟的平面剖面測繪圖。在一九五八年，鐵道部設計院幫助我們做了石窟立面平面詳細的測量圖，探查了這個密如蜂房、久經滄桑的古老石窟及岩層情況，以及風化沉降而產生的水準和垂直裂縫的險象的觀測，找出了石窟群存在的病害。

為了進一步推進保護工作，我在一九六二年初向中央文化部寫了一個關於如何加強保護石窟群的報告，提出進一步保護壁畫、彩塑，防止石窟岩層上鳴沙山向前移動危及石窟的問題，並對石窟岩壁坍塌、在密佈如蜂房般的岩壁上存在縱向裂縫、橫向裂縫以及平面裂縫等危及石窟壽命的問題，作了詳細報告。這個報告受到中央重視，是年八月間，中央文化部派了一個由徐平羽副部長為首的工作組，包括治沙、地質、古代建築、考古、美術以及出版社、電影製片廠、鐵道部設計院等等各方面專家十餘人組成的敦煌工作組來莫高窟進行現場考察。工作組於八月二十九日到所後即開始工作，在進行洞窟考察的同時，聽取彙報和分組討論研究。現場工作進行了十五天，解決了機械固沙的問題；對殘破塑像、壁畫修補復原進行了試驗研究；對第一三〇窟修補壁畫的工作進行了檢查；提出了關於搶修石窟群地質危險部分的處理和出版有關莫高窟全集及研究資料的建議；擬出了大型彩色記錄片的編寫提綱。專家們在莫高窟工作期間，研究所組織了研討活動，請專家們作了有關〈石窟藝術的特點和價值〉、〈壁畫和彩塑的保護問題〉、〈關於莫高窟治沙問題〉、〈敦煌莫高窟地質情況及全面搶修工程〉等專題報告。中央工作組的工作，不但解決了石窟藝術保護和搶修加固工程的實際問題，也推動了石窟藝術的理論研究，對莫高窟的工作起到幫助和促進作用。修復破損洞窟需要大量資金，當時國家經濟困難，只能先搶修最危險的部分，然後一步步推進。原計劃第一期工程用款為五萬元，但實際上完成需要十五萬元，因此我們打報告報了十五萬元，對這麼一筆鉅款的申報，中央工作組回到北京在國務會議上彙報以後，立即得到周恩來總理的同意並批准撥專款進行全面維修。莫高窟工程不是一般民建工程，有隧道、有支撐、還有地基、牆體等複雜結構，因此，中央決定由鐵道部承擔莫高窟全面搶修加固工程的設計和施工任務。

從一九六三年開春起，鐵道部為了搞好這一工作，在他們系統內從全國各地調請了一百多位富有實踐經驗的橋樑、隧道工程的工人和專家、工程師等，就如何對這一古代藝術寶庫進行全面的搶修，從而達到加固岩壁、保證石窟安全，同時還要照顧建築藝術的形式與石窟的和諧問題共同商討。這一問題早在一九五二年，中央文化部就曾制定全面加固莫高窟石窟群工程的計畫。當時古建專家們認為這一民族藝術寶庫經過魏、隋、唐、五代、宋、元千數年不斷地修建，各具不同時代的風格，應當保持各種不同的風格。也有人主張全部做唐代窟簷，也有人主張用一個巨型大建築將莫高窟整個籠罩。當時專家們議論紛紛，莫衷一是，最後，全面維修石窟的工作還是被擱置下來了。現在既屬全面搶修工程，以加固為主，經過再三反覆討論，決定莫高窟加固工程的藝術形式的原則，既排除單純強調復古的建築形式，又糾正了片面要求工程品質而忽略了藝術形式和文物保護宗旨的做法，要求「在保證石窟的安全條件下，適當照顧藝術形式，盡可能保存洞窟原來面貌，最好能做到儘量隱蔽，使之達到『有若無』的程度」。由鐵道部第一設計院勘察設計提出施工方案，鐵道部第一工程局進行施工，用鋼筋混凝土、預製大樑，澆鑄懸臂梁和花崗岩石塊大面積砌體，用支頂和推擋的辦法。工程自一九六三年開始採用分段分期施工，至一九六六年，工程共計進行三期，範圍包括石窟群的南北兩區，側重在南區，總共計四千零四十米的長廊中，加固了一百九十五個石窟，製作了七千多平方米的擋牆砌體和樑柱，對三百六十三米的岩壁作了徹底的加固。這是一次史無前例的莫高窟全面加固工程，耗資九十九萬元。其作用不但對洞窟本身結構起到經久的加固作用，同時，按照需要在有些地方加長甬道，更新風化了的岩壁，徹底解決了石窟藝術經常遭受風沙、雨雪和日照危害的問題，並安全牢固地解決了四百多個洞窟上、下三、四層之間的往來通道。修築的鋼筋混凝土和花崗岩砌體，扎扎實實地代替了唐代文獻上記載著的「虛欄」。

如今，當我在巍峨雄壯的虛欄棧道上巡視觀覽時，不由得回憶起解放前初到莫高窟最高層第一九六窟時，因沒有通道可上，只好架設「蜈蚣梯」上去，從山頂懸繩捆住腰，吊在距地面三十多米的高空中，從山頂上雙腳懸空往下溜。後來我們在沒有錢、沒有人力的情況下，自己撿拾窟前的樹枝，一筐筐沙土，一塊塊土坯，拼拼湊湊修建了簡易的棧道、土牆，進洞子是連爬帶跳，一腳高，一腳低地從危欄斷橋上匍匐前進。想到這些，不由得熱淚盈眶，深切地感到，只有共產黨和毛主席的領導，才能有敦煌的新生，才能有我們幸福的今天。

4. 大規模的臨摹與研究

自一九五一年敦煌文物研究所作為中央文化教育委員會社會文化事業管理局的直屬機構以後，研究所的工作，不論在人力、物力、財力上都得到了加強，同時在工作和學習上也能及時得到中央方針政策的指引。通過學習中央政策，我們明確了對文化遺產的保護工作是我國今後經常性的文化建設工作之一，消除了一些人那種認為保護敦煌文物是維護封建迷信的顧慮和錯誤認識。

中央文化部曾指示我們：「保護工作，首先應明確認識，保護敦煌石窟藝術不使其受到任何損壞是一項重要的政治任務。研究工作，必須從現有條件出發，有計劃地逐步展開。同時必須與研究所的具體任務，特別是臨摹工作密切結合進行。要重點臨摹，全面拍照。臨摹是研究工作的基礎，也是研究所的基本工作，藝術的發展不能離開傳統，臨摹就是通過藝術實踐，深刻地學習和體會藝術的傳統。對於臨摹者，臨摹的過程就是研究和鍛煉的過程。是發揚和，發展傳統的準備和手段。對於散處在全國的美術工作者，臨摹就是他們學習藝術遺產、推陳出新的依據。因此，有計劃有重點的臨摹必須堅持下去……今後應在研究分析的基礎上，有重點地進行臨摹，臨摹的主要對象，應該是足以代表各時代的、具有優美的藝術形式和豐富的內容的作品。」這樣，臨摹工作被提到議事日程上來了。臨摹工作，在解放前我已做了一些，那時注重全面臨摹。由於那時研究所處於無人過問的困境，物資、器材、經費都很缺乏，臨摹工作受到很大的限制，除少數代表性作品外，一般都採取縮小比例的方法。有的縮小到原作品的二分之一甚至四分之一臨摹，有的則只臨摹立體部分，有的專題臨摹僅從整幅壁畫中裁取部分，如飛天、交通運輸舟車、動物、山水、服飾、人物、供養人、藻井圖案、蓮座圖案、邊飾圖案、頭光圖案等等。在一九五一年首都舉辦「敦煌文物展覽」時，有不少觀眾和專業人員經常提出疑問，這些優美的飛天和圖案究竟在壁畫的什麼地方，占多少位置，在飛天旁邊還有什麼等等。有些專家學者還需要知道全面情況以供研究，並希望看到原大原色的臨摹作品。現在萬事俱備，更來東風。黨和國家不但為我們提供物質條件，又給我們下達具體要求，要對莫高窟的重要作品作原大原色的客觀臨摹，而且還要作記錄性的全面攝影。我們都為此而興高采烈。

為了提高臨摹工作品質，我們美術工作者不僅要研究掌握這些壁畫藝術的技法，如壁畫創作程序、用筆、用色、人物的描繪、建築、樹木和山水的佈局，而且還要研究熟悉作品的主要內容、時代背景等。這就需要學習、研究有關的美術史、佛教史、圖像學、哲學、社會學、歷史等專業知識。在上級領導的大力支持下，我們在很短時期內從國內外購置了一大批圖書資料，成立了一個初具規模的圖書資料室。以後通過不斷和國內外進行資料交換，到一九六六年文化大革命以前，我們已擁有兩萬多冊有關敦煌研究的專著和數以萬計的攝影資料。中國科學院已故的竺可禎院長，還把散失在國外的敦煌遺書和文物複製成顯微膠捲送給我們，豐富了我們的圖書和資料。這些圖片資料、遺書資料和書籍資料對我們的學習、研究工作和完成臨摹任務起了很大的作用。

我們解放前的臨摹，由於種種困難，在無財力、缺器材的情況下，不得不採用那些劣質顏料，有的甚至是用紅土、泥土經過自己的漂洗沉澱來代替的。有一個時期買不到礦物色的石青、石綠，只好用調和漆的顏料、染料來代替，因而這些臨摹品放了許多年之後，不少已出現嚴重變色甚至褪色的現象。上級指示我們，一方面要加強對敦煌壁畫至今顏色不褪不變的科學研究，同時，為了保證臨摹品的品質，必要時應採用石青、石綠、朱砂、朱磦、貝粉、赤金等解放前所不敢奢望的名貴材料。故宮博物院還支援了我們一批他們舊藏的礦物質顏料。地質隊在探礦時，為我們找到了朱砂等貴重顏料。使我們難忘的是在西藏工作的周仁山同志，還特別組織人力開採了大箱大箱的原礦石供我們自己來研製顏色。為此，我們還添置了一套手工和電動兩用的球磨機，以磨制礦物顏料。

一九五二年以後，我們集中所裡有多年的臨摹經驗的李承仙、段文傑、史葦湘、歐陽琳等，開展整窟原大原色的臨摹工作。從哪一個洞子開始呢？經過反覆認真地討論研究，大家認為二八五窟比較好。這個洞窟就是一九二五年美國人華爾納第二次「光臨」敦煌莫高窟，一心想把整窟壁畫剝離去的那個洞窟。華爾納在一九二四年美國哈佛大學得到福格博物館（Fogg Museum）的資助，鋪在布上，在莫高窟五天功夫就粘去壁畫二十多幅，毀壞了我國古代美術珍品。當地人民知道了華爾納的無恥行徑後，便一群一群地去責問地方官陸縣長。是年莫高窟廟會時，又一群一群地去詰責王道士。陸縣長卸了任，走到新店檯子村，就被群眾抓住，非要他取回被華爾納剝去的壁畫不可。陸縣長派人趕到敦煌縣城邀請來幾位紳士調解，才勉強放他走。華爾納第二次來敦煌的野心更大了。他的大嘍囉翟蔭率領人馬到敦煌時，對當地長官說：「此來是要剝離一部壁畫……」當時北京大學派去監視華爾納的陳萬里先生在《西行日記》中寫到：

> 翟蔭君在肅州復新雇一周姓木匠，同人咸呼之為老周。老周前年曾隨華爾納、翟蔭二君赴肅州黑城子及敦煌傭工數月。今日告我：華爾納君在敦煌千佛洞勾留七日，予道士銀七十兩，作為佈施。華以洋布和樹膠粘去壁畫二十餘幅。於一二〇號N洞發現大魏大統四年及至五年畫像題銘，翟蔭君告我：在京時所計畫剝離者，即係此洞！（注：伯希和一二〇N洞即今二八五窟）

一九五二年，華爾納因遭到敦煌人民的憤怒抗議，企圖未能得逞，不得不鼠竄而回。

常書鴻一九六五年拜會中國科學院竺可楨院長時，與他們夫婦在一起合影。

二八五窟有大魏大統四年（五三八）、五年（五三九）題記，歷史和藝術價值高，保存完好，是西魏時的代表洞窟。如果我們把這個洞窟的壁畫全部按照原大臨摹並裝置起來展覽，既可以讓全中國人民及國際上熱愛敦煌藝術的朋友們欣賞該窟壁畫全貌，宣揚我們偉大祖國的藝術傳統，同時又可揭露華爾納之流盜竊敦煌文物的醜惡行徑。這是解放以來第一次接受黨和國家交付的大型臨摹任務，我們滿懷激情地把它當成重大的政治任務來完成。經過六七名同志夜以繼日地忘我勞動，歷時兩年之久，終於完成了第二八五窟整窟原大、原色、忠實性的臨摹。這是五米見方覆斗藻井窟，西壁開三龕並有兩米高的塑像，共有三百二十七平方米的壁畫。這個二八五窟整窟模型完成後，先後在北京故宮博物院、上海博物館和日本東京、京都展出，受到廣大觀眾的熱烈歡迎和讚賞。這個大型整窟臨摹品清晰逼真，被認為是壁畫臨摹工作中的空前巨作。

一九五四年，我們又集中全部美術工作人員進行一年之久的敦煌圖案臨摹。敦煌圖案是敦煌石窟藝術重要的組成部分，是敦煌藝術中一束鮮豔美麗的花朵，是石窟建築、壁畫、彩塑三方面共有的裝飾紋樣，主要分佈在石窟頂部和平棋式的天花裝飾，其次是佛龕上部的龕楣，佛、菩薩頭部的圓光，身後的背光以及壁畫邊緣的部分。敦煌圖案，是古代藝術匠師們高度智慧和創造才能的結晶。從這一側面，不但可以反映出當時的時代色彩，而且可以看出一脈相傳的民族形式與作風，為我們提供了重要的借鑒資料。

一九五五年，我們又集中全部美術工作人員對莫高窟各時代代表作進行原大、原色、忠實的臨摹。我參加臨摹第二一七窟盛唐壁畫幻城喻品。

一九五六年至一九五七年兩年中，我們集中全部人力對安西榆林窟壁畫進行臨摹。安西榆林窟又名萬佛峽，與敦煌莫高窟同為我國西北地方重要石窟，一九六二年列為國家級保護單位。榆林窟在敦煌石窟的東面，安西縣城西南一百五十公里的峽谷中，洞窟開鑿在榆林河峽谷的東西兩岸相距約一百餘米。其開鑿年代因無文獻可考，根據其洞窟形制和現存壁畫風格與敦煌莫高窟相比較，時代大體可定為唐、五代、宋、西夏、元、清代，前後計八百餘年。石窟有東岩三十窟，西岩十一窟，共計四十一個窟。我們重點臨摹了第二十五窟整窟，仍是原大原色忠實的臨摹。這個洞窟沒有修建年代的題記，只在前室東壁門南有「光化三年（九〇〇）十二月二十二日懸泉長失聾乞達寧……巡禮聖跡」的遊人題記。按照這個洞窟壁畫內容及風格推斷，可能建於天寶－大曆之間，約為八世紀中期。這是榆林窟唐代傑出的作品，也是我國現存唐代壁畫中的代表作品之一。無論在組織結構上、表現技法上、線描、賦彩、人物形象的描繪上，壁畫都顯示了高度的精緻和純熟，體現了唐代豐腴健康、絢爛富麗的時代風格。尤其線描遒勁、流暢、富有變化，頗有「吳家樣」的風趣。這個整窟的臨摹作品先後在北京故宮博物院和上海博物館展出。這兩年，我們在榆林窟還臨摹了唐、五代、宋、西夏、元各代壁畫計六十餘幅。

在這以後的幾年中，我們又集中臨摹了敦煌人物服飾。這是有計劃、有選擇地搜集敦煌壁畫中各時代的供養人和佛經故事中人物服飾資料，有當時的統治者帝王、貴族的服飾，也有一般人的服飾。這些服飾資料中，有一部分根據壁畫題記，不但有明確的年代可考，而且還因為供養人結銜的名稱，可以分辨出不同時代各種不同官職和階層人物的服飾禮制。它們與歷代文獻及輿服志所載資料可以相互印證，對於我們現今科學地研究物質文化史，創作歷史畫、電影、戲劇、舞蹈等提供了寶貴的資料。

六〇年代初期，我們繼續作整窟原大原色的忠實臨摹，相繼進行的有第二四九窟西魏窟、第二二〇窟、貞觀十六年（六四二）題記的

常書鴻夫婦與工作人員在一起探討壁畫藝術。

初唐窟以及飛天、舞樂的專題臨摹。敦煌飛天，又名香音神，是能奏樂，尚飛舞，滿身香馥的美麗的菩薩，是敦煌石窟藝術採用最廣泛的題材，從北魏到元代一千餘年的壁畫中，不論經變、故事畫、說法圖及藻井、平棋圖案、龕楣、邊飾、頭光、背光等地方，都繪製了各種不同姿態的飛天。她們翱翔於彩雲之中，載歌載舞，在樓臺殿亭間穿梭飛舞。她們生動、健美、活潑的風姿是現實主義與浪漫主義的結晶，至今仍使我們喜愛。飛天舞樂形象還對研究我國舞蹈、音樂、戲劇等藝術歷史具有重要的參考價值。

臨摹古畫，是中國民族繪畫傳統中一項不可缺少的課題。臨摹不但要求客觀地再現作品的形態與色彩，更重要的是在於展示出作品的神態、筆墨氣韻。宋代著名畫家米芾（一〇五一～一一〇七）曾說過：「畫可臨可摹。」他把「臨」和「摹」作為兩種技術方法分開解釋。他認為，「摹」畫在於外表的效果，而「臨」畫則需要通過理解繪畫的神態和筆墨氣韻。臨摹就是力求把一幅繪畫作品從「形似」到「神似」都忠實地再現出來。

大家都知道，印度阿旃陀壁畫的臨摹工作是由英國女畫家海林崗於一八九六年至一八九七年進行的。當時海氏和她的幾個助手，用了兩年的光陰一共臨摹了百餘幅阿旃陀壁畫，使得這個埋沒在德干高原的古代印度繪畫藝術公諸於世，在倫敦舉行了一次轟動全英國的阿旃陀壁畫臨摹展覽會。但這些摹本是用英國傳統素描勾勒和水彩烘染的技法表達的，很難體現出印度東方壁畫那種厚樸生動的特點。可惜這些摹本竟在一場意外火災中全部化為灰燼了。

日本奈良法隆寺的金堂壁畫，由名畫家人江波光、橋本明治、中村宏陵等二十餘人用十年時間精心完成了臨摹工作。當時為了保證品質，規定每人每天完成一平方寸的面積。他們的臨摹堪稱是細緻人微的一種科學文獻性

常書鴻一九七三年在莫高窟一三〇號窟峭壁上指導竇占彪等人維修棧道。

的記錄工作。不幸的是，在一九四九年初的一次漏電引起的火災中，金堂壁畫全部燒毀。現在，幸虧有那些摹本代替了壁畫真跡，成為存世「孤本」，被日本奉上國寶地位。

敦煌石窟藝術的臨摹工作，從一九四三年開始，已經有三十多年的歷史了。但解放前的七年，由於人力設備等條件的限制，規模和收穫都不甚大，只有解放後的二十多年，才大規模地開展起來，取得了顯著的成績。我們前後臨摹了北魏、隋、唐、五代、宋、西夏、元等各時代的壁畫代表作品，共計一千三百餘平方米。

我們就是選用這些摹本，在前後大約三十次的國內外舉辦的敦煌藝術展覽會中展出，其中除若干幅整窟原大的摹本外，還有近二千幅各個時代的代表性作品和各種專題的集錦。通過這些摹本的展出，客觀地體現了自西元四世紀到十四世紀這一千餘年間，敦煌藝術的主題內容、時代與藝術風格方面的發展演變情況。這些摹本，為我國社會主義文藝創作提供了借鑒，同時，也使國際友人看到，雖然斯坦因、伯希和、華爾納、柯斯洛夫、橘瑞超等盜竊了敦煌部分文物，但敦煌石窟留存下來的藝術遺產正受到共產黨和人民政府的保護和重視。

為了改善職工的工作和生活條件，一九五四年，中央文化部還撥給我們專款購置了一台十五千瓦的發電機和一部電影放映機，配備了一個衛生員並辦起了托兒所，購置了兒童生活用品和玩具。文化部還撥了一輛帶拖斗的吉普車，購置了攝影器材並從北京調來專職的攝影工作人員，從敦煌縣城到莫高窟之間架設了電話專線。新的工作和生活條件的創設和改善，是黨和人民政府

一九五六年，敦煌研究院工作人員在一起研究臨摹榆林窟二十五號窟的情形。

對長年累月在戈壁灘上從事石窟研究和保護工作人員的關心和支持。回想我在一九四二年初來敦煌莫高窟時，為了解決城鄉交通，好不容易買了一輛別人不要的大木輪老牛破車。第一次我坐著這輛牛車自敦煌縣城出發，車裡裝了糧食和鋪蓋，加上又是上坡路，老牛車走幾步停一停，從下午六時一直走到第二天上午九點鐘才到莫高窟。一九四八年，李承仙為了完成第六十一窟十三・三米長、五米高的五臺山全圖壁畫臨摹，在四米高的由桌椅板凳捆起來的架子上工作。這個洞窟在石窟群的底層，從甬道到洞窟壁畫牆面有二十米距離，光線陰暗，窟內寒冷。她在窟內支撐一大塊白布，靠反射光來解決光源問題，有時沒有陽光反射，就用煤油燈，一手執燈，一手作畫。一九四八年至一九四九年，她完成了七十四平方米的五臺山全圖壁畫的臨摹。這些歷歷在目的情景使我思緒萬千，有時激動得流下淚來。記得千佛洞正式發電的那天是一九五四年十月二十五日。我在日記中寫道：發電機運到後，經過幾個月緊張的外線立杆和內部電燈的裝置，發電機在千佛洞正式發電放光的不可思議的日子終於到來了！為趕工作，也是為了「嘗新」，長年艱苦地在黑洞子中摸索的美術組同志尤其興奮，急不可待地早早坐在洞窟中新裝好的日光燈下守候著，聽著發電機的動靜，等待光明的到來。當我在洞窟內外奔走時，自己也感到內心就像當年安迪生發明電燈那樣急待閃爍火光的產生。對於我們在沙漠洞窟中的人來說，有時生活的嘲弄好像隔世似地變得那樣可笑。

懷著這種心情，美術組全體同志，自願在新裝好電燈的洞窟中，做有史以來未曾有過的、破天荒的夜間加班工作。提前吃了晚飯，大家都在洞窟中新安裝好的電燈下守候著。電工規定下午六時發電。在這之前，千佛洞是那樣寂靜。好容易等到時間了，自遠而近，隆隆的發動機聲劃破沙漠寂靜。忽然，從中寺經過古漢橋，所有的電燈同時發放出晶亮的光芒，使千餘年的石窟內壁畫和彩塑散發出從未有過的燦爛的光輝！在這莫高窟具有歷史意義的時刻，我激動地從這個洞子跑到那個洞子。在有燈光的洞窟，我都停下來看看色彩斑斕的壁畫，還要看一看模糊不清的漫漶的壁畫題記。最後，我走進一個照耀得如白晝的洞窟中，看望一位在高架上臨摹的女同志。她手中拿著筆，正激動地望著微微有些閃爍的日光燈管。我注意到她那雙因長期在暗黑的洞中工作而損壞的眼睛，此時被強烈的燈光所照耀，有些張不開地望著我，兩眼在閃動。我迎著她的目光問：「好嗎？這個電燈？」久久沒有聽到她的回答，只見在她微笑的臉上掛著兩行淚水。這是幸福與激動的淚水。

我來到第十七窟，那個被盜的藏經洞。這裡也被一隻一百瓦的電燈照得滿堂通明。我要親眼看看，這個半世紀以來歷經劫難的「石寶」纖毫畢露，空無所有的真實景象。這一切，都是過去昏暗的油燈下所見不到的。北壁上那兩幅唐代供奉仕女畫像在強烈燈光下顯得更加豔麗多姿，呼之欲出。我審視良久，她們從石窟創建那一天起，就寸步不離地守衛在這裡。她們是這裡一切變遷的目睹者，也是石窟慘痛歷史的見證人。

宋仁宗景佑二年，三萬多件珍貴文物秘密地在這裡珍藏起來。從此，它們安靜地度過了千年。光緒二十六年五月二十六日，一個寄宿在千佛洞的游方道人王圓籙在引水沖沙時，無意中把水沖進了十六窟甬道中，使甬道北壁密室封牆處裂開了一道縫隙。王圓籙用芨芨草從縫中插進去試探，終於發現了這個秘密。於是，他打開破壁，發現了通往現編號第十七窟的秘密的小板門。打開板門，看到了從地面一直堆到洞頂的一卷卷粗布包紮的包裹。他取出一包打開，發現了佛經、文書、畫幡等珍貴古藏。至此，這個沉睡了千年的寶庫終於被驚醒了，一場空前的浩劫向它襲來。

開始，王圓籙因為有所顧忌，不敢聲張，隨即把這個秘密報告了當時的清朝縣長。那位不學無術，但卻狂妄自大的縣太爺竟以古人書

一九五六年，敦煌研究院工作人員在油燈下進行臨摹。

法不如他為辭，命王不必大驚小怪，仍將洞封閉了事。王圓籙不死心，又悄悄寫了一個草單，「上稟當朝天恩活佛慈禧太后」，報功請賞。但這正是八國聯軍大肆在北京燒殺搶掠，清王朝惶惶不可終日的垂亡關頭，喪權辱國的那拉氏忙於對外媚降，對內鎮壓，其餘則是荒淫無恥地盡情享樂，哪裡管什麼「古物密藏」的區區小事。

王圓籙在無人過問的情況下，成了這座稀世寶庫的主人。他開始是少量地盜出奉送給來參觀的官僚、地主、紳士，後來這些文物輾轉互送，傳到英國駐新疆領事的手中。一九〇六年，到新疆做地理勘察的英國斯坦因探聽到這個秘密。他於翌年三月，和雇傭的蔣孝琬竄到千佛洞，賄通了王圓籙，於是一次便盜走了經卷文書九千餘卷，連同木本刻印圖佛畫等，共裝滿二十四箱，此外，還有唐人繪畫和織繡的繪畫五十箱盜運國外。還是這個盜竊敦煌文物的罪魁禍首，一九一四年第二次竄到敦煌，又盜走五百多卷寫經。這兩次，他共計盜走絲絹、織造、繡像等一百五十餘幅，絹本及紙本繪畫五百餘幅，圖書、經卷、寫本、木刻印本等六千五百餘件。其中有年代題記的三百八十餘件，是上起北魏天賜三年（四〇六），下至北宋至道元年（九九五）的文物珍品。接著各帝國主義分子垂涎相遝而至，如法國的伯希和、俄羅斯的柯斯洛夫、日本的橘瑞超等，都以卑鄙的手段盜走大批文物。等到昏庸的滿清政府發現時，已經僅剩殘餘經文八千餘件，這才命陝甘總督把它送到北京。

從悲憤的往事中醒來，我看到這兩個歷史的見證人在燈光下露出動人的微笑，彷彿她們在慶倖這樣的劫運已經永不復返了，明亮的燈光驅散了陪伴她們的漫長黑暗，給她們帶來了光明。這是多麼令人動心的幸福的微笑啊，這是足以與世界名畫《蒙娜麗莎》比美的另一種具有東方風格的「永恆的微笑」！我拿出速寫本，即興把她們這幅「永恆的微笑」勾勒出來，記下這幸福的一瞬間。

敦煌藝術的臨摹工作，是保護文物的一項手段，也是分析研究古代藝術發展演變的重要實踐。多年來，我們在進行臨摹的同時開展了研究工作，收到很好的效果。通過臨摹及對壁畫中人物、建築、山水、花鳥等的描繪、著色、勾勒、烘染、佈局等技法、過程的分析和研究，看出這些壁畫的無名作者在封建統治者的奴役壓迫之下，運用他們的智慧才能，突破宗教和佛經題材的種種清規戒律，在民族繪畫傳統的基礎上，吸收外來營養，創作出新穎的風格。他們的作品，既富於時代特點，又有現實生活的濃郁氣息；既表達了作者對邪惡的批判，又展現了對美好事物的無限憧憬。這些作品在千年後的今天，仍然展現著無限的魅力。

從五〇年代末到六〇年代初，全國各地的大專院校陸續為我們研究所輸送了一批大專畢業生，充實了我們的業務技術力量。他們與多年工作富有經驗的同志們一道，共同對這個浩如煙海的古代藝術寶庫進行認真的探索和研究，使工作更順利、快步地向前邁進！

敦煌早期藝術多出自五胡十六國拓跋族畫工之手。他們粗獷放達而又富於漢畫傳統的生動筆觸，和那吸取來自犍陀羅的佛像菩薩、飛天的藝術造型，帶有域外袒胸露臂的風尚。發展到隋代，壁畫的人物線描已趨向細緻圓潤，一改早期的粗獷之風。正如中國畫史所說，隋代畫家展子虔的人物描法甚細，遂以色渾開，這種甚細的描法在敦煌壁畫中得到印證。隋代短暫的王朝，在敦煌卻開鑿了大量石窟，在壁畫和彩塑上，不惜採用大量的赤金、白銀、石青、石綠、朱砂、朱磦等貴重顏料。到了唐宋元各代，敦煌壁畫的民族繪畫傳統進一步顯示了中原民族繪畫傳統的特點。

敦煌藝術是中國美術史的一部分。中國古代美術史，各代只見諸一些零散的文字材料，而作品實物留傳較少。敦煌藝術可以說是稀世的偉大藝術遺存，它是宗教藝術，但也是民族、民間藝術。雖然有人至今仍否定它是正統的中國民族傳統，但從中國繪畫史和近代出土的漢唐墓室壁畫作品來看，便不能不承認敦煌藝術是四世紀到十四世紀一脈相承的民族藝術傳統的傑作。敦煌壁畫就其製作技術、製作方法而言，與宮廷的卷軸畫有所不同，但其繪畫技法還是民族風格的產物。這是一座包涵從北魏到元代一千多年的豐富多彩的有四•五萬多平方米的壁畫，二千多身塑像的四百九十二個洞窟的沙漠裡的畫廊寶庫。它系統而完整地填補了四世紀以後十四世紀以前這一段時期散失了的歷史名畫真跡。它本身堪稱中國中世紀的美術史。由於它的存在；我們可以上接漢代出土墓室的壁畫，下連永樂宮、法海寺等地的明代清代繪畫，一直和近代銜接起來。這樣，通過敦煌這串燦爛的藝術明珠，串連成一部完整的以繪畫為主的中國美術史，這對我國今天的藝術發展具有重大的意義。

臨摹工作是我們的一項重要工作，但不是我們工作的唯一目的。為了使我們所的大多數研究人員除臨摹外，還具備一定的研究能力，從一九五四年起，我要求每個從事臨摹工作的研究者，結合自己的臨摹，開展專題研究，看書，查資料，寫研究文章。通過兩年多的努力，十多個同志分別結合自己的臨摹範圍寫出了相應的研究論文，我也集中了一年多的時間對每一篇研究文章進行修改補充。這些同志是第一次搞研究寫文章，通過完成這一階段的研究任務，得到了鍛煉，認識到了研究與臨摹之間的相互關係，也使大家加深了對所臨摹壁畫內容的認識和理解，進一步提高了臨摹的水準。一九五七年，這批研究成果由北京人民美術出版社以「敦煌藝術小叢書」的形式出版。它們是：李承仙的晉魏和五代各一本，霍熙亮隋代一本，李其瓊初唐一本，段文傑的盛唐、中唐、榆林窟各一本，關友惠的晚唐一本，馮仲年的宋代一本，萬庚育的西夏和元一本，孫紀元的彩塑一本，歐陽琳的圖案一本，共完成十二本。另有孫儒僩的建築一本未能完成。

常書鴻一九六〇年在美術陳列室觀摩點評壁畫的臨摹本。

這次研究工作開了一個好頭。從此，許多同志進入了臨摹與研究結合的時期，有的逐漸轉入以研究為主的軌道，為更深更全面的研究打下了堅實的基礎。

研究工作不是為研究古代而研究。多年的實踐經驗使我們注意到，對敦煌石窟歷史、存在情況、藝術題材、建築、石窟檔案等等全面資料的調查搜集及整理統計工作，是研究所工作的基礎。我們要逐步有計劃地搜集、整理加以出版，介紹出來成為大家的東西，能使大家看到，讓更多的人來研究。一九五七年，在國家文物局鄭振鐸先生的計畫安排下，我們開始計畫編輯一套全面反映介紹敦煌的大型畫冊《敦煌圖錄》，預計達一百二十卷，遠遠超過日本編輯出版的《雲崗石窟》畫冊。《敦煌圖錄》將屬於敦煌系統的莫高窟、西千佛洞、榆林窟全部窟龕，按時代完整地編輯出版，重要代表性窟或大型窟單編冊，一般均以代表窟為中心，照顧窟面關係，成組編輯出版。一九五八年，組成了《敦煌圖錄》編委會，編委會成員有夏鼐、翦伯贊、向達、張珩、梁思成，趙萬里、吳作人、王朝聞、謝稚柳、史岩、宿白、葉淺予、常書鴻、金維諾、王冶秋、劉敦楨、周一良、夏衍、王天木、趙正之等。經編委會商定，文字部分，擬請郭沫若撰寫總的敘論，夏鼐負責撰寫歷史考古部分，周一良負責撰寫佛教歷史部分，王朝聞負責撰寫美術總評價，常書鴻負責寫沿革狀況部分。《圖錄》擬出六開本，每本約有圖版兩百頁。後來由於各種原因沒能實現原先的計畫。

石窟藝術，主要是佛教藝術。在研究工作中，我逐漸意識到，研究宗教和藝術，都離不開對佛教藝術的研究。因此，一九五八年五月，我致函中國佛教協會趙樸初先生，倡議創刊《中國佛教藝術》雜誌。六月收到趙樸初先生覆函。一九五八年十二月二十六日趙樸初先生又在覆函中寫道：「佛教傳人我國以後，對我國藝術發生了巨大的影響，大教所云，我們非常同意。由於我國佛教界在解放之前，侷限在宗教活動範圍以內，對於佛教藝術很少注意……解放以來，佛教藝術寶庫得到黨和政府無微不至的保護，又得到先生等許多著名的藝術家親自參加保護和研究工作，可以說是我國佛教藝術從來不曾有過的幸運，我們非常敬佩與感謝。關於出版《中國佛教藝術》刊物的問題，我們接受先生的建議，擬於明年起試辦。」為此，我擬撰了發刊計畫草案。發刊的目的是要向國外介紹中國各地豐富而優美的佛教藝術遺產，以促進這方面的研究和交流。經商定，擬請趙樸初、常書鴻、周叔迦、巨贊、郭朋、吳作人、金維諾、常任俠、趙萬里、曾毅公、閻文儒、王去非、溫庭寬、石鳴珂等十四人組成編輯委員會，雜誌暫不定期出刊，十六開本，圖文相半，文章內容約計五萬字左右。但後來由於各種原因，計畫擱淺了，雜誌也沒出。

在六〇年代初，我們經過二十多年搜集、整理，完成了《敦煌莫高窟供養人畫像題識》、《敦煌莫高窟石窟總錄》的編輯任務。一九六六年五月，正當《敦煌莫高窟供養人畫像題識》清樣由文物出版社排印出來，準備開機投人大量印刷時，適逢文化大革命風暴來臨，致使這一部考查敦煌歷史的重要資料未能出版。此外，我們編輯完成並與出版社約定的書有：由文物出版社出版的《敦煌莫高窟石窟總錄》和《敦煌莫高窟全集（試行本）北魏第二四八窟》大型圖錄一冊，由上海人民美術出版社出版的《敦煌壁畫藝術》（綜合性代表作品選集）大型圖錄一本，它的姐妹本《敦煌彩塑》由文物出版社出版，並準備拍攝一部旨在介紹敦煌藝術的大型彩色紀錄片，由新聞電影製片廠的編導何鐘幸同志和我合作編寫了劇本《敦煌曲》。除此之外，我們還集中了所中業務人員撰寫了二十多篇論文。我們期望在建國十七周年，也就是莫高窟建窟一千六百年的時候，對我們的保護、研究等工作來一個大檢閱，並以此來更進一步地促進我們的各項工作。紀念莫高窟建窟一千六百周年，我們為此制定了一個詳細計畫，準備於一九六六年九月二十五日至三十日的一周時間，召開紀念會和開展各項學術研討。專題研討座談的主題確定了十個方面：一、石窟加固工程；二、壁畫加固試驗；三、塑像修復；四、石窟檔案工作；五、臨摹工作；六、窟前遺址發掘工作；七、石窟測繪工作；八、關於推陳出新工作的介紹；九、題記內容整理工作；十、其他。除學術研討會外，還計畫舉辦展覽，以及編輯出版介紹敦煌的一系列出版物。

一九六〇年，常書鴻與英國著名學者李約瑟（右二）在莫高窟名雷音寺同易昌恕喇嘛合影。

敦煌是我國民族藝術寶庫，理應成為培養全國民族藝術人才的聖地。特別是高等藝術院校中國畫等專業學生的培養與教育，敦煌是一個非常重要的又是最好的大課堂。因此，我非常希望全國藝術院校師生前來學習和研究。一九五五年，葉淺予、鄧白、金浪等先生帶著中央美術學院、浙江美術學院的一批學生，有劉勃舒、方增先、宋忠元、李振堅等前來臨摹學習。先由我們研究所長期從事臨摹的同志帶他們一起臨摹，然後他們自己獨立臨摹。兩個月時間雖短，但同學們反映收穫極大。我也看到了同學們在民族傳統藝術的海洋中如承受雨露般的學習新東西。從而看到了中國藝術家成長的希望。一九五九年，蘭州藝術學院美術系師生前來臨摹學習，並完成慶祝建國十周年在歷史博物館展示敦煌壁畫的臨摹任務，我們給予了很好的支持和配合。用敦煌千佛洞這個大課堂培養學生是我一貫的心願。一九七八年恢復我所長職務後，一九七九年我們與蘭州西北師範大學美術系簽定了畢業班來敦煌臨摹兩個月，第一個月由我們指導，第二個月放手讓他們自己臨摹的協議。為了支持學生的學習，我們還承擔了他們來敦煌的一半路費。當時廣州美院也希望能仿效這個辦法組織學生前來學習，可惜這個工作在我離開後就停止了。

為了培養博物館和石窟保護、研究人員，一九六〇年，我們還與甘肅省博物館聯合創辦了專業人員的訓練班。時間半年，為甘肅省各縣、市培養了一批文物專業人員。現任甘肅省武威市文物局長黨壽山就是該訓練班畢業的。

在臨摹、研究的同時，我們所的美術工作者從一九五五年開始，遵照毛主席關於推陳出新的文藝方針，邊從事臨摹邊開始創作，深人生活，搜集素材。在這基礎上，一九五九年順利完成北京人民大會堂甘肅廳壁畫的創作任務。壁畫共二幅，一幅是李承仙為主創作的《姑娘追》，一幅是霍熙亮為主創作的《獵歸》，均受到好評。一九六一年，李承仙還發表了《擠奶圖》等作品，孫紀元創作的《瑞雪》雕塑，展出後獲獎。

正當我們日以繼夜、勤奮努力，希望早日對石窟全面搶修加固工程、敦煌塑像病害的修復試驗等進行檢閱時，文化大革命開始了，衝擊了我們所設想和正在進行的一切。

十年，像一場可怕的瘟疫，千百萬人倒下了，有的再沒有起來。

我現在不去回憶這不堪回首的「戰鬥洗禮」。因為要把這十年的感受寫下來，將又是一冊與本書同樣字數的作品，還是留給後人去寫吧！總之，我的概括是：我是個倖存者，一個留下滿身「紀念品」的倖存者。

一九七六年，是中華民族歷史上大悲大喜的一年，這一年，敬愛的毛主席、周總理、朱委員長離開了我們，人們痛不欲生；禍國殃民的四人幫垮臺了，人們歡天喜地。

十年風雨初霽，又是一個豔陽天。

我曾寫過這樣一句詩，表達我的心情：「十年冰霜花事盡，春風喜度玉門關。」中國古詩有「羌笛何須怨楊柳，春風不度玉門關」之句，用來形容大西北戈壁瀚海的荒涼。但我今天深深感到，吹遍中國大地的春風，同樣激蕩著玉門關外這神話般的沙海中的綠洲孤島——敦煌莫高窟。

一九七七年九月，蘭州軍區蕭華政委和韓先楚司令乘直升飛機訪問莫高窟。這給我們全體工作人員帶來了莫大的喜悅和鼓舞。他們都是身經百戰的名將，蕭華同志還是一位有才華的詩人。他們參觀石窟後，蕭華同志揮筆寫下了即興詩句：「銀鷹降臨沙州城，『飛天』新裝揮舞迎。莫高藝術揚中外，陽關春暖觀光人。」一九七九年，方毅副總理、宋平書記、黃鎮部長都相繼來敦煌指導工作，對我們的工作給予巨大的鼓勵和鞭策。

一九七八年恢復我所長職務後，我們又開始了一系列保護研究工作。首先，為五卷本《敦煌莫高窟》選拍畫面、彩塑，在文物出版社的協助下，拍攝了一千五百幅照片。這是我和全體研究人員從莫高窟的所有洞窟壁畫和

一九七三年常書鴻、李承仙與嘉煌在莫高窟。

彩塑中精心選拍的，基本上代表了敦煌藝術的精華部分。拍完以後，我們進行了分工，組織所裡的所有業務人員參與編輯和撰寫工作。按照編輯計畫，全書按時代分為五卷，第一卷北涼、北魏、西魏、北周由我、李承仙、蔣毅明、李振甫負責；第二卷隋代由霍熙亮、孫紀元負責；第三、四卷初唐、中唐、晚唐由段文傑、史葦湘、李其瓊、歐陽琳、關友惠負責；第五卷五代、宋、西夏、元由萬庚育、孫儒僩、李貞伯、劉玉權負責。專題論文由樊錦詩、施萍婷、潘玉閃、李永寧、賀世哲、孫修身等負責插入五卷本中。這種分工和研究工作，我專門寫報告到文化局，為五卷本的出版打下了基礎。

方毅副總理來敦煌視察時，曾提出敦煌的開放和宣傳介紹的問題。於是我們在一九六二年在我和新聞電影製片廠何鐘幸同志合寫的電影劇本《敦煌曲》的基礎上，與上海科學教育製片廠聯合拍攝大型彩色紀錄片《敦煌》，全面介紹敦煌的歷史和現存遺跡，長達小時。徐肖冰同志來所，我們共同研究配合中央新聞電影製片廠，選擇有代表性的壁畫、塑像、花磚皆完整的洞窟拍攝紀錄片。原計劃一個一個洞拍，但拍了第四十五個洞就暫停了。

為了保存資料和廣為介紹，國家文物

上：一九七九年年與美術學院師生（常嘉煌攝）。
下：一九七九年討論雕塑臨摹品。

局文物處陳滋德處長、新華社石少華同志和我所專業人員共同研究，我們和新華社攜手，採用自然光反射的方式於一九七九年夏又拍攝了數千張照片。以往的拍攝大都採用電光源。這次我們用玻璃鏡從洞外反射陽光到洞內的錫箔紙板上，再反射到畫面上，所拍照片，色相還原好，十分精美。這套照片至今仍保存在新華社國家照片資料檔案館中。

文化革命後期，我在清掃洞窟。這樣整天來往於各個洞窟擔任清掃工作，對於仔細觀察石窟壁畫塑像卻是非常難得的機會。在這期間，發現有些在我記憶中特別的洞窟，壁畫正在變色，如一五九、二二〇、二一七、一一二等窟。那些精美的壁畫，顏色上好像蒙上薄紗甚至褪色，尤其是一五九窟西壁文殊、普賢，我初到敦煌看到的那精美顏色褪淡了，線條隱沒了。二二〇窟的一九四五年剛從字畫下剝離出來的那光彩的硃紅、石藥、石青等都似蒙上一層淡霧。另外還有許多洞窟也有類似情況，這裡就不一一枚舉了。

我向方毅副總理彙報了洞窟壁畫變色的情況。我認為，在莫高窟一千六百年的歲月中，我這四十年是非常短暫的。而在這四十年中，我眼見莫高窟壁畫發生如此大的變化，因此，保護壁畫不再繼續變色是一個刻不容緩的事情。我們應採取積極的措施，首先應瞭解壁畫原來所用的顏色，再研究壁畫變色的過程，進一步經過科學的論證，使壁畫能復原到當年繪製時的光輝面目。方毅副總理認為，現今蘭州科學院塗料研究所有條件開展此項研究。後來蘭州科學院與敦煌文物研究所合作進行了此項研究，到我寫這個回憶錄的今天，蘭州科學院塗料研究所已經過化驗鑒定，莫高窟壁畫用色有二十一種。這一可喜的開端為今後加強對壁畫的保護，以及對壁

常書鴻一九八〇年陪同鄧小平參觀莫高窟。

畫的復原研究工作是十分可貴的。

我在一九四五年曾將莫高窟全部洞窟分為：代表窟、一般窟、次等窟三種。經過文革後期我對洞窟的進一步觀察，為了加強保護與研究工作，認為對莫高窟四百九十二個洞窟應進一步分級別。我帶領李承仙、蔣一明同志等，對四百九十二個洞窟按照現存藝術價值和歷史價值分為六類。

黃鎮部長視察敦煌工作時，我向他彙報了四十年來莫高窟洞窟壁畫變化情況。我認為莫高窟洞內壁畫的變化有自然的，但更大的是人為的原因。由於人流的增加，頻繁進進出出的人造成了污染，因此，建議在第一類洞窟中，第三窟、第二二〇窟、第二五八窟等七個洞窟急需特別加強保護，經過國家特許後，一般不對外開放。有的級別的洞窟僅對研究人員、專業人員開放。這種分級參觀開放的方法，有利於莫高窟的保護，也得到了上級領導部門的認可和支持。

「飛天」，佛經中稱為「香音神」。她們在天國晴空中往來飛翔，奏樂和散花，是敦煌石窟莊嚴的佛教壁畫中一個輕快美麗的形象。她本來是中國傳統的佛教畫中，用來刻畫「極樂世界」中的一種象徵和平幸福景象的，具有現實主義和浪漫主義相融合的色彩。她猶如西洋宗教畫中的美麗天使，但沒有翅膀，全憑衣帶的飛揚，裙裾的曳動和身段的飄浮，顯得如此逼真而動人。她使整個石窟產生「天衣飛揚，滿壁風動」的效果，博得人們的喜愛。

今天的神州大地，到處都煥發著盎然春意。經過十年災難的中國人民，此時對「飛天」更感到親切。對「飛天」碧空輕舞、百花飄香、樂律縈繞的幸福美好生活又該是多麼嚮往啊！

這一天即將來臨，美麗的「飛天」正向我們招手！

時光在流逝，莫高窟的簷角鐵馬叮噹聲永遠在我的心頭鳴響。它給我一種緊迫感，彷佛在啟示我：生命不息，跋涉不止。

第八章

飛天傳友誼

1. 敦煌藝術展在日本

一九五五年，日本擁護憲法國民協會代表團訪問中華人民共和國的時候，曾與中國人民對外文化交流協會共同簽訂了有關兩國文化交流的協定。「中國敦煌藝術展覽」在日本的展出，就是這個協議中的文化交流工作之一。我們——「中國敦煌藝術展覽」工作團的成員，包括康大川、李承仙、崔太山和我一行四人，受到日本主辦單位每日新聞社和日中文化交流協會的邀請，經中國人民對外文化交流協會的籌備，隨帶敦煌文物研究所歷年在敦煌莫高窟所作的壁畫和彩塑摹本及攝影等三百多件，其中包括西魏大統四年和五年修建的第二八五窟整窟原大模型一個赴日展出。這是敦煌藝術歷次出國展覽中規模比較大的一次。我們到達日本後，隨即與日本主辦單位合作，經過緊張的籌備階段，「中國敦煌藝術展覽」自一九五八年一月五日到二月十六日分別在日本東京和京都兩地展出三十三天，共有購票參觀的群眾十萬多人次。配合展出工作，還分別舉行了有關敦煌藝術的廣播、電視、電影、講演、座談、討論會，接見報刊記者訪問等不下三十多次，直接晤談的日本文化學術界人士和工人、學生等約六百餘人。敦煌藝術在日本展出的成功，遠遠出乎日本主辦單位意料。如展覽目錄一次印了五千份，不到三天就賣完了，後來添印到三萬多份，還不夠供應。展覽會閉幕時，還用登記預購的辦法，才滿足了日本觀眾的需要。據有些日本朋友說，這種現象是過去任何藝術展覽會所沒有的。

中日兩國人民是有著悠久的友誼和文化交流關係的，但這種傳統的友誼和文化交流關係，近百年來受到了日本軍國主義者人為的阻礙和破壞，這種情況，戰後的日本人是十分明白的。尤其是當中國解放，六億人民在中國共產黨正確英明的領導下堅強地站起來之後，日本人民不但對我國有了新的認識，而且對恢復中日邦交與友好合作有了十分強烈的要求和願望。正像中國人民對待日本人民一樣，日本人民對中國人民是友好的，對新中國文化經濟建設的成就是嚮往的。敦煌藝術在日本展出的成功，和這幾年來許多中國赴日代表團受到日本公眾的歡迎一樣，正說明了這個問題。

我和工作團的同志們在日本做客兩個多月，除了展出工作外，還訪問了東京、京都、大阪、名古屋、奈良、宇治、日光等地，參觀了上述各地的文化研究機關、博物館、畫廊、工廠、學校，以及手工藝作坊、寺院、神廟和文物古跡，瞭解日本人民的生活和工作情況。

那是在一九五七年十二月下旬，我們離開了人民的首都北京，飛機到達廣州，那裡已是杏花含苞待開的初春景象。祖國的偉大可以用「四季皆春」這四個字來形容，社會主義祖國的溫暖和她在各方面的發展與建設，正像春天一樣，跟廣州的氣候一樣。從廣州乘火車到深圳的路上，我在車窗邊看到一片似錦的山莊與園地在暖和的陽光下更顯得青蔥可愛。

在深圳，我們雖然辦理了離境和入境的手續，但是在感情上真不願意接受這一條人為的「界線」。當我們看到鮮紅的五星國旗那一邊，有一面灰藍色的外國旗幟，就不能不產生一種離別祖國的感情。對那站在分界橋上的衛國戰士頓時激起了無限的敬愛，真想上前去和他握手。他那莊嚴的儀表和體態，使我想到我們在不同崗位上所肩負著的不同使命。再會吧！我們終於慢慢遠離衛國的戰士，暫別了親愛的五星國旗，踏上了去日的旅程。

經過香港，我們在十二月二十日搭乘印度航空公司的飛機經過四小時半的海上長途飛行，終於在落日的暮色中，從機艙窗外看到了浮在海中的群島和帶著紫色夕陽的富士山頂。這個埋在蒼茫煙靄和海水中看不見山腳的富士山，給我一種類似海市蜃樓的幻境一般的感覺。這時候，機上的服務員正在向乘客們廣播飛機將在半小時內到達東京的預告。這個預告顯然給長途飛行的旅客以各種不同的感受。對於我這個初度來日的旅客來說，我的心情不但振奮，而且有點不安：振奮的是目的地快到了，不安的是這個陌生的國度裡的人們，將怎樣來接待和支持我們之間有關兩國人民文化交流與和平合作的工作呢？

我看看手錶，正指在北京時間五點鐘。暮色加速地籠罩了這個島國，飛機已接近東京，機翼上閃爍著紅綠燈光，像一隻在找尋安身處的夜歸小鳥，一左一右地，顯出不平常的搖擺。我把眼睛貼在了機艙的窗戶上，現在已經可以看到東京的螢光燈廣告，和鬧市往來如織宛如無數流星一樣的汽車的燈火。

飛機終於在黑暗中摸索到自己的空港，平安地降落在羽田機場。旅客們在服務員的「再見」聲中一個個下去了。我們從服務員的口中知道：報社記者要攝影。在我們慢慢下去時，就被攝影記者包圍住了。來歡迎我們的日中友好協會和每日新聞社的日本朋友告訴我們：還有一大批歡迎的日本朋友和愛國僑胞正在接待室等候我們。他們已經安排了一個正式的接待會。

一陣熱烈的掌聲和許多鮮美的香花，從四五十位日中友好團體、日本學術界和華僑總會的代表們那兒湧來。最使我們感動的是從日本朋友的手中看到了我們的五星紅旗，那樣鮮紅，那樣莊嚴美麗的國旗！

日本著名畫家福田豐四郎致了歡迎詞。他代表日本無數愛好和平和中日友好的朋友，對我們表示了衷心的歡迎。

在歡迎會上，我們會見了曾在敦煌見過的日本朋友，東京大學教授駒井知愛、每日新聞社攝影部部長安保久武、學藝部部長彬本要吉。我們緊緊地握手，表達了別後的關懷和在東京重逢的快樂。最使我們感動的是年已七十高齡的學士院會員、考古學家原田淑人博士也來歡迎我們。我們對他表示了深切的感謝。

一九五七年在日本敦煌藝術展。

為了促進中日兩國人民的文化交流和友誼，我們一到東京，當晚就與每日新聞社、日中文化交流協會和文學藝術界的日本朋友們商議如何使敦煌展覽會在短期內展出。

當時的情況是展覽會的消息早已由占日本第二的、日出三百萬份的《每日新聞》上不止一次地報導過，所以日本人民對於敦煌藝術是「久聞大名」，經常有讀者詢問展出日期，要求預購票。敦煌展覽會的全部展品是由海路運送的，因為當時海上有颱風，船期延誤，展品要在十二月三十一日才能到達。原定十二月二十六日展出的計畫只能改期在一九五八年元月才能展出，這就更增加了日本人民對展覽會的注意。

展覽會會場在東京鬧市的高島屋，那是一個八層的大百貨公司的最上層，平常要做買賣，不能預先佈置。從準備佈置到展出只有六小時的時間，即商場閉館的十八時（下午六時）到二十四時。時間是相當緊張的。由於我們的展出計畫做得比較細緻和具體，在國內做好了展品照片和平面佈置設計，編好了目錄和資料，所以時間雖短，佈置還是有把握的。一九五七年除夕之夜，我們組織了一百位日本工人，緊張地工作起來。高島屋和每日新聞社、日中文化交流協會的負責工作人員也自動參加了佈置陳列。我們買了許多日本酒，請日本工人喝。大家一面工作，一面相互祝賀新年，彼此親密無間。我們在緊張快樂的空氣中，一夜之間，完成了一千四百平方米面積的展品陳列。等我們離開高島屋走上東京街頭，街上除了我們這些為敦煌藝展工作的人員，就只有那些在酒吧間通宵狂歡的人和無家可歸躑躅街頭的人了。

像我們的春節一樣，新年是日本最大的節日。所不同的是，各個商店和電視廣播，都有用英文組成的螢光燈新年廣告，給節日帶上了洋化的色彩。據說現在日本農村也很少過春節。日本人民已把傳統的舊曆新年移前舉行。但是用作新年吉祥象徵的還是中國的歲寒三友。三友中，松竹是隨處皆有的，就是梅花還不到開放的季節，只有大百貨商店用暖房培養出來的盆栽梅花來點綴。新年有三天假期，人們換了新衣出外拜年，孩子們與大人們一起玩踢毽子和放風箏的遊戲。

新年裡，我們到日中文化交流協會會長片山哲（他是日本前首相）先生家裡去拜年，還接受了日中文化交流協會的邀請，由華僑蔡君陪同去東京附近的海進溫泉度過節日，沿途看到了日本的鄉村和農田。雖然是新年，日本貧苦的農民有的還是用簡單的鐵鏟在耕作。聽說日本政府在戰後曾經進行過一番土地的調整，從公產和大地主方面分出了很小一部分土地，賣給沒有耕地的雇農。但是土地面積太少，出產物品養不活農民的家庭，逼迫農民還是不得不把少得可憐的一點土地賤價賣給官府和地主，離井別鄉到城市去另謀生活。

沿途我們還經過高速公路。汽車在這些公路上行駛要付給費用，這使得我們非常詫異。我們到達熱海附近一個小鎮湯河源後，下榻在向島園溫泉旅館。這個旅館的主人是一個中年婦女，旅館服務員也全都是婦女。聽說這是戰後的一種普遍現象，開設旅館的女主人大都是寡婦。

湯河源剛落過雪，雖然是溫泉，但是氣候比東京還要冷。向島園旅館的房屋輕巧雅致而乾淨。房裡雖然有火盆，可是脫了鞋在光滑冷硬的地板上走真有點吃不消。日本朋友親切地招待我們，讓我們充分休息。但是因為我們急著要回東京準備展出，在湯河源只住了一天。

一九五八年一月五日，「中國敦煌藝術展覽」在東京開幕，由當時正在日本訪問的我國紅十字會代表團李德全團長剪綵揭幕。二百多位日本文化學術界和社會知名人士參加了開幕式。日中文化交流協會會長片山哲先生和每日新聞社總編輯山本先生都在開幕式上講了

一九五八年在日本舉辦《中國敦煌藝術展覽》。這是當時展覽會場的場景。

話。

這個展覽會的開幕，正如片山哲先生所說：「從文化上，從藝術歷史上看日中兩國人民在過去近兩千年的長時期中，一直有著兄弟般密切的友好關係。通過敦煌藝術展覽，使日本人民確信上述日中友好歷史的真實性，從而加強和發展日中友誼與文化交流的關係是完全可能的。所以『中國敦煌藝術展覽』在一九五八年新年開幕，正象徵了這個年頭將是日本中國兩國和平友好恢復邦交的年頭。」片山哲先生的話，說出了無數日本人民強烈要求他們的政府早日與中國恢復邦交的心願。

展覽會受到了日本的專家學者和熱愛新中國的朋友們的熱烈歡迎和讚美。日本考古學界權威原田淑人博士說：「敦煌藝術是日本藝術的根源。」日本天皇的弟弟三笠宮參觀展覽會後說：「敦煌藝術是日本美術的原型。」京都大學人文科學研究所所長貝塚茂樹說：「過去日本軍國主義者認為中國民族不如日本的說法，是使近代日本人民走向悲劇的主因。」

展覽會原定十二時開放，到了十一點半，會場外排隊購票的觀眾已有近千人，這是難得有的盛況。以後，觀眾天天增加，最多的一天達到九千三百多人。據高島屋的負責人說，這是日本所有購票參觀的藝術展覽會中人數最多的一次。「敦煌藝術展覽」在日本展出的盛況，連日本朋友也出乎意料之外。欣賞敦煌藝術成了當時東京、京都等大都市人民文化生活中的一件大事。各種不同政治傾向的日文和英文報刊雜誌，都連篇著文介紹。日本著名的藝術家、藝術評論家、歷史學家、考古學家和美術史家全部被動員起來為敦煌藝術撰寫文章。據不完全統計，各報刊介紹敦煌藝術的文章就有一百二十篇，這在日本來說，也是前所未有的。照日本通常的情況，由每日新聞社主辦的展覽會，其他報紙照例是不寫一字的，但是敦煌藝術破了例。因此每日新聞社的負責人也為此十分感動。

每天排隊購票參觀的觀眾非常擁擠。觀眾中有學者、專家，也有工人、學生、農民和家庭婦女。一般都要等候二三個小時才能輪到買票入場。有些大學生為了照顧年老的學者專家，都自動地把自己所占的前列位置讓給他們，免得他們久等。雖然會場很擠，但是還是有許多觀眾爭取時間做筆記、畫速寫，在每幅壁畫前依依不捨，不忍離去。儘管觀眾這樣擁擠，但是會場井然有序，非常安靜。這種情況使得高島屋的負責人驚喜不已。正如這個百貨公司的宣傳部長永井先生所說：「『敦煌藝術展覽』的成功，使我這個在商業上從事文化工作的人也受到很大的教育。最使我感動的是，從學生到學士院院士，都抱了一個學習和研究的態度。好像觀眾都在上一堂東方美術史的大課。大家在這個展覽會上得到了很多東西，受到偉大的敦煌藝術的強烈感染。因此，觀眾的感情是嚴肅的、純正的、健康的，會場上始終十分安靜，井然有序。不久前這裡辦過一個攝影展覽會，也吸引了很多觀眾，但是會場秩序之亂，人聲之嘈雜，都不能與『敦煌藝術展覽』相比。這是展覽會的內容所決定的。」

很多日本專家以新奇的眼光，在敦煌藝術中發現了六世紀日本飛鳥時代藝術的先驅者。這就使某些日本學者認為日本文化受到中國文化的影響，開始於相當於中國唐朝的奈良時代的論點站不住腳。使得日本人民由此認識到中日兩國之間，有著更早、更多、更好的交情。

許多觀眾寫信給報社，感謝主持這個展覽會的每日新聞社、日中文化交流協會和中國人民對外文化協會，使他們看到了偉大的敦煌藝術。他們也在信中感謝長年在沙漠中堅持臨摹工作的敦煌文物研究所的工作人員們。有位二十二歲的日本主婦渡邊在信中說：「我的心中早已有了

常書鴻一九五八年在日本做學術報告。

敦煌了！」

展覽期間，有位上了年紀的日本老先生，在二八五窟模型室看了兩個小時之後，從人群中擠出來找我們，熱情地和我們握手，熱烈讚揚中國人民的寬大和氣魄，讚美新中國對文物的重視和保護。說著說著，他情不自禁地舉手高呼：「毛澤東先生萬歲！」他的眼睛裡還含滿了激動的淚水。像這位老先生所表達的老一輩日本人民的感情，我們是完全能夠理解的。

今天，在痛定思痛的老一輩正直的日本人民心裡，他們還牢牢記著近兩千年中國與日本人民在長期的文化交流中，對東方和世界文明曾有過的卓越貢獻。從六世紀日本飛鳥時代開始，中國的文化和藝術開始流傳到日本，在那裡生根發芽。我們在京都、奈良、宇治、大阪、東京等地，看到創建於西元五九三年的四天王寺和修建於六〇七年的法隆寺中，至今還保存了製作於唐宋時代的乾漆木雕的佛與菩薩造像、壁畫，以及造像身上富麗精緻的光頭、背光、寶冠和纓絡佩帶供寶等。奈良的唐招提寺就是直接由唐代中國高僧鑒真和尚按唐代寺院建築藍圖建造起來的。這些日本的古代建築和藝術，不但結構裝飾保存了中國的風格，就是匾額碑碣也都刻著挺秀的唐人書法。這些明顯的文化淵源，今天日本的老年人都知道得很清楚。

但是明治維新的政策、「西方萬能」的政策，使帝國主義者以人為的力量把兩個鄰近國家人民的友誼和文化交流關係中斷了。

明治維新把學習的眼光由東方轉向西方後，在文化藝術上也沾染了十分濃厚的西方色彩。在繪畫上，他們甚至放棄了曾經深深影響法國後期印象派繪畫的浮世繪，而從頭學習西歐各種時新的藝術作風。他們一個階段一個階段連續不斷地模仿學習，從二十年代開始的歐洲新畫派，如後期印象派、立體派、野獸派、未來派、超現實主義，一直到各種不成形的抽象主義藝術，都是悉心地在模仿著、學習著，像過去學習中國藝術一樣。因此，今天在日本就產生了可以與法國後期印象派代表作家塞尚作品亂真的日本畫家，產生了可以與法國立體派代表作家洛特作品亂真的日本畫家，也產生了可以與野獸派代表作家羅阿作品亂真的日本畫家。因此，日本就有了日本的達裡，日本的馬蒂斯，日本的凡拉明克等等亦步亦趨、模仿得盡善盡美的日本洋畫家。在日本，也一樣有包攬畫家的掮客和他們私有的闊氣的畫廊。他們可以用他們的資本開展覽會，出專刊畫集，收買藝術評論家，用各種巧妙的方法來捧一個畫家或貶低一個畫家，像炒股票一樣來抬高或降低一個作家或一幅畫的市價。

然而好景不長，日本畫家在戰後苦難的年代中，已嚐到了災難的滋味，在畫壇上出現了沒精打采的趨勢。正像第一次世界大戰後的法國一樣，日本在第二次世界大戰以後的幾年中，在所謂「美國生活方式」的宣傳影響下，一度成為以美國為首的資本主義國家的文化中心之一，成為西歐幾個國家遊歷和觀光的市場。形式主義的名畫家曾經有過一度短暫的活躍，但是這個時期並不很長。近二三年瀰漫在以美國為中心的資本主義世界的經濟衰退，同樣也涉及到日本的藝術界。

日本權威的現代美術評論家兼鎌倉現代美術館館長，熱心招待我們到他的博物館去參觀。他苦笑著指點一件正在被孩子們爬上爬下玩耍著的不成形的所謂現代雕刻說：「小孩子不聽話，要他們不爬他們也不聽，反正這些都是用鋼筋水泥製造的，踐踏一下也無所謂的。」他這番說明，使我啼笑皆非，無言可答。這裡提出了一個形式主義藝術往何處去的嚴重問題。記得過去讀過一本法國藝術評論家安得列・沙爾夢所寫的批評現代形式主義藝術的書，書名叫《節日歡樂後的悲哀》，形式主義藝術的命運，正像過了一夜酒吧間酒肉、女人、阿飛式胡鬧生活之後所感到的困乏、空虛和悲哀！

敦煌藝術正是在這種情況下走進了日本的藝術生活。它以它的豐富內容和一千年間生動活潑的演變發展大大震醒了迷失方向的日本畫家、雕刻家、建築家和裝飾美術家們。他們以不同的角度來欣賞敦煌藝術：現代形式主義畫家喜歡奔騰粗獷的敦煌北魏藝術，雕刻家喜歡敦煌的唐代彩塑，建築家喜歡拿敦煌唐宋建築與日本法隆寺等唐宋風格的建築作比較，裝飾美術家提出了今後日本圖案的方針，將以新古典格調來大量採用敦煌圖案主題的口號。

臨別日本的前夜，一位負責日中文化交流協會工作的日本朋友對我說：「敦煌藝術在日本展出的成功是不能以十萬觀眾、三萬份目錄單、一百二十篇報刊雜誌文章、二十次座談會等有限數字來估計的。如果一定要照上面這樣計算的話，那只是原始的種子，這些種子埋在日本土地上之後會發展生長。首先我十分同意你今夜在椿山莊告別會上提出毛主席的東風壓倒西風的名言。敦煌藝術有這樣一種力量，它打破了存在於日本現代人心理中的『西方萬能』的概念，十分可能使我們的文化藝術重新走上中國的也是日本的東方優秀傳統。」

2. 難忘的回憶

（1）日本和日本人

我自小對地理和歷史的概念都是非常糊塗的。對於「日本」的認識，只侷限在「東方人、和服、日本話」這幾個概念裡。後來，第一次與日本人打交道，是一九二八年在法國巴黎一個藝術家經常喜歡去的蒙巴拿斯咖啡店。我們正在喝咖啡，這時留法的日本名畫家藤田嗣治用法語對店老闆說：「現在店中所有顧客飲用的賬都由我來付，因為我賣了一幅畫，我應該為同伴們請客，請大家不要見外。」他的話引起全店顧客的熱烈鼓掌，我也鼓掌。這是我一次由衷地鼓掌，表示感謝。這位有名的日本畫家異乎尋常的「請客」，使一些多喝了幾杯酒的法國朋友舉著酒杯到藤田嗣治面前，和他一同乾杯。這時候整個咖啡館的顧客都舉杯站起來，異口同聲地喊著：「藤田萬歲！」這時戴著黑邊近視眼鏡的藤田，笑顏逐開地也喊著：「親愛的夥伴們萬歲！」這次偶然的集會使我透過藤田嗣治，對日本和日本人有了一種新的認識和看法。這種認識和看法比之過去五四時期（賣國賊簽訂二十一條條約，那時我才七歲，也曾去學校參加搜查日貨、焚燒日貨的運動）抵制日貨時的看法有所改變。我尤其喜歡他在當時歐洲現代派盛行的巴黎畫壇上，仍然保持了東方民族特有墨色線描為主的藝術風格，成為一個令人推崇的近代東方名畫家。但我對日本繪畫知道得並不多。當我從一九四二年至一九五七年十餘年從事敦煌佛教藝術的研究保護工作後，確實想瞭解一下一衣帶水的日本精心保護的法隆寺、東大寺、唐招提寺等著名佛教藝術遺址的保護研究工作。所以當一九五七年組織上要我們準備敦煌藝術在日本展出時，我因得以有一個學習和增進瞭解的機會而非常興奮。一九五六年五月十四日，我們在千佛洞曾接待過以駒井和愛為首，包括杉本要吉、岡崎敬、安保久武、樋口隆康等在內的五人代表團。兩天的訪問，雖然時間不長，但中日之間，莫高窟和法隆寺之間，已結成了友好真摯的友誼。我們很遺憾沒有見到我們渴望已久的石窟藝術研究專家水野清一先生。駒井和愛先生告訴我們，水野先生因不慎傷了腿，沒能同來是非常遺憾的事。我說：「我們希望他能同你們一同來莫高窟參觀呀！」

當時我們敦煌的工作和生活條件是比較清苦的，但我們和駒井和愛、岡崎敬、安保久武、杉本要吉、樋口隆康五位先生的親切會見是熱情友好的。正如杉本要吉在一九五六年五月十五日在留言簿的題字上所說：「日本考古學代表團訪問中國的最大目的是在於參觀敦煌。我們一行五人到此逗留兩天，親眼看到千佛洞的偉大藝術：北魏的雄偉，盛唐的榮華。這使我們非常感動，非常滿足。我們在此對於敦煌文物研究所常所長及以下的先生們表示深切的敬意，並祝今後有更大的發展。」

作為「今後有更大的發展」的具體表現是，一九五八年「中國敦煌藝術展覽」在日本東京和京都兩地的公開展出。在當時中日邦交尚未恢復的時代，展覽由中日兩國幾個人民團體負責舉辦。眾所周知，名聞世界的敦煌石窟寶藏，近一個世紀以來，受到帝國主義的文化侵略、破壞和劫奪之後，除大量的石窟密藏，如古代寫本、絹畫、肖像、木雕像等流散在英、法、蘇俄外，至今倖存較多完好壁畫的彩塑的石窟四百九十二個，有各時代壁畫、彩色塑像二千餘尊，是現存古代文化藝術珍貴的遺產。當時為了中國和日本的友好與文化交流，滿足一衣帶水的日本廣大人民的熱切期望，我們帶著中國人民的深厚感情，在日本東京和京都兩地進行為期三十三天的公開展出，受到日本人民的熱情歡迎。大致過程我在上文中已經寫了，下面記述的是在展出期間一些令人難忘的友誼故事。

記得展覽會佈展時，幫助我們佈展的日本青年工人，認真負責，迅速按期完成工作，令人感到萬分興奮。完成佈展工作是十二月三十一日午夜十一時二十五分。我們輕鬆地在午夜的馬路上並排步行，到一家通宵服務的日本酒家吃宵夜。我們同時高舉起滿杯啤酒祝賀：「中日兩國人民友好萬歲。」那時我看到李承仙興奮得流下了快樂幸福的熱淚。她對我說，日本工人那樣負責認真的態度和熱情令人十分感動，是一輩子也忘不掉的。她曾在一九五六年在印度新德里負責主持敦煌展覽，就沒有如此的高效率和高速度。那天正是除夕之夜，我們在回旅館的路上，又和康大川、崔泰山等步行到大街後面小巷的一爿小麵館，每人吃了一碗有上海風味的陽春麵，並隨便在餐桌上各人抽了一張「新春幸福」的美好祝辭。回到旅館，我們覺得渾身輕鬆，快樂地過了一個日本的除夕和新年。這是我們到日本後最為快樂的一天一夜。因為做了中日兩國人民應做的工作，也是難忘的中日兩國人民友好和文化交流的幸福的一天。

第二天一大早，我們首先接受了杉本要吉贈送的一隻黃絲絨做的小狗。因為那一年是中國農曆狗年。早餐後，我們應華僑蔡振華的邀請去旅遊。一路經過富士山，在白雪皚皚的大雪中，到達了日光。蔡振華為我們安排好一個日本庭院式的旅館。浴池是在日光一個竹林梅花的小院中，真是小庭流水，意趣橫生，為我們長了自然主義的見識。

經過在日光的三天休息後，一九五八年一月四日，我們在大雪紛飛中返回東京。看街頭店堂櫥角中佈滿了儼然如畫的「松、竹、梅歲寒三友」等應景風物。《每日新聞》正在大力報導：「『中國敦煌藝術展覽』將如期於一九五八年一月五日在日本橋・高島屋開幕」的消息。《每日新聞》為了宣傳，還刊登了將二八五窟整窟模型大佛自高島屋大樓底層用大吊車拉上八樓的照片；原田淑人、駒井和愛等有關敦煌學專家，還撰寫了有關介紹敦煌藝術的論文。水野清一教授還在《日本佛教藝術》雜誌上發表了參觀「敦煌藝術展覽」時所作的筆記。水野清一先生是《大同雲崗石窟》二十四大本研究專著的主要執筆人。他對中國和日本的佛教藝術，有很深厚的研究。他在當時出版的《日本佛教藝術》雜誌的文章中，根據他對中國古代藝術和石窟藝術淵博的知識，對敦煌藝術的排年問題，提出了中肯的見解。但他非常遺憾地表示，那一次日本的中國考古代表團出訪時，自己因為足疾而沒有能來敦煌訪問，這是非常遺憾的事。他非常熱心地為我們安排了天理教歷史博物館的訪問。記得有一次為了使我能見到正在修復的一個法國伯希和從新疆庫木吐喇附近蘇巴西古墓中發現的隋唐時代漆製的彩繪舍利盒，他冒著大雨帶我到京都一個私人家裡去參觀。這是一個非常珍貴的五世紀時的骨灰漆盒。我能如此接近地去鑒賞它，感到無比快樂。我非常感謝水野先生，臨別時我用英文向他致謝。他說：「在日本我還是東道主呀！希望有朝一日能去敦煌和你一道研究敦煌石窟的壁畫問題，那是我一生最大的希望。」我說，只要我健在，我一定要爭取邀請你到敦煌去。這是我們在大阪飛機場上臨別時的最後一次談話。他要求我

韓素音（前右五）一九七二年參觀莫高窟時與常書鴻等人在一起合影。

離東京前為平凡社寫一篇敦煌壁畫的文章作為紀念。我答應了，交出了一篇非常草率的稿子，直到香港時才把初稿和圖片寄出。使我感動的是水野先生為我列舉的早期照片、圖片作了十分精詳的解說。一九五八年冬，我在敦煌收到這冊紀念畫冊。在一九六二年，還接到水野先生贈送的他在阿富汗發掘時完成的第一部著作。那時我兼職蘭州藝術學院院長，曾回覆他一封長信，對他在艱苦工作中所取得的初步成就表示祝賀！但沒有接到他的回信。一九六三年我還告訴他我們準備於一九六六年舉行敦煌莫高窟建窟一千年紀念活動，要邀請國際石窟藝術專家來敦煌。但後來由於文化大革命的浩劫，使那個慶祝建窟一千六百年的計畫沒有實現，與水野先生的聯繫也中斷了。一九七二年我在敦煌莫高窟接待韓素音後，才知道水野先生已於一九六七年因在阿富汗工作積勞過度，為文化考古發掘而歿。聽到這消息，我非常難過。我早已知道他鞠躬盡瘁，在阿富漢沙漠曠野中辛勤工作的情況，但沒想到他會為此付出生命的代價。現在，再也不能歡迎他來到敦煌和我們共同研討有關佛教藝術的考古研究工作了。

一九五八年我們在日本東京、京都會見了不少像水野清一先生一樣的考古學者。在京都大學人文科學研究所我們參加了水野清一、平岡武夫、燕藤菊友郎、藤枝晃、長廣敏雄、岡崎敬、樋口隆康等京都大學人文科學研究所各位專家學者們舉行的關於敦煌文物藝術的懇談會。在東京神田一橋一次晚餐會上，我們會見了以原田淑人、仁井田升為首的考古、文學、美術專家，以及北川桃雄、駒井和愛、三上次男、熊谷岩夫、福山敏男、倉田武四郎、杉木要吉、土介定一、廣瀨榮一、關野雄、杉村勇造、杉原莊介、藤田亮策、山本達郎、榧本龜次郎、大塚初重、秋山光和、後藤守一、川上涇、高田修、島山喜一等人。我們邊說話邊用晚餐，暢談了日本和中國文物考古界的情況，尤其是敦煌和我一九五三年在新疆天山南北兩地從事石窟藝術調查訪問的一些情況。大家還一再強調中日文化交流友好往來的迫切與重要性。

駒井和愛、岡崎敬、相口隆康、安保久武、杉本要吉是一九五六年來到敦煌莫高窟中寺（皇慶寺）我家中做客的最早的日本老朋友。一九五八年在我訪日時，駒井和愛先生也回請我們到他家中做客。由杉村勇造先生陪同我們在駒井和愛的書齋中喝日本茶，共敘友情。駒井和愛先生還把他們在北海道正在進行的考古發掘，與我們在文物參考資料上刊登的一九五三年新疆在昭蘇文物考查所得撒姆大須古石人及遺址進行了互相探討。這一切是三十多年前的事了，但現在回憶起來仍歷歷在目。遺憾的是駒井和愛和杉村勇造他們都離開了我們！在日本時杉村勇造先生、北川桃雄先生等，他們都離開繁忙的研究工作來陪同我們參觀博物館、寺廟、文物古跡等等。有一次在早稻田大學為我們舉行歡迎會後，杉村勇造先生與我們同去一家中國飯店吃晚餐。當時鐘正指向九點，杉村勇造先生突然對我和李承仙說：「張大千先生此刻正在東京飛機場，九時正起飛離開日本。大千先生要我帶口信給你們，表達他對你們的問候。」我們問：「大千先生來看過我們展覽會嗎？」杉村勇造先生回答說：「大概已看過了吧！因為我在他住處看見他桌子上放了一本《敦煌藝術展目錄》。」我說：「非常遺憾的是沒能見到他，因為我們是已十五年不見的老友了。」北川桃雄先生還陪我們訪問畫家山口逢春。在山口家的日本式庭院廳堂前的大門口，山口逢春夫婦都穿著日本和服，躬身九十度，口中接連地說著日本話歡迎我們。山口夫人真是一位賢淑的夫人。他們請我們吃了一頓純日本飯。雕塑家橋本先生和夫人還親自用小型電影放映機為我們放映他和山口先生訪問中國時拍攝的電影。山口逢春先生還特地邀請我們參觀了他的畫室和酒吧間。他的酒吧間不大，但很玲瓏，櫃中有各種各國名酒。山口先生興致勃勃地為我們調雞尾酒，可惜我沒酒量不能多飲。他又帶領我們來到寬敞明亮的大畫室。畫室中只有一張大案子，方方正正的，房裡沒櫃子，白壁及樸素的木板沒有任何裝飾，顯得有些空曠，四面牆壁都是用木板做成。主人看出我們詫異的神情，就引我們走到牆壁邊，順序拉開一個貼牆壁的門扇，裡面的壁櫃盛滿了各種顏色，一層一層很有條理地擺著；又拉開另一扇壁門，櫃子拉開後放下幾個格板，剎那間沿著牆壁便搭出一個長條桌子；又拉開一個壁扇門，只見裡面一層一層儲放著各種紙張。就這樣挑揀著拉開幾個櫃門後，畫室四面八方全是壁櫃，裡面擺放著齊全的筆、墨、紙、硯、顏料、紙張、膠礬、調色碟等，隨手可取。我們前不久曾在日本畫展覽會上看到山口先生一幅富麗堂皇的日本畫《牡丹》。他的畫色彩絢麗，筆劃利爽，反映出他成熟的創作風格。這是我們看到的他繪畫創作中最精美的一幅。我們稱讚他用石青、石綠、朱砂等畫出這樣得心應手的傑作，確是現代日本畫的又一個新的劃時代的風尚！山口先生說，他作畫從來不互相摻雜調色，而是把各種顏色根據需要和選擇調上膠水後直接畫在畫面上。他說他的畫一定會像翡翠、辰砂一樣永遠放射出「金碧輝煌、富麗堂皇的風采」。介紹經驗時，他還特別強調了作畫用顏色和鹿膠的關係。對於卷軸畫來說，不論畫在紙上或絹上，只有鹿膠能經受各種氣候變化的考驗，永不產生龜裂脫落的現象。這是他研究的成果，是畫重彩中國畫應該注意的，希望敦煌臨摹工作中可以選擇採用。山口先生寶貴的經驗對我們臨摹用色用膠確是一種啟迪。

一九五八年訪日期間，我們還應日本研究敦煌壁畫的博士松本榮一先生之邀到他家中作客。在他古色古香的庭院中，松本榮一先生和夫人在門口躬身歡迎我們。松本夫人親自用茶道的古風教我們如何泡製清茶和如何雙手捧著茶碗品茶，以及一面轉動茶碗的方法。松本先生很謙遜地對我們說：「『敦煌藝術展覽』的彩色原大摹本，為我們提供了非常寶貴的古代中國壁畫敷彩的資料。這些重要資料在伯希和編輯用黑白照片印刷的《敦煌圖錄》上是看不到的。因此，看了展覽後，我認為我應該再研究一下敦煌畫呢！」記得那是新春細雨霏霏的時刻，很像四川重慶迷霧一樣的氣候，在寂靜園林中的這間客廳中，我們受到了熱忱的接待。過了幾天，松本榮一先生和另外幾位專家們與我們開了一次座談會，真是永遠難忘的會見。

最使我難忘的還是塚本善隆先生。我們一九五八年初訪日本時，有幸遇到了他。塚本先生是一位忠厚的長老，有高深的學識，尤其精通佛學。他特地在他所在的清涼寺寺院中請我們吃素食，並讓我們參觀了清涼寺和寺中收藏的一身北宋時代檀香木雕刻的釋迦牟尼立像，及佛像腹中發現的用絲綢做的內臟等珍貴文物。原本先生表示：日本清涼寺與中國五臺山有極其深厚的歷史淵源。在「敦煌藝術展覽」中展出的敦煌莫高窟第六一窟宋代壁畫《五臺山全圖》上面有「大清涼之寺」（敦煌莫高窟第六一窟宋代《五臺山全圖》壁畫長十三．三米，高五米，係李承仙一九四八年至一九四九年臨摹的）。塚本善隆先生提出希望邀請《五臺山全圖》臨摹者李承仙在日本清涼寺同樣臨摹繪製一幅。我們表示為了中日友好、中日文化交流，我們願盡微薄之力為後世留下紀念。一九五八年訪日回國後，這件事就擱置起來了，一晃已二十四年。一九七九年，我和李承仙、女兒沙娜再次訪問日本時，我們本擬看望琢本善隆先生，因螺本先生病危，我們沒能在塚本先生病榻前握手告別，真是非常遺憾的事。現在原本先生已歸道山，在一九八五年元旦的時候，秋岡家榮先生來中國時，為了進一步促進中日文化交流與友好往來，正與有關方面磋商，在我古稀之年設法完成這一位年高望重大德者的遺願。

在我懷念的故人中，還有日本前首相片山哲。他是我們一九五八年在日本舉辦「敦煌藝術展覽」日方的主辦人。他和夫人片山菊枝為了主持東京和京都敦煌展覽會的開幕儀式，陪同我們往來於東京、京都道，一直到最後參加日本朋友為我們舉行的有一二百人參加的名為「椿樹葉」的盛大告別宴會。在日本期間，片山哲先生還特地邀請我們到他的江之島的寓所訪問。那天，他使用剛買的嶄新汽車接我們到他家做客。他女兒片山光照還把她幼時在江之島海濱拾到的海貝、海螺釘在一個小盒中贈送給李承仙。片山菊枝夫人還陪同我們瞻仰了聶耳墓。我們在聶耳墓上獻了一束鮮花，耳邊似乎響起了《義勇軍進行曲》雄壯的歌聲。我們在江之島的聶耳墓上帶回了一把泥土，回國後交給了中央音樂學院留作紀念。

這次訪日期間，中島健藏先生也給我們留下難以忘懷的印象。他始終背著照相機，默默地做著各種接待工作。我們離開東京時，他送我一套日本美術史的幻燈片。日本印刷出版工作的速度和品質也令人稱讚。由日本美術出版社承印出版的《敦

常書鴻一九五八年與日本朋友西園寺公一夫婦及其孩子在北京合影。

煌彩塑》，從決定出版到印出，僅用了二十天的時間——我們還沒有離開日本時就收到書了。

在日本兩個多月的訪問中，我們結識了日本考古界、美術界的許多朋友和其他日本友好人士，參觀了三十五個寺院，參觀了日展、大阪國寶展以及許多博物館、民藝館、藝術館，學習了不少東西。

離別日本時已是清晨五時。在東京羽田機場，出乎意料地發現有成百上千送行的友好人士，在二層。送行的陽臺上向我們招手致意，使我們深切感到那種友好之情。與日本友人分手時，日本每日新聞社的安保久武先生還給每個代表團團員贈送了昨夜在告別宴會上拍照的照片集。

一九七七年十月，四人幫被打倒後，敦煌文物研究所恢復了所長制，組織上決定仍由我擔任所長職務。這幾年來，敦煌由於開放政策和推行旅遊業務，我們逐漸地接待了越來越多的各國朋友。日本朋友接二連三、一批一批地到敦煌來參觀。我們會見了久別二十年的西園寺公一和西園寺雪江米人。我們給他們看了一九五八年在他們北京寓所的合影照片，大家感慨往事儼如隔世。當年照片上他們的兩個孩子現已從北京大學畢業，而且寫了一本反映他在中國包括文革中所見所聞的書。西園寺公一先生興奮地說：「二十年前我們相見是五十來歲，現在我們都已七十來歲，希望我們都健在，再過二十年我們九十多歲了再相聚……」難忘的情誼是多麼久遠。我們又會見了鄧健吾和華僑石嘉福。他們是一九七七年十一月過蘭州時，我們在濱河路住宅見到的。一九七八年至一九七九年他們再次來敦煌時，我們又在敦煌接待了他們。一九八三年我和李承仙第三次訪問日本，去北海道參觀時，石嘉福先生親自駕駛汽車，全程陪同我們參觀。鄧健吾先生現在已是日本成城大學教授、敦煌學知名學者。

一九七八年五月，在敦煌我們接待了日本松山芭蕾舞團團長松山樹子和清水正夫以及以寫小說《敦煌》聞名的著名作家井上靖先生和夫人井上芙美。一九五八年我們出訪日本時，在東京觀看過松山樹子主演的《白毛女》，可以說是老朋友了。我們不僅陪同日本朋友參觀了莫高窟，而且還乘車前往玉門關遊覽。在玉門關的長城腳下，我們和清水正夫夫婦、井上靖夫婦共進野餐。井上芙美夫人從行囊中拿出日本的小酒杯，大家圍坐在殘磚剩土上共飲葡萄美酒。我當時即興將「勸君更盡一杯酒，西出陽關無故人」的詩句改為「西出陽關有故人」，使大家更為高興。井上靖先生在戈壁灘上喜愛獨行，慢慢地品味大漠戈壁的荒遠亙古、曠達開闊與無情。不時地用小梳子梳理那被風吹亂的頭髮，也不時地用筆在筆記本上記錄下他的感受和創作的思想火花。在陽光下，我還與清水正夫先生登上漢代烽火臺遺址，體味千餘年前漢代李廣利將軍因「汗血馬」之戰失利而不得進入「玉門關」，悄悄自陽關進入敦煌的歷史，並在夕陽殘照的烽火臺上攝影留念。

接著就是生江義男先生和秋岡家榮先生的到訪，那時正是敦煌莫高窟的八月，是瓜菜成熟的時節。生江先生是一位研究佛教和佛教藝術的知名教育家，具有豪爽的性格和樸素熱情的學者風度。當我們在敦煌為他們舉行招待宴會時，生江先生邊飲酒邊吟誦唐詩：「渭城朝雨浥輕塵，客舍青青柳色新。勸君更盡一杯酒，西出陽關無故人。」流露出生江先生對中國的一片純厚質樸的感情，將我們都引到不分彼此的境界。當時我和秋岡家榮先生還熱烈地談到中國周總理和日本田中首相為中日兩國人民恢復邦交鋪平了友好合作的道路，兩國人民必將進一步攜起手來為中日兩國人民的友誼和文化交流做出更大的貢獻。此時，大家都感到

上：常書鴻等人一九七九年應井上靖邀請訪問日本。
下：一九七九年十月日中文化交流協會邀請常書鴻等人訪問日本。這是日中文化交流協會會長井上靖與常書鴻夫婦、女兒常沙娜在一起。

無比的高興和快慰。秋岡家榮先生是恢復中日邦交時日本朝日新聞社駐北京的支局長。他曾多次見到周總理，周總理曾表揚他年輕、精通中國話，是中日恢復邦交時起到重要作用的記者之一。

一九七九年十月，我們應日本桐朋學園校長生江義男先生和日本《朝日新聞》編輯委員秋岡家榮先生的邀請，再次訪問了一衣帶水的東鄰友邦——日本。

我和李承仙、女兒常沙娜、翻譯王慶英一行四人於一九七九年十月二十七日下午二時許由北京直飛東京成田機場。我們一下飛機就受到生江義男、秋岡家榮、井上靖、鄧健吾、辺山虔二郎、平山郁夫先生和夫人美知子等許多日本老朋友們的熱烈歡迎。在日本為期兩周的訪問中，井上靖先生和井上芙美夫人、生江義男、秋岡家榮諸先生親自陪同我們參觀。主人們周密、精心地安排了我們的訪問日程，使我們參觀了渴望已久的高松塚古墓、福岡竹原裝飾古墳。日本文物保護工作做得十分精細科學。按規定，經過特許才能進入高松塚古墓中參觀，每次二人，不得超過十五分鐘。但我和李承仙進去以後，被古墓壁畫和古墓的保護工作吸引住了。我們忘了時限，以致特殊地在墓內參觀了四十分鐘。後來我們出來時，女兒沙娜告訴我說，你們不按規定時間出來，主人們都不便催促。井上靖先生感慨地說，常書鴻夫婦在墓裡出不來了……由三上次男先生陪同我們參觀了東京博物館。秋岡先生把我們的訪日時間安排在日本正倉院一年一度文物展出時間中，使我們有機會看了正倉院珍藏的羽毛屏風、琵琶等。正倉的每件藏品要隔八十年才輪流展出一次。由於日程很緊，我們參觀正倉院展覽時已是日本十七萬觀眾中的最後一批參觀者了。正倉院還特地為我們舉辦了一個招待會，使我們的參觀學習獲得了很大方便。老朋友岡崎敬先生陪同我們參觀了大阪民族博物館、福岡九州博物館、福岡美術博物館以及太宰府政廳遺址。在參觀觀音寺時，還特別允許我、承仙、沙娜各人用木魚敲擊了一下用鐵絲網罩的一千兩百年前的梵鐘，洪亮的鐘聲繞樑，餘音久久迂迴。這鐘聲，使我回想起敦煌第九六窟唐代北大像殿中的鐘聲。

秋岡先生陪同我們參觀嵐山時，正是日本一年一度的文化節。在美麗的嵐山腳下，沿河停泊了各種張掛彩燈的木船。這天嵐山遊人特別多。我們在附近買了一束白色菊花，敬獻在嵐山的龜山公園周總理詩碑前。在這裡我們還受到京都府日中友好協會婦女會長等朋友們的熱烈歡迎，一起共唱《我愛北京天安門》的歌。

難忘的是在京都大學人文科學研究所與扼口隆康、長廣敏雄、薮內清、小南一郎、小野勝年、柳日聖山、鈴木重治、桑山正進、荒牧興俊的會見。在一九五八年一月三十一日，我們也曾經在這間會客室中開過座談會，當時是由水野清一先生主持接待的。現在由槌口隆康坐在水野的位置上來歡迎我們，大家為失去考古界老友默哀悼念。

在東京，我們出席了由三上次男先生主持的出光美術館的座談會。老朋友田中一松、宮川寅雄、前田耕作、土居淑子、秋山光和夫人（因秋山光和先生在外國未回）、關野雄、藤田岡雄、西田守夫、量博滿、護雅夫、金岡照光、大肥義和、梅村坦、古田紹欽、保抑睦美等出席了座談會，松本榮一先生因病未能參加。這次主要座談交流了中日兩國在敦煌研究上的情況和發展問題。

我們還參加了由秋岡家榮先生和長谷川嘉一郎先生主持的在奈良的日中教育交流懇談會。會見了老朋友井上靖先生和夫人、陳舜臣先生、森川晃卿先生、伊地智善維先生、安竹一郎先生、佐和隆研先生，瞭解了日本在教育培養人才上的成功經驗。

平山郁夫先生和平山美知子夫人、中根寬先生等還為我們安排參觀了東京藝術大學。平山郁夫先生特地從鎌倉家裡取來他的繪畫作品，請我們觀賞。我們十分喜愛平山郁夫先生的畫作。他的畫給我們留下了永遠難忘的印象。

常書鴻一九八三年訪問日本時，在日本國立東京藝術大學與山本正男（右二）、平山郁夫教授（右一）在一起。

我們參觀了唐招提寺。森本長老還親自向我徵求意見，他那時即將隨鑒真像回揚州巡展。森本長老擬送一卷敦煌寫經。我看到他虔誠的心願，當即表示了我的意見，中日佛教交流也是我們永遠懷念的往事。

在日本參觀了ＮＨＫ，我還特別應邀作了〈敦煌的魅力和對敦煌的保護措施〉的電視講演。這是在上午黃金時間內由吉川研先生和我對談的現場直播。一九五八年，我曾在日本廣播電臺向日本聽眾作過講演，這次是我第一次面對攝像機作現場講演。演講結束後，吉川研先生就告訴我，已有許多觀眾來電話稱讚這次節目辦得很有意義。

此後，我應邀多次訪問過日本。

一九八三年四月，應東京藝術大學邀請講學。平山郁夫先生負責接待工作。我們住在東京藝術大學的音樂部教官樓，除講學外還參觀了該校的教學，並訪問了奈良、倉敷等地。

常書鴻夫婦一九九二年向日本創價學會贈送畫作《攀登珠穆朗瑪峰》。這是當時舉行的贈畫儀式的場景。

同年，接受茅誠司先生邀請，去日本作石阪紀念演講。這是由日本國際交流財團主辦的，邀請世界各國文化、科學界名人主講，每年舉行一次，每次一人。演講會自一九七八年開始舉辦，我是第六位。我做了〈敦煌藝術〉和〈我與敦煌〉的演講，後來由在日本留學的兒子嘉煌整理成《我與敦煌——四十年面壁荒沙裡》一書，由日本SIMVL出版社出版。在這次訪問中，還由石嘉福先生陪同我參觀遊覽了日本的仙台，瞻仰了魯迅墓，遊覽了青森、札幌等地。

我和李承仙還先後為日本東京棗寺和法隆寺做過大型壁畫。應秋岡家榮先生邀請，我們於一九八五年在新落成的棗寺繪製了七幅屏障壁畫。這次在棗寺作畫用了四個月的時間，繪畫主題是關於玄中寺的。玄中寺是中國的佛教古寺之一，日本淨土宗尊奉玄中寺為他們的祖庭。關於玄中寺，在敦煌壁畫中也有所表現。棗寺的原任職菅原惠慶是日中友好人士，在中日恢復邦交前，他就致力於中日友好，收集在日華工的遺骨送交中國。現在任職的是他兒子菅原鈞。我們採用唐代壁畫中繪畫山水、樹石、村舍的方法精心繪製了這七幅障壁畫，受到日方高度評價。

一九八六年我們受奈良法隆寺邀請，為法隆寺繪製壁畫。這次繪製在中國進行，共計十六幅大型障壁畫，採用唐代飛天、舞樂等造型，用唐代壁畫的色凋表現宗教的幽雅、平和場景。在這些畫幅中，我們以線描和重彩結合，強調氣韻，共花費了兩年的時間。全部完成後，一九八八年我們專程前往日本開眼並參加贈畫儀式。十六幅障壁畫及趙樸初會長一幅題字一併被專門安置在貴賓室內，並被作為國寶保存起來，只有重大活動才能短暫地參觀。在一九八六年我們訪問法隆寺時，

一九九二年，江澤民主席、錢其琛副總理在中國駐日本大使館與常書鴻合影。

井上靖先生在歡迎會上說，中國的飛天在一千三百年以前的時代就傳到日本，現在常書鴻夫婦畫的飛天第二次傳到日本，很有意義。正如趙樸初會長在一九八八年四月十一日日本NHK黃金節目中播出的、四十五分鐘的《沿絲綢之路而來的飛天》電視片中所說，中國飛天傳到日本飛了一千三百年，常先生夫婦的飛天也要再飛一千三百年。

一九九一年十一月，我和兒子嘉煌的畫展在日本東京舉行。

同年日本創價大學授予我名譽博士學位。

一九九二年，日本富士美術館授予我名譽館長的稱譽。四月，我們夫婦向池田大作先生贈送了我們合作的油畫《攀登珠峰》。同時，我們將我們創作的四幅飛天畫贈送日本唐苑。

常書鴻一九八〇年訪問德國特尼爾的馬克思故居。

(2) 訪問德國

應聯邦德國駐華大使魏克特先生邀請，由德國波恩國際研究中心接待，我、李承仙及翻譯居敏華於一九八〇年三月二十七日至四月十二日在波恩、柏林、科隆、法蘭克福、美茵茲、特里爾、慕尼克、斯圖加特和海德堡等九個城市進行友好訪問。

我們在特里爾市由魏克特大使夫婦陪同瞻仰了馬克思的故居，參觀了十二處博物館、五處實驗室、五處庫房、三處美術館、七個教堂。其中有兩處專門修復壁畫，我們考察了修復過程。同時，我們還參觀了四處古堡博物館，以及海德堡大學東方美術研究所圖書室、資料室、幻燈片室、還有皇宮等。

德國的博物館及文物修復事業相當發達。據一九七五年《世界的博物館》一書中列舉的就達到一千一百五十七所。我們參觀了其中（1）地方性的博物館，如科隆的羅馬－日爾曼博物館、慕尼克的巴伐利亞州博物館、斯圖加特的巴登符騰堡的博物館。（2）以地方性的考古歷史為主的，如美茵茲的羅馬－日爾曼中心博物館、慕尼克的國家古典藝術和雕刻館。（3）古遺址性的，如科隆的羅馬市政廳地下博物館、美茵茲的羅馬古堡（薩爾堡博物館）。（4）專屬外國的博物館，如科隆和柏林的東亞藝術博物館（包括中國、朝鮮、日本），後者還有印度藝術博物館（包括我國新疆的壁畫），德、法、意各國油畫博物館，東亞民俗博物館等等。

我們參觀訪問的這些博物館，設有實驗室，設備精良齊全。計有：X射線室、石膏翻模室、電解室、真空乾燥室、紅外線烤乾室、熱釋光年代測定室、光譜分析儀、金相顯微鏡、恆溫、恆濕、金、鋼、銀、鐵、玻璃器、石器、玉器、壁畫、木雕、塑像、傢俱等修復室，採用先進技術並列人科研項目。

慕尼克市文物保護局於一九〇〇年開始頒佈文物保護法律。我們參觀的實驗樓是一九〇八年始建，七十多年來不斷採用各種先進技術，不斷積累資料和科學資料。美茵茲的羅馬－日爾曼中心博物館是西德修復工作的中心，出版有修復和保存的專門資料。有一種《美術與化學》世界性「歷史藝術會員」出版物，只要是會員，每年均可得到這種出版物，會員條件是每年只繳會費八英磅。

我們在德國著重瞭解壁畫和雕塑的保護、修復工作。如下豪森教堂十三世紀的壁畫，他們針對壁畫的不同，採用不同的方法修復。在壁畫加固方面，採用化學液體打針、噴射等方法。在補畫方面採用點的方法，比小芝麻點還要小的辦法點影，修復後仍保持原畫的形、色。明堡大教堂建於一三二五年，在一七四九年第一次修復加色之後，多年來幾經修復，最後一次是在一九三四年。他們在修復以前進行嚴格的調查，對建築物理測定、溫濕度測定至今不斷，取得大量資料，並用科學方法進行修復。他們在修復工作中，視各種壁面壁畫不同情況採用不同修復方式，不是只憑老經驗。在特尼爾博物館，我們找到一位名叫恩斯特・施特夫尼的先生。他一邊試驗一邊修復，已工作十八年，至今仍每年修復兩塊壁畫，每塊四平方米。他用科學嚴謹的態度，獨特地創造出修復壁畫的一套方法。他們不斷試驗，不斷總結，不斷考驗，尤其對壁畫已用化學液體加固，作了多年仍不老化變色的鑒定。

德國在油畫修復方面亦取得獨特經驗。我考察了他們修復的文藝復興以來幾位大師的油畫，這是三〇年代我曾在歐洲看過的名作。事隔四十多年，今天我看到修復後的名作，比四十多年前看到的已煥然一新，恢復了當年十四、十五世紀原作神采。這些油畫修復室的工作人員，完全忠實於原畫，在修復過程中不加進個人的成分。他們修正技巧很高。我問他們是哪個美術學校出來的？館長告訴我說，他們不是美術專科學校學生，因美術專科學生想創作，他們作畫有個人成分，所以不能用美術專科學生。

波恩國際研究中心專門派季愛睦先生全程陪同我們。

在美茵茲由一九七八年夏天訪問敦煌的德國考古代表團團長伯納教授陪同。他不辭辛苦，熱情地自己駕車陪同我們參觀博物館、實驗室，尤其是駕車到一二百公里以外的教堂參觀已在修復的壁畫和羅馬古堡等等。

訪華考古代表團的勒德羅曼教授也親自駕車陪同我們參觀。我們參觀了海德堡羅馬時代古堡，還有海德堡大學東方美術研究所，看到許多珍貴資料。

特尼爾克鮑斯經理給我們詳細地介紹了壁畫修復工作。

常書鴻一九七八年與參觀莫高窟的德國考古代表團在一起。

巴登符騰博物館施德羅館長熱情地介紹了發掘一座五世紀貴族墓葬情況。如他們如何完整地將墓葬品運回實驗室分層清理，所有遺物零件沒有散失，以及完整的修復經驗。

科隆市東亞博物館郭樂知館長詳細地介紹了中、日、朝三國展品情況。

在德國訪問時，我們會見了一九七八年夏天訪問敦煌的德國考古代表團的專家們。德國主人們還特地安排我們坐在我國領導人訪問德國時在慕尼克大歌劇院坐過的包廂，讓我們坐在這裡觀看名歌劇。

當我們訪問即將結束，魏特曼博士（訪華德國考古代表團美茵茲博物館助理）與伯納團長駕車趕到飛機場話別。

以上記述了我作為敦煌的文化使者參與國際交往的一段歷史，也涉及了一些文革後恢復工作的情況，十分簡略。按照我原來的計畫，準備在一九六六年隆重慶祝敦煌莫高窟建窟一千六百年，舉辦各種紀念和學術研究活動，通過紀念活動，宣傳敦煌，總結工作，進一步促進敦煌學的研究，更好地開展保護、研究工作。早在一九六三年，我們就開始有計劃有組織地開展一系列的籌備工作了。不幸的是，隨著文化大革命的到來，有關紀念和宣傳活動不但沒有辦成，反而成了我的一條主要罪狀。在十年浩劫中，一些原來的學生、同事甚至是朋友，反目為仇，在極左思潮的影響下，將敦煌莫高窟稱為魔窟，將保護敦煌說成是保護封建宗教的黑貨，毒害人民

上：一九七二年文革結束後常書鴻、李承仙的第一張合影照片（常嘉煌攝）。
下：一九七三年文革結束後的第一張全家合影照片（常嘉煌攝）。

的精神鴉片。我受到了非人的迫害，以致被迫離開研究所，一度中斷了研究工作。我的遭遇和苦難，也是我們國家的苦難。最終，四人幫的倒行逆施得到了徹底的清算。我們黨扭轉了形勢，整個祖國又繼續前進了，我也被重新落實工作，回到研究所，恢復了所長職務。一九八二年，組織上考慮到我年事已高，希望我集中精力進行美術創作和整理自己的文稿，為後人在這方面留下更多的東西，安排我到北京國家文物局任顧問，並且任敦煌研究院名譽院長。各方面給予我關懷和照顧，使我的晚年過得十分愉快和充實。在北京，我的心仍維繫著敦煌，關心著敦煌，做著與敦煌相聯繫的工作；無論出訪或研究、著述，敦煌是我永遠的主題。

自我一九四二年接受籌建敦煌藝術研究所的任務，一九四三年三月踏上敦煌的土地，至今已整整五十年了。在我生命的長河中，一大半獻給了敦煌，獻給了我所熱愛和嚮往的敦煌事業。無論是在戈壁敦煌，還是在異國他鄉，或在其他地方，使我魂牽夢繞的就是你——敦煌。池田大作先生曾問過我：「如果來生再到人世，你將選擇什麼職業呢？」我回答說：「我不是佛教徒，不相信『轉生』，但如果真的再一次重新來到這世界，我將還是『常書鴻』，我要去完成那些尚未完成的工作。我覺得這半個世紀過得太快了，敦煌研究和保護是幾代人的事，還有許多事情要做。回首已過去的人生，我自豪地認為，我的人生選擇沒有錯。我們奉獻給敦煌的應該是許許多多代人的努力和工作。」

寫到這裡，我又想到了那飛翔在莫高窟上空婀娜多姿的眾飛天，聽到了那九層樓上鐵馬叮噹的悅耳響聲，我彷彿又回到了民族文化的寶庫敦煌。

敦煌啊，敦煌，我永遠的故鄉。

左上：常書鴻先生與李承仙女士的工作合影。
左下：二十世紀八〇年代後常書鴻在北京家中，創作有關敦煌飛天的作品。
右下：常書鴻先生工作照

四〇年代與山丹工學路易・艾黎。

六〇年代一家在蘭州省文聯宿舍（原張治中公館）前，左起李承仙、嘉蓉、常書鴻、嘉皋、沙娜、嘉煌。

一九六五年八月，常書鴻一家在敦煌莫高窟。

一九六五年常書鴻李承仙一家在蘭州的幸福笑容，後排左起：嘉皋、嘉蓉、嘉煌。

一九七九年在敦煌文物研究所大門前。

一九八三年常書鴻與兒子嘉煌在莫高窟（照片題字為鄧拓題詩）。

一九八七年在香港敦煌國際學術討論會，右起：季羨林、邵逸夫（常嘉煌攝）。

一九八九年四月常書鴻與夫人李承仙在杭州。

一九九〇年常書鴻在日本指導兒子繪畫創作。

一九九〇年常書鴻夫婦與嘉煌會見平山郁夫先生。

一九九三年常書鴻夫婦與孫女常華（日本名：中川美穗）。

一九九四年春節前在北京寓所，這是常書鴻先生生前最後一幅照片（常嘉煌攝）。

附錄一

年表

一九〇四年四月六日（光緒三十年，農曆二月二十一日午時）出生於浙江省杭縣（今杭州市）新市場浣沙西二弄二—四號。
常書鴻在兄弟五人中排行第二。熱河頭田佐鑲黃旗人。姓伊爾根覺羅，高祖名克克色布。曾祖名客欠德暈。祖父名少峰，清時駐防浙江杭縣世襲雲騎尉。父親常庚吉。母親梁氏，滿族人。

一九一一年　隨三叔學畫、填色。

一九一二年　春入杭縣梅青書院（私塾）讀書。

一九一四年　人杭縣時敏小學（新式學校），插班三年級。

一九一五年　時敏小學四年級，開始學畫國畫，並試用炭粉學畫人像。

一九一六年　入杭州惠蘭高等小學五年級讀書，用木炭畫人像，以收入補貼家用。

一九一七年　惠蘭高等小學六年級，繼續學畫。

一九一八年　考入浙江省立甲種工業學校預科，學習染織專業。

一九一九年　省立甲種工業學校預科結業，轉入染織專業學習。

一九二〇年　繼續就讀於染織專業，與同班同學沈西苓一起學畫。

一九二三年　甲種工業學校染織科畢業，以優異成績而留校任教。甲種工業學校改名為省立工業專科學校。

一九二四年　繼續任省立甲種工業專科學校預科教員，兼做工廠管理員。暑期到上海美術專科學校學習。

一九二五年　任省立工業專科學校美術教員。在杭州農業大學兼課，教美術。暑期仍到上海美專學習。參加杭州中等學校美術教員組織的西湖畫會。與陳芝秀結婚。

一九二六年　浙江省立工業專科學校改為浙江大學工業學院，任本科美術教員。當選為教職員工會委員。

一九二七年　參加教育部浙籍公費赴法留學生選拔考試。久未放榜，以為無望，在工業學院李熙謀院長支持下，帶職自費於六月赴法留學。六月十六日從上海乘法國D'Artagnan郵輪赴巴黎。八月底到達法國馬賽，後轉赴巴黎。九月，參觀巴黎各博物館，在巴黎龐薰琴畫室畫模特。為解決生活困難，在飯館打工。十月，接法國里昂中法大學公費入學通知，即赴里昂報到。十一月考入國立里昂美術專科學校預科學習。

一九二八年 十月，預科學習一年，以優異成績提前升入，專科，學習油畫。油畫班主任為竇古特先生。每天上午學習油畫，下午學習染織圖案，晚上在夜校學習紡織機械。陳芝秀來法國。

作油畫《沙伏的風景》、《里昂聖蒂雷街》等。彩色鉛筆畫《木工》獲康得鉛筆公司速寫繪畫獎第一名。

一九二九年 作油畫《暴風雨之前》、《里昂裴魯奇風景》等。

一九三〇年 作油畫《某夫人像》等。

一九三一年 作油畫《里昂公園風景》等。女兒沙娜出生。

一九三二年 國立里昂美術專科學校油畫系及紡織圖案系畢業。

作油畫靜物《魚》、《菜花》、《蠶豆》、《捷弗雷夫人像》，油畫《C夫人像》，作為畢業作品獲全校畢業生作品第一名。

八月，參加里昂市保送巴黎學習公費考試，以《浴後梳妝》獲第一名錄取。進入巴黎高等美術學院，在新古典主義大師、法蘭西學院院士勞朗斯畫室學習。油畫《懷鄉曲》參加里昂一九三二年春季沙龍，獲榮譽獎。

一九三三年 作油畫《野兔》、《湖畔》、《雞》、《人體》、《魚蝦》、《家庭畫像》等。《湖畔》參加里昂一九三三年春季沙龍，獲銀質獎。

一九三四年　組織「中國留法藝術家學會」，為召集人，常書鴻居室為活動地點。
作油畫《吳夫人像》、《神父》、《浴女》、《人體習作》、《兩兄妹》、《蘇聯姑娘》、《靜物》、《巴黎菜市》、《巴黎盧佛公園》、《同學》等。《顧維鈞大使像》、《特弗利夫人像》參加巴黎一九三四年春季沙龍；《病婦》參加里昂一九三四年春季沙龍，獲金質獎，由法國國家收藏；《畫家家庭》參加巴黎一九三四年春季沙龍，獲銀質獎；《雞》、《織毛衣》參加巴黎秋季沙龍。
寫作和發表〈繪畫的實質問題〉、〈現代繪畫的題材問題〉、〈法國沙龍簡史〉、〈法國近代裝飾藝術概論〉、〈論中國新藝術運動過去的錯誤與今後的發展〉等文，刊中國《藝風》雜誌二卷八期和三卷五期。

一九三五年　繼續在勞朗斯畫室學習。
作油畫《塞納河畔》、《盧森堡公園》、《沙娜像》、《春眠》、《紫葡萄》、《火腿》、《倚坐裸婦》、《乳酪》、《裸婦》等。《沙娜像》由法國國家博物館收藏，現藏巴黎蓬皮杜藝術中心。靜物《紫葡萄》獲法國巴黎高等美術學校法蘭西學院院士勞朗斯畫室第一名。《D夫人像》、靜物《魚》參加巴黎一九三五年春季沙龍，《裸婦》參加里昂一九三五年春季沙龍，獲金質獎，由國立里昂美術館收藏。
在巴黎舉行個人油畫展，展品五十餘幅。
春，當選為巴黎美術家協會超選會員，參加法國巴黎肖像畫協會。
教育部郭有守參事和浙江大學工學院院長李熙謀來巴黎考察教育，邀常書鴻回國，因生活、學習環境方面的原因，決定暫不回國。
秋，法蘭西院士勞朗斯逝世。

冬，與曾竹韶、張賢範、馬霽玉、陳依範、陳士文、陳芝秀一起去英國倫敦參觀正在舉辦的「中國古代藝術展」，並參觀了大英博物館、蠟像館等。

年底，在巴黎塞納河畔舊書攤上發現伯希和編著的《敦煌圖錄》，並參觀吉美博物館的敦煌彩色絹畫，開始關注敦煌。

著文《法蘭西藝術》、《義大利未來派中的天才畫家》，刊《藝風》雜誌。

一九三六年　春，作油畫雜誌《姐妹倆》，參加巴黎一九三六年春季沙龍，獲金質獎，並被選送參加國際博覽會，獲榮譽獎。

接教育部部長王世杰來電，邀常書鴻回國，任國立北平藝術專科學校教授。九月，乘巴黎至北平的國際列車經比利時、德國、波蘭、前蘇聯回國。任教育部聘教授、國立北平藝專造型藝術部主任，為西畫系三年級董希文、秦嶺雲等二十餘學生授課。

作油畫《街頭幼女》、《任重致遠》、《金瓜葡萄》等。

一九三七年　參加第二屆全國美展籌委會，與劉海粟二人任全國美展評審委員。

油畫《裸婦》、靜物《乳酪》參加第二屆全國美展，《裸婦》獲第一名。

參展期間，回杭州老家，祖母健在，父母已亡故，為父母修墓。

七七蘆溝橋事變後，於七月十四日離開北平前往南京，後回到杭州。九月，接北平藝專校長趙太侔來電，去武漢籌備國立藝專在後方復課事宜。經過短期籌備，十月去江西廬山牯嶺復課。十一月又遷校於湖南沅陵老鴉溪復課。國立杭州藝專在十一月間也遷來沅陵。

冬，在沅陵作油畫《沅陵雪景》、《野渡船家》等。

一九三八年　初，國立北平藝專和杭州藝專兩校合併，成立了由杭州藝專校長林風眠、北平藝專校長趙太侔和常書鴻三人組成的校務委員會。
秋，因八教授改善生活條件、改善教學條件的建議引發學潮，林風眠離校。
冬，教育部宣佈撤銷校務委員會，任命藤固為校長，常書鴻任造型藝術系、西畫系主任。十二月決定遷校雲南。在遷校工作中，因校長有病，奉命代理校長職務，負責遷校工作。
作油畫《寒江》、《蒲公英》、《野花》、《日寇暴行錄》等。

一九三九年　二月，國立藝專從湖南沅陵遷往雲南昆明，經貴陽，二月四日遭日寇飛機轟炸，陳芝秀和沙娜倖存，常書鴻所有財產被炸。至昆明後，籌備復課。
夏，去河內購買畫具。
秋，借昆明市昆華小學校臨時上課，後在雲南晉甯縣安江村正式上課。
作油畫《沙娜像》、《梳妝》、《夏收》、《靜物》、《平地一聲雷》等。

一九四〇年　作油畫《仙人掌》、《家庭畫像》、《茶花》、《婦女像》等。在昆明舉辦「常書鴻個人油畫展」，展出作品四十幅。
秋，國立藝專第二次學潮，學校解聘部分教授，常書鴻離開國立藝專去重慶。
年底，教育部成立美術教育委員會，常書鴻任常委，兼秘書。

一九四一年　作油畫《大地》、《重慶鳳凰山雪後》、《重慶鳳凰山即景》、《藝人之家》、《肖像》、《是誰炸毀了我們的》、《壯丁行》、《前線歸來》、《雪後重慶》、《湖北大捷》，靜物《荔枝》、《李子》、《芍藥》以及《人體》等。
夏，應四川省教育廳廳長郭有守邀請赴四川青城山等地寫生、作畫，並在成都舉辦個人畫展，三十六幅作品展出後全部售出。

在重慶文化會堂畫孫中山等像。

一九四二年　作油畫《四川農民》、《鋼盔》及《孫中山》、《孫科》、《孫科夫人》油畫肖像。

在重慶舉行個人油畫展，展出作品五十餘件。

九月，國立敦煌藝術研究所籌備委員會成立，任籌委會副主任委員。離開重慶乘飛機到甘肅蘭州，進一步開展籌備工作。

一九四三年　二月，在蘭州開籌委會議後，乘卡車經河西走廊至安西，換乘駱駝於三月二十四日到達敦煌莫高窟。敦煌莫高窟收歸國有，選定中寺（皇慶寺）為籌委會會址。決定著手石窟初步調查、石窟全境之測繪、石窟內部之清理、石窟內遺物古跡之集納。

夏，由敦煌返重慶彙報工作，接陳芝秀、沙娜、嘉陵到敦煌。

一九四四年　元旦，國立敦煌藝術研究所成立，任研究所所長。

規劃莫高窟的保護工作，清除洞窟積沙，修築保護圍牆，繪製莫高窟全景圖，考察洞窟並逐窟作內容記錄。

開始臨摹壁畫，莫高窟第二五七《鹿王本生》，二八五窟《作戰圖》、供養人，二四九窟供養人、《狩獵圖》、動物等。

作油畫《莫高窟下寺外滑冰》、《葡萄》、《小鳥》、《野雞》、《咯噠雞》、《古瓜州之瓜》等。

與董希文一起去南疆公路建設工地寫生近一個月。

一九四五年　進行莫高窟內容的編寫工作，調查洞窟並逐窟制定洞窟內容表。

臨摹壁畫：第一五六窟《張議潮、宋國夫人出行圖》，第四二八窟《薩陲那本生》、《須達拏太子那本生》、《四飛天》，第二五四窟《薩陲那本生》等。

作油畫《雪後莫高窟風景》、《姐弟倆》、《抗日戰爭勝利日靜物》、《牧場》、《鵝》、《南疆公路》等。

四月，妻子陳芝秀出走，離開敦煌後在甘肅蘭州登報離婚。

七月，教育部撤銷敦煌研究所，後由中央研究院接辦，國立敦煌藝術研究所歸屬中央研究院。

年底，率子女去重慶，落實經費、人員等事宜。

一九四六年　在重慶招聘敦煌工作人員，置辦了卡車、器材等物資。五月離開重慶，八中秋節到達敦煌。

草擬「邊疆文化學院」辦學方案並交于右任先生。

繼續洞窟調查，逐窟制定洞窟內容表。

臨摹壁畫：第二〇五窟，一一二窟經變。

一九四七年　九月，到蘭州，李承仙從重慶赴敦煌；經蘭州與李承仙結婚。十月底同返敦煌。

十一月，帶領李承仙、段文傑、肖克儉對莫高窟洞窟重新編號（即現今用編號）。

十二月，與李承仙、常沙娜赴阿克塞地區作哈薩克民族風情寫生半個月。

臨摹壁畫：第九八窟供養人，二一七、三二〇、三二九、四三一等窟供養人。

作油畫《敦煌中寺後院》、《三危山的傍晚》、《敦煌農民》、《在冰河上》、《肖像》、《梨花》、《古漢橋》等，水彩畫《哈薩克族牧人》、《蒙古族獵人》、《馬喇嘛》、《古漢橋前》等。

一九四八年　四月，莫高窟重新編號工作完成。

六月，由敦煌至南京述職，並籌備「敦煌藝術展」。八月，「敦煌藝術展」在南京舉辦，展出臨摹壁畫六百餘幅。後移至上海繼續展出。十一月，臨摹畫稿製成彩色版。為防壁畫摹本被運往臺灣，將畫稿分兩批藏在杭州和上海兩地。

撰文《從敦煌近事說到千佛洞的危機》，在上海《大公報》上發表。
作油畫《磨坊》、《哈密瓜》、《牧民的休息》、《敦煌一老農》、《敦煌梨花》等。
女兒沙娜去美國留學。

一九四九年　繼續考察石窟，岩頂築防沙牆。
臨摹第六十六窟唐代壁畫《救苦救難觀音》。
作《張氏夫婦像》、《黃氏夫婦像》油畫換取捐款為莫高窟洞窟作窟門。
九月二十八日，迎接解放軍到達莫高窟。十月，參加敦煌縣城的慶功大會。十月二十日，酒泉軍分區接管敦煌藝術研究所，全體工作人員留用。
與李承仙為進疆部隊畫毛主席、朱總司令像。
十二月，酒泉地委賀建三書記、專員公署劉文山專員來所慰問，贈棉衣棉褲、皮手套、棉鞋等。

一九五〇年　元月，與李承仙一起為進疆部隊畫毛主席、朱總司令畫像。
春節前，用梨木板刻自己新創作的年畫《一本萬利》、《發家致富》、《工農賜福》、《槽頭興旺》等，並由敦煌縣政府出聯合公告在敦煌出售。
三月起，在千佛洞前有限的土地上開荒生產，種瓜果蔬菜以及糧食。
四月二十八日，兒子嘉煌出生。
八月，西北軍政委員會文化部文物處趙望雲處長、張明坦副處長來莫高窟，正式接管研究所，開團結會，給全所同志及嘉煌送衣物，並總結過去，佈置新的工作任務。
十月，去西安參加西北第一次文代會，被選為西北文聯理事、西北美協副主席。
參加西北第一次美展，展出有關少數民族風情畫二十餘幅。

一九五一年　十二月，赴京籌備「敦煌文物展」。

一九五一年　元月，敦煌藝術研究所歸屬中央人民政府政務院文教委員會社會文化事業管理局，改名為「敦煌文物研究所」，常書鴻任所長。

參加鄭振鐸任組長的「敦煌文物展」籌委會。四月七日，籌備工作結束，陪同周恩來總理參觀展覽會。展覽開幕後接待瑞典駐華第一任公使阿馬斯頓先生；後收到阿馬斯頓先生轉交的一九三七年寄存在德國大使館陶德曼處的一批油畫。

六月六日，政務院文教委員會向敦煌文物研究所頒發獎狀。

七月，社會文化事業管理局撥款搶修莫高窟，與古建所趙正文、莫宗江、餘鳴謙等專家對莫高窟規劃搶修工程。

八月，配合北京電影製片廠拍攝《敦煌藝術》電影。

八月，在北京中國歷史博物館參加忠誠與老實運動。

九月，參加中華人民共和國文化代表團出訪印度、緬甸。九月二十日啟程。十月起在印度、緬甸訪問期間作《敦煌藝術》的報告。

寫作和發表〈敦煌藝術的源流與內容〉、〈敦煌壁畫藝術〉、〈敦煌藝術〉、〈從敦煌藝術看中國民族藝術風格及其發展特點〉等論文。

一九五二年　二月，結束訪問印度、緬甸，回到北京。

五月，回到敦煌，向黨組織提出加入中國共產黨的申請。

將自己於一九四四年購買的《蒙求注》唐人寫本（蝴蝶裝）文物贈給敦煌文物研究所。

制定新的臨摹與研究工作計畫。九月在蘭州主辦「敦煌壁畫臨摹作品展」。

十月率團考察天水麥積山石窟。十一月率團考察永靖炳靈寺石窟。調查報告發表在《文物參考資料》上。

作油畫《哈薩克族婦女》。

一九五三年　六月至十二月，任新疆文物考察團副團長，考察新疆石窟。

當選為敦煌縣人民代表。任中日友好協會理事、中東文化友協理事。

作油畫《新疆維吾爾族姑娘》、《活捉烏斯曼》、《雪後大佛殿》。

元月七日，兒子嘉皋出生。

一九五四年　寫工作報告提交給文化部，主要內容為保護與研究方面的總結與設想。其中關於改善工作和生活條件的問題，得到周揚批示，撥給帶拖斗的吉普車，購置了發電機，千佛洞安裝了電燈照明。

整理新疆考察報告、論文。

規劃全所工作重點，臨摹敦煌圖案。

撰寫〈敦煌圖案〉一文。

一九五五年　臨摹莫高窟第二一七窟《幻城喻晶》。

文化部文物局王冶秋局長來所視察。確定「全面攝影，重點臨摹」的方針。規定了各自研究任務。

春，印度阿旃陀建窟一千五百周年展在北京舉行，就此，常書鴻向鄭振鐸部長建議，於一九六六年慶祝敦煌莫高窟建窟一千六百周年，並出版敦煌大型圖錄。

九月，負責北京故宮奉先殿舉辦「敦煌藝術展」，展出大幅代表作和整窟臨摹作品。

十月，在敦煌接待印度友人、印度國際大學藝術院院長巴曼。巴曼在莫高窟作為期一個月的考察、臨摹和研究工作。

一九五六年　主持制訂一九五六年至一九六六年研究所十年工作規劃草案。全年在榆林窟臨摹、調查。撰寫《新疆石窟藝術》一書，並製圖。

七月一日加入中國共產黨。入黨介紹人高鶴齡、杜芳銘。

作油畫《榆林窟》、《霍老先生》、《莫高窟牌坊》、《敦煌莫高窟大佛殿》、《幼苗》等。撰寫並發表《敦煌藝術》、《敦煌壁畫中歷代人民的生活畫》。

編輯出版《敦煌彩塑》並撰寫〈敦煌彩塑〉一文。

編輯出版《敦煌唐代圖案》並撰寫〈敦煌唐代圖案〉一文。

給《敦煌藝術小叢書》十二冊的作者李承仙、霍熙亮、李其瓊、段文傑、關友惠、馮仲年、萬庚育、孫紀元、歐陽琳等九位同志的文稿逐篇修改並補充，完成後交人民美術出版社出版。

一九五七年　六～七月籌備敦煌藝術赴日展覽。夏，鄭振鐸視察千佛洞，提出編輯出版敦煌圖錄一百二十本本計畫並初步確定編委人選。

繼續規劃榆林窟的臨摹工作。

十月，進京籌備赴日展覽的有關工作。十二月中旬，與康大川、李承仙、崔泰山組成敦煌展覽工作團赴日做訪問、展出工作。

《甘肅日報》發表〈從人大於山談起〉、〈跳加官〉等文。

人民美術出版社出版《常書鴻油畫集》。

《新疆石窟藝術》論文及內容調查脫稿並與人民美術出版社簽訂出版合同。

與人民文學出版社簽訂出版《常書鴻散文集》合同。

作油畫《榆林窟風景》、《榆林窟之夏》、《九層樓側修防沙牆》，水彩畫《塔婆》、《林蔭道上》等。

一九五八年　「敦煌藝術展」於元月五日在日本東京高島屋開幕，在展覽會場接待日本友人參觀；後移至京都展出，並作《敦煌藝術》學術報告。二月十六日回國。

夏，由中國美術家協會主辦的「常書鴻油畫習作展」在北海公園展出。展出作品為留法期間及回國後所作。

當選為甘肅省先進工作者，出席省先進工作者會議。

十月，敦煌文物研究所由文化部下放歸屬甘肅省領導，任務是「保管與發揚」。

日本出版常書鴻編寫的《敦煌壁畫》、《敦煌彩塑》各一冊。

作油畫《水仙花》、《水車》、《肖像畫》等。

一九五九年　發表〈敦煌藝術在日本〉、〈從中日文化交流的歷史說到敦煌藝術在日本的展出〉諸文。

元月，出訪印度，團長劉敦禎，團員蘇暉和常書鴻。訪問期間作油畫、速寫二十餘幅，有《印度總統速寫》、《印度公園》、《印度晚霞》、《口度水庫》、《海邊》、《古堡》、《印度工人》等。

十月，為慶祝建國十周年，在故宮博物院弘義閣舉辦「敦煌·榆林兩地石窟藝術展」，撰寫展覽說明。

九月任甘肅省蘭州藝術學院院長，兼任敦煌文物研究所所長。

參加甘肅省黨代會。

發表《敦煌十年》、《禮失而求諸野》、《撫今憶昔話敦煌》、《玉門關外有人家》諸文。

一九六〇年　全面主持蘭州藝術學院工作，並在常書鴻畫室任導師，指導陡劍民、王啟明、姜豪、陳克儉等作畫。

在敦煌文物研究所創辦石窟工作、博物館事業訓練班，培訓本省各地、縣選派學員，為期半年。

出席甘肅省先進工作者會議。
為文物出版社出版的敦煌畫集撰文〈敦煌藝術〉，《人民日報》發表〈談圖案〉一文。
作油畫《食堂》、《蘭州瓜果》等。

一九六一年
主持蘭州藝術學院校園建設，繼續在常書鴻畫室任教。
在北京故宮舉辦「敦煌飛天、供養人專題展覽」。
任甘肅省政協常委。
十月去青海參加美協工作會議。
由甘肅省文聯主辦「常書鴻油畫展」在蘭州中蘇友好館舉行。展品分二部分，除公開展出的八十三件作品外，裸體作品內部展出。
作油畫《青海湖》、《塔爾寺》和靜物《令箭荷花》、《段家灘之魚》、《切開的魚》等。

一九六二年
元月，在上海博物館舉辦「敦煌藝術展」和「敦煌飛天」、「敦煌服飾」、「敦煌圖案」三個專題展覽，並作關於《敦煌圖案與現代工藝美術》和《敦煌藝術》的專題報告，報告會由上海美協主辦。
參加全國政協會議，作〈六億神州盡舜堯〉的發言。
向周恩來總理報告敦煌洞窟的危險狀況和維修建議。
八月，中央文化部徐平羽副部長率敦煌莫高窟考察工作組來敦煌。向工作組彙報工作並提出了敦煌文物保護工作、編輯出版工作和研究所有關工作的一些建議。文化部黨組根據工作組考察的結果，報請總理批准撥給加固莫高窟的經費和材料，設計施工由鐵道部擔任。
夏，蘭州藝術學院撤銷。
任甘肅省文聯主席、甘肅省美協主席。

一九六三年 在上海《文匯報》發表〈敦煌的春天〉、〈喜鵲的故事〉、〈一年四季話春秋〉、〈敦煌書簡〉等文。作油畫《蘭州瓜果》、《令箭》等。

春，國務院撥鉅款開始對莫高窟進行大規模加固工程。

當選中國共產黨甘肅省代表大會代表，參加黨代會。

在敦煌文物研究所作《敦煌石窟與西域佛教藝術的關係》報告。發表〈敦煌抒感〉、〈禮失而求諸野〉、〈敦煌的夏天〉、〈莫高窟來鴻〉諸文。

作油畫《學雷鋒》以及靜物《魚》、《豆》等。

撰寫申請莫高窟第二期加固工程報告。

一九六四年 當選第三屆全國人民代表大會代表，參加人代會。

繼續莫高窟加固工程；第二期加固工作期間，即申請第三期加固工程報告。

撰寫紀念敦煌莫高窟建窟一千六百年活動的報告。研究所工作重點按紀念活動專案進行，準備本所業務人員研究論文，編輯出版大型圖錄，籌備展覽會等。

經過反覆研究考證，確定第二六二窟唐代和尚塑像是第十七窟藏經洞的洪䛒和尚像，因此，移至第十七窟北壁床座上。常書鴻在碑石背面記錄了此事。

一九六五年 莫高窟加固工程第二期結束，第三期開始。

年初，去北京申報莫高窟建窟一千六百年紀念活動的有關工作。拜訪郭沫若先生，並請郭沫若先生擔任紀念大會主席。

林默涵部長來莫高窟視察工作，在本所作報告。

省文化局七月十九日發出關於莫高窟建窟一千六百年紀念活動只舉行內部小型紀念會的五點指示。主持本所保護、研究各項工作。

九月，再次寫報告申報紀念活動具體準備事宜。撰寫〈佛教與佛教藝術〉一文。

一九六六年　元月，繼續擬定紀念莫高窟建窟一千六百年活動計畫。計畫活動於九月下旬舉行。

四月十七日，在北京，郭沫若為常書鴻題唐人〈敵戒〉詩篇。

六月回蘭州，開始被捲入文化大革命的風潮之中，在蘭州被批判、揪鬥、抄家。

九月回敦煌被批判、揪鬥、抄家。

一九六七—一九七二年　初被批鬥、審查，勞動。

一九七二年　四月，陪同著名美籍作家韓素音訪問敦煌，並接受韓素音的採訪。

六月在北京參觀「文物展覽」。

作油畫《梅花喜歡漫天雪》，靜物《牡丹》等。

撰寫〈敦煌莫高窟參觀解說詞〉。

一九七三年　撰文〈武威銅奔馬〉一文，刊《光明日報》。回到蘭州，撰寫回憶錄。

作油畫《扶桑》、《劉家峽》、《劉家峽水庫》，靜物《豆》、《牡丹》、《丁香花》等。

一九七四年　在蘭州。

作油畫《水仙》、《葡萄》、《花》、《大麗花》等。

繼續撰寫回憶錄。

一九七五年　應國家文物局羅哲文之約，為聯合國教科文組織撰寫《敦煌藝術》一書。撰寫長篇文章〈凱歌敦煌比今昔〉。

一九七六年

在蘭州作油畫《向陽花開瓜果香》、《牡丹》、《牡丹和香爐瓜》、《牡丹和鳳梨》等。
八月起，為蘭州中川機場作《激流頌——劉家峽》大型油畫（600×300CM）。
三月完成蘭州中川機場繪畫任務。
為《人民中國》撰寫〈敦煌的風鈴——三十六年敦煌話滄桑〉。
撰寫悼念周總理文章。
九月，與李承仙合作為甘肅省委禮堂、蘭州軍區繪製毛澤東、華國鋒巨幅油畫像各兩幅。
在江蘇省揚州作油畫《揚州西園》、《揚州天寧寺》、《揚州施橋船閘》。
在蘭州作油畫《萬紫千紅》、《令箭荷花》、《大麗花》、《大麗花和葡萄》、《牡丹》等。
在敦煌接待日本友人西園寺公一先生及夫人。

一九七七年

繼續完成《三十六年敦煌話滄桑》的寫作。
與瑞典揚・米達爾筆談《敦煌石窟與敦煌學》，六月二十八日完稿。

一九七八年

當選為第五屆全國人民代表大會代表，在北京參加會議。
十月，恢復敦煌文物研究所所長職務。整理散失稿件，組織開展研究工作，規劃莫高窟窟前鐵柵欄。
十一月起再次赴新疆考察石窟，修改補充原寫文稿。
為《中國建設》撰寫《敦煌藝術》。
在蘭州作油畫《珠峰在雲海中》，在北京與李承仙合作創作大型油畫《獻給敢於攀登科學高峰的同志們》（600×340CM）。

一九七九年

任全國美術家協會理事、中國考古學會理事、壁畫學會理事。
出席第四次全國文學藝術家代表大會，任理事。

方毅副總理視察敦煌，彙報開放參觀並拍電影、出版事項。
在敦煌參與上海科教電影製片廠拍攝《敦煌》大型彩色紀錄片。
指導中央新聞電影製片廠拍攝莫高窟第四五窟彩色記錄片。
帶領所內業務幹部在洞窟中精選一千五百餘幅壁畫拍攝目錄，交文物出版社。
指導新華社攝影部用自然光源拍攝莫高窟壁畫精華，記錄歸檔案館。
主持並指導西北師範學院美術系學生在莫高窟學習兩個月。
夏，黃鎮部長視察莫高窟時，常書鴻彙報莫高窟洞窟常年來大量人流進出參觀，壁畫之顯著褪色，為了確保一些特級洞窟中精美壁畫和塑像不受損壞，建議由部裡規定嚴格控制開放的第一批特級洞窟七個。
九月，參與日本ＮＨＫ廣播公司和中央電視臺拍攝的《絲綢之路》專題片。
與日本名作家井上靖先生從蘭州乘汽車沿河西走廊到敦煌莫高窟考察。
十月，應日本同朋學園友人生江義男學長邀請，與李承仙、常沙娜及翻譯王慶英一起訪問日本兩周。
任甘肅省文化局副局長。
十二月，當選為甘肅省人民代表大會常務委員會委員。
為《中國石窟全集》寫序文。
為五卷本《敦煌石窟》撰寫序文。
為《光明日報》撰文《敦煌攝影》。
在香港報刊發表《敦煌藝術》諸文。
日本同朋舍出版宮川寅雄編譯的常書鴻自傳體著作《敦煌藝術》。

一九八〇年　三月二十七～五十五日及四月十二日，應德國駐中國大使魏克特先生邀請，由德國波恩國際研究中心接待，常書鴻、李承仙及翻譯屠敏華三人訪問德國。

六～十二月因病在北京住醫院。

撰文並編輯出版《敦煌飛天》大型畫集。

撰文《西域佛教藝術》並編輯圖像。

《文化史料叢刊》第一輯和第三輯連載回憶錄《鐵馬叮噹》。

一九八一年　八月，在敦煌陪同鄧小平、王震、王任重同志參觀。

在北京作油畫靜物《海蟹》、《水仙花》、《水仙和仙客來》等。

撰文〈敦煌菩薩〉、〈敦煌集郵〉、〈從敦煌五臺山壁畫說到中日文化交流〉。

日本學研社出版秋岡家榮譯常書鴻《鐵馬響叮噹》自傳體著作。

日本一枚繪社出版《常書鴻畫集》。

一九八二年　三月，調任國家文物局顧問，敦煌文物研究所名譽所長。舉家遷往北京。

四月，參加浙江大學八十五周年校慶，並作講演。

十月，在浙江大學與李承仙合作繪製大型油畫《攀登珠穆朗瑪峰》。

繼續修改《新疆石窟藝術》一書文稿，並整理圖片。

整理《從希臘到中國》釋文。

一九八三年　二月，在杭州浙江大學完成大型油畫《攀登珠峰》（540×340cm），並捐贈給母校——浙江大學。

四～八月，應日本國立東京藝術大學邀請赴日本訪問講學，任日本國立東京藝術大學客座名譽教授。

應日本國際文化教育交流財團邀請作第六回石阪紀念講演〈我與敦煌〉和〈敦煌藝術〉。在日本參觀奈良、倉敷、仙台、青森、北海道、札幌等地。
作油畫《倉敷》、《仙台之道》、《東大寺後面》、《二月堂》、《菊花》、《君子蘭》、《東京的街》、《拉沙布地岬之橋》等
任第六屆全國政協委員。

一九八四年　參加全國政協會議。
五～十一月左腿股骨頸骨折，左手腕骨折住醫院。
油畫靜物《大麗花和葡萄》參加第六屆全國美展獲榮譽獎。
整理〈我與敦煌〉講演稿；日本東京SIMVL出版社出版《我與敦煌》講演集。
中國全國美術家協會慶祝常書鴻從藝六十周年。

一九八五年　四～八月，應日本東京棗寺主持邀請，與李承仙一起繪製障壁畫《玄中寺》組畫（100×183cm×7）共七幅。期間參觀訪問日本名勝。
浙江人民出版社出版常書鴻譯《從希臘到中國》。
為《慶陽石窟》、《嘉峪關墓畫》撰寫序言。
作油畫《前事不忘後事之師》、《飛天和花》、《月季》等。
敦煌文物研究所更名敦煌研究院，任名譽院長。

一九八六年　應日本奈良法隆寺邀請，赴日參觀訪問。
構思創作《絲綢之路飛天》畫稿。
作油畫《魚及番茄》，靜物《楊莓》等。
繼續修改文稿

一九八七年　與李承仙一起創作《絲綢之路飛天》障壁畫。
在北京、敦煌協助浙江杭州電視臺拍攝《魂繫敦煌——記畫家常書鴻》電視片。
日本NHK來北京並同去敦煌拍攝常書鴻專題電視片《沿絲綢之路而來的飛天》。
參加浙江大學校慶，舉辦「常書鴻畫展」，任浙江大學校友會名譽會長。
赴香港參加香港中文大學召開的敦煌學會議，並在會上作〈新疆石窟藝術〉講演。
作油畫《平湖秋月》、《斷橋之畔》、《花港觀魚》、《月季》、《魚和番茄》等。

一九八八年　四月，完成歷時兩年創作的《絲綢之路飛天》障壁畫，共十六幅（183×185cm：一幅、95×185cm：九幅、95×95cm：六幅），贈送日本奈良法隆寺，並與李承仙一起應邀赴日，參加奈良法隆寺為障壁畫落成而舉行的開眼儀式。四月十一日，日本NHK電視臺在晚八時黃金時間播放長達四十五分鐘介紹常書鴻專題片《沿絲綢之路而來的飛天》。
五月，在浙江杭州，浙江美術學院舉辦「常書鴻畫展」，展出油畫七十幅，杭州電視臺於五月九日播映專題電視片《魂繫敦煌——記畫家常書鴻》。
八月，中國美術家協會和文化部文藝處在中國美術館聯合舉辦「常書鴻油畫展」，展出作品八十三件。
九月五日中央電視臺播映中央電視臺和杭州電視臺聯合攝製的《魂繫敦煌——記畫家常書鴻》專題片。
任第七屆全國政協委員，參加全國政協大會。
作油畫《遠望寶俶塔》、《回憶當年南高峰》、《劉丹像》、《桂魚和酒瓶》、《大麗花和葡萄》、《水仙花》、《小青》等。

一九八九年　與李承仙合作創作《敦煌舞樂和飛天》大型四聯畫。

作油畫《雙魚》、《月季花》、《白劍蘭》、《紫玉蘭》等。
繼續撰寫、補充回憶錄。

一九九〇年　繼續創作《敦煌舞樂和飛天》四聯畫。
作油畫《鄧家牡丹花》、《沙漠天宮》、《牡丹花》、《鯉魚及福字瓶》、《劍蘭》、《百合花、蘭花》等。
繼續撰寫補充回憶錄。
十月，赴日本參加日本富士美術館舉辦的「常書鴻、嘉煌父子畫展」。日本創價大學授予常書鴻名譽博士學位。
整理一九八〇年以來與日本創價學會池田名譽會長對談錄。

一九九一年　十月，接受國務院為表彰對中國科學研究事業做出突出貢獻者頒發的政府特殊津貼。
整理與池田大作先生對談稿。
十月，完成歷時近三年創作的《敦煌舞樂和飛天》四聯畫（400×185cm）。
十二月，完成《攀登珠峰》大型油畫。
作油畫《不是春光勝似春光》、《香山紅葉》、《野菊花》、《野菊花和小鳥》、《飛天及花》等。

一九九二年　四月，向母校——浙江大學贈送《梅花歡喜漫天雪》的毛主席肖像油畫。擬定向籌建中的常書鴻美術館贈畫五十幅。
《敦煌的光彩——常書鴻與池田大作對談錄》由中國社會科學出版社出版。
四月六日，應日本創價學會邀請訪問日本，向日本創價學會名譽會長池田大作贈送大型油畫《攀登珠峰》（540×340cm）。

獲日本富士美術館最高榮譽獎，並接受富士美術館名譽館長的稱號。

任高校海外聯誼會理事。

作油畫《千年潮水萬年石》、《沖繩之樹》、《熱帶蘭花》、《玫瑰與櫻花》、《月季》、《月季和劍蘭》等。

撰寫和修改回憶錄。

一九九三年　八月，完成《九十春秋——敦煌五十年》回憶錄的撰寫工作，並擬交浙江大學出版社出版。

李硯祖　輯錄

附錄二

參考文章

從敦煌近事說到千佛洞的危機

一

石室藏經的發現，是光緒二十六年五月二十六日的事。其間因為內含經卷、文書、圖軸等，關係歷史、宗教、文化各方面。其規模之大、影響之深，不但較中國歷次文獻的發現如孔壁古文、汲塚竹書、殷墟甲骨、流沙墜簡等為重要，即較之十八世紀義大利發現一千八百餘年前的龐陪（pompei）古城也不遜色。這個把世界文化史重新改寫的大發現，從洛克濟（一八七九）、斯坦因（一九〇七）、伯希和（一九〇八）、橘瑞超（一九一〇）、華爾納（一九二四）等先後到達，相繼誘竊盜取，因而傳佈表揚，簡直把二十世紀這個「發現時代」探險發掘的狂潮從歐洲擴展至亞洲腹地。一時英、俄、德、法、美、日、瑞典、匈牙利諸國學者均紛紛前來探險發掘，風聲所及，昏昧的晚清政府，尚能以保存國故為名，訓令敦煌地方當局，收集劫餘殘經，齎送京師（至今國立北平圖書館收藏的九千餘卷經書，就是那時候的收穫）。以及挽近專家向達、賀昌群、陳萬里、張大千、勞貞一、姜亮夫等都有過各種不同的研究和發表，使國內知識階級對於發現的經過和價值得到了若干的認識。敦煌之名就是這樣傳播在中國的朝野。

不過敦煌僻處西北邊陲，國人的性情又多好作外遊。當初伯希和掠取經卷，滿載歸國的時候，道經北平，仗他一口流利的中國話，曾在六國飯店陳列展覽之際，發表了一篇動人的演說。這篇演說雖曾打動了學者如羅振玉、王國維等興奮的情緒，並且還根據當時見聞寫了好多研究敦煌的文章，但實際來到敦煌考察調查，一直延至民國十年。那時代表北京大學國學門的陳萬里先生，因福開森（John C. Ferguson）之介紹，得以加入美國哈佛大學旅行團與華爾納（L. Warner）等一行同去敦煌。這是中國為敦煌藝術前往調查考察的第一個人。正如沈兼士先生在民國十四年出版的陳著《西行日記》序文上所載：「余以敦煌近二十年來，外人已屢至其地，顧我國學者，以考古為目的而往者，此殆為嚆矢。」但是這次因為華爾納在前一年已至敦煌盜竊塑像和壁畫的關係，竟遭受地方士紳的堅決阻止，並沒有達到理想的成功。民國二十年，賀昌群先生根據伯希和所著的《敦煌圖錄》，以他豐富的中西文化交流史的學識，在《東方雜誌》上寫了一篇《敦煌佛教藝術的系統》的文章。這篇介紹敦煌佛教藝術的空前論文，除了對於敦煌的歷史背景作了一番簡要的介紹外，並比較地將中國佛教藝術的源流作簡要的說明。至於敦煌佛教藝術本身的研討，更有許多獨到精深的地方。賀先生雖沒有到過敦煌，但他的文章，卻給予後來千佛洞的人一種很好的啟示。

繼續著賀氏對於敦煌佛教藝術之介紹，正值抗戰前期，國內開發西北聲浪高人雲霄之際。這個自宋元東西海上交通鼎盛之後即已沉眠了近十世紀的河西走廊，重新又被人注意起來了。於是後漢書所稱的「華戎所交一都會也」的敦煌縣，就增加了許多遊客。隨著甘新公路的完成，南疆公路的完成，敦煌已變成塞外主要的名勝。但過去到敦煌的人，都是遊歷性質的旅客。這些旅客除在壁畫上記一些「某日某月到此」的無聊題記外，並沒有足以記載的事實。至於真為千佛洞壁畫而來的，要算民國三十一年當代國畫名家張大千先生。那時候一般國畫家正在流行著出國展覽爭取外匯，大千先生能走到這種絕塞荒郊，「磅礡坐臥其下者幾及三載」。他那種「祁寒盛暑，勞苦相勉」，努力於發揚中國古藝術的精神，在最近展覽中已經獲得了應有的代價！站在藝術工作同仁的立場，我們要欽佩他先知的聰明與敏捷的行動。較大千先生遲幾個月到千佛洞的，還有中央研究院的勞貞一先生，教育部藝文考察團王子雲先生和著名的敦煌專家、漢唐古交通史地權威向覺明先生。也就是那一年，于右任先生偕同高一涵、衛聚賢諸先生視察西北，特來千佛洞巡視。當時他看到千佛洞古跡的可貴和設立保管機構的必要，於是提請第七十五次國防最高委員會，設立敦煌藝術學院。於先生在原提案上，除簡要地把千佛洞歷代沿革及內容現狀等申述之後，在結尾上有「……似此東方民族之文藝淵海，若再不積極設法保存，世稱敦煌文物恐逐湮消！非特為考古暨博物學家所歎息，實是民族最大之損失。」因為這個有力的提議使敦煌千佛洞由文字的介紹，進入實際保護的行動階段。當時於先生的提案經國防最高委員會通過之後，正在交由教育部實施籌備辦理的時候，向覺明先生以方回的筆名，在一九三〇年十二月二十七日重慶《大公報》上發表了一篇長達萬餘言的〈論敦煌千佛洞的管理研究以及其他連帶的幾個問題〉的文章。這篇文章，如傅孟真先生在文首按語上所說：「於敦煌文物之原委，歷歷如數家珍。」之外，並從自己身歷其境的觀察，提供出保管和研究的實施問題。其內容是那麼翔實生動，其愛護敦煌文物的熱情，又是那麼洋溢於字裡行間。曾記得該文發表的時候，陪都正處於舉行第三屆全國美展的前夕，彙集了全國藝術界人士。許多美藝界人士，都非常親切地展望著西北邊塞的一角——那介乎三危、鳴沙二山之間的敦煌千佛洞。因為在那篇文章中，向先生對於當時千佛洞現狀的不滿，曾引起全國文化界無限同情。這種同情，正如作者在文首所希望一般，後來真個「逐漸化成輿論」了。

教育部為加速敦煌藝術研究所成立的籌備，立即發文任命高一涵、張庚由、王子雲、張維、張大千、鄭通和、竇景椿、常書鴻等八人為敦煌藝術研究所籌備委員，並指定高一涵為主任委員，常書鴻為副主任委員，王子雲為秘書。籌備委員會由高一涵先生主持在蘭州甘寧青監察使署開了兩次會，通過保管研究計畫大綱，復由高主任委員率領籌備委員會工作人員，於一九四三年三月二十四日抵達千佛洞，就地設立辦事處，開始籌備工作。

二

千佛洞在敦煌城東南四十華里處。一九四四年研究所成立後，請示甘肅省政府谷主席的同意，由當時敦煌縣長陳冰谷發動地方民工，開了一條直達千佛洞的汽車路。從安西來的汽車，在離敦煌城十公里的地方，就可以見到一條南行的支路，行九公里，快進入山峽就可以遠遠見到那些摻雜錯置累累如蜂房的石窟群。石窟全部自南至北共長一千六百一十二米，包括現在已出土存有壁畫的自北魏西魏隋唐五代宋元七代的壁畫和塑像。這樣大規模的結構，我只有將統計所得的結果，用乘車看畫的比喻使沒有到過千佛洞的人得到一個概念：全部千佛洞壁畫面積合起來約計高五米的畫共有二・五萬餘米，就是千佛洞壁畫全長可以展開到二十五公里。換一句話說，我們如果坐著二十五公里時速的汽車，要一小時的工夫才能把全部壁畫飛逝般打一個照會。再加上二千多身塑像，以及各時代建築的實例，從變化複雜的壁畫題材，從綿延相繼的歷史體系，從包羅齊全的宗教典釋，從演變無窮的藝術系統……這種不能想像的偉大史跡，實在予人以驚心動魄的感覺。

這個曾遭北周武帝及唐武宗二朝廢佛毀寺的厄運、晚清西陲宗教變亂的焚劫，在十數世紀漫長的經歷之後，劫餘僅存的國寶，現在是殘落荒涼地直立在灰枝綠葉的白楊後面。一灣從大泉南來的細流，蜿蜒曲折地經過全部石窟的壁腳，消逝在北端石窟盡頭的戈壁沙石間，一切殘破毀壞的跡象，隨著西逝的落日增加著衰敗危殆的嚴重感覺。敦煌千佛洞自東晉穆帝永和八年（一五三）創建至今，已到達一千五百九十四歲的高齡。它毫無掩飾地把我們這個自漢唐以降國勢衰敗的跡象，一如矗立在雅典廢墟中的派特農（Parthenon）神殿般在沙漠的邊塞中暴露出來。我們隨著高一涵先生於一九四三年三月二十四日抵達千佛洞的時候，正是中華民族抗戰的第七年。這個已經沉睡了近十世紀、曾一度被人遺忘的古跡，能在國家艱苦困難的局面中重創正式保管和研究的機構，我們應該感謝政府的措置。所以當我們到達的瞬間，在萬籟俱寂的山谷中，聽到從大泉淌來的那一灣細流的水聲，彷彿是象徵著中華民族一種活力的透露似的。從遠古時候起，這條古稱宕泉的流水，像中國五千年文化活力一般沒有一個時候止息過！

那時候張大千先生住在上寺，和他同時工作的有畫家謝稚柳先生與大千先生的門生弟子及喇嘛。他們是中國當代藝人第一批自動來到這絕塞邊陲，肩擔了承先繼後的工作，堪稱艱苦卓絕的英雄。我欽佩他們的勇敢，祝福他們的成功。住在中寺的是敦煌學權威，曾經在國外研究敦煌流散在歐洲的經卷文籍的向覺明教授。當我去拜會的時候，向教授如敦煌平民一樣樸素地正在一個蘇蘇柴的灰盆上用搪瓷杯煨煮一盤沱茶。一支殘餘洋蠟的燭光，在塞外寒氣未除的早春之夜，使人感到溫暖安逸的情調。就在這樣的環境中，他們已作了敦煌藝術開導啟發的基礎工作。事實上，我們以後得到他們不少關於解決千佛洞歷史藝術諸種問題的幫助。這裡，除了感謝之外，並為他們長時期在沙漠中工作的精神致以我們的敬意。此外，我對於認真幫我們去沙開渠工作的敦煌駐軍表示感謝，因為根據當時工程師的估計，僅僅去沙工作，雇用民工就需要三百萬元的代價，現在他們已是義務地為我們盡了寶貴的力量。

到目前，事隔六年，但我彷彿還看見當時張大千先生在春寒黎明忙忙碌碌指揮入門弟子從事臨摹工作的緊張狀態，以及向覺明先生獨自深夜秉燭俯伏在洞窟高壁上錄寫題記時聚精會神的側影，與士兵攜帶鐵鏟木耙，清除沙土時熱烈奮勇的場面。千佛洞在文獻上雖然記載過十餘個寺院和二三百個寺僧門徒，以及第三〇〇窟張議潮及其夫人出行圖上那樣鞍馬屏帷貴遊的盛況，但經過千餘年的沉寂之後，我想一九四三年，該在千佛洞大事記上記上這樣一個重要的時期。可是，這樣的時期並不久長。在四月塞外初夏，千佛洞梨花盛開的某日，向覺明先生繼張大千之後，離此東返。於是千佛洞又像農曆四月初八浴佛節時，敦煌全城人士來此拜訪釋迦牟尼佛誕辰的次日一般，重新又趨冷落孤寂。研究所那時只有五萬元的開辦費，去了同事工警的長途旅費及一些簡單設備，已經沒有一個多餘的錢了。高一涵在臨別的時候對我說：「現在你們要抱著白手起家的精神，在千佛洞孤島上去開闢一個新天地！」是的，我們從碗筷水缸鍋盆燈盞爐火柴水薪炭以及驢馬大車等無一不要自已去購買準備。而這許多東西，有時候，連敦煌縣城都不能買到，就必須向人家商借使用。我們在這四無居民的沙漠上必須先作生活佈置然後才能進行工作。因為我們不是一個暫時機構，我們不是一個定期可以完成的工作隊，我們必須要作一個長久打算。

三

這裡既然是一個四十里無人煙的孤僻所在，一般年輕同事，因為與城市生活隔絕的關係，日久就會有精神上異常孤寂之感！平時如此已甚不安，一到有點病痛的時候，想來想去就變成非常可怕的心理了。記得有一年夏天，同事C君因偶受暑熱，發高度的寒熱，在我們準備了一輛牛車（要六小時才能達到城內）正要送他進城醫治之前，他流著淚對我說：「我死了之後不要把我扔在沙堆中，請你們好好把我葬在泥土裡呀！」（後來這位C君在病好了不多久，就辭職回去了。）這種淒慘的話語，往往會影響許多同仁的心理，因為誰也不知道，究竟什麼時候，這種病會一樣加在自己身上。假使不幸碰到急烈性的傳染病的時候，我們也許同樣會逃不出葬無所歸的命運。在這種時候，大家都有「但願生入玉門關」的心情。就是從城內雇來的工匠，做了幾天之後，往往會不聲不響地私自進城去。沒有娛樂，沒有社交，孤零零靜寂寂地，有時候等待一個人群社團活動的希望，比什麼還要迫切。作者的妻——一個在巴黎繁華世界混了八九年的女人，就是過不慣這種修道院孤寂冷靜的生活，在一九四五年四月拋棄了子女潛逝無蹤地奔向她理想的樂園去了。十五年了，我在這瀚海孤島中，一個與人世隔絕的死角落，每次碰到因孤僻而引起的煩惱問題——如理想工作人員的不能聘到，柴草馬料的無法購運，同仁因疾病而起的恐懼，以及不能久安於此等等。我常常自已在疑問：「千佛洞的環境是否有設立一個類似機構的可能？」于右任先生在提議設立敦煌藝術學院的時候，早已想到這一層，所以在呈請國防最高委員會的原文上有「寓保管於研究」的措辭。他老先生在一九四三年一月正當我動身赴西北之前親自對我說：「這是一個不易久居的地方，所以我要找你們藝術家去擔負久常的保管工作。因為只有愛好藝術的人，能從富有的千佛洞歷代藝術寶藏中用安慰與快樂來抵消孤僻生活中的苦悶。」

我們在盛夏烈日或嚴冬風雪中，為了往返城郊，穿越四十里不生寸草的流沙戈壁，一個人在沙漠單調的聲息與牲口的足跡中，默默計算行程遠近的時候，那種黃羊奔竄、沙鳥悲鳴、日落沙棵的黃昏景象，使我們彷彿體會到法顯、玄奘三藏、馬可・波羅、斯文・赫定、徐旭生等那些過去的沙漠探險家旅行家所感到的：「沙河阻遠，鬼魅熱風那般的境界。」是的，我現在方才瞭解於老先生的話，「我們這裡需要對於敦煌藝術具有與宗教信仰一樣虔誠的心地的人，方能負擔長久保管的任務。」否則，他必須有一個執著沉毅的志願，或是懷藏著獵取敦煌藝術的私心，才能有所期待地作定期居留。因為自從張大千先生大規模地將他兩三年來七八人精美的敦煌壁畫臨摹成績在渝蓉等地展出之後，敦煌壁畫是如此樣子的流行與受人愛戴。一部分以畫件為商品，作為招搖贏錢目的的人，就不惜拿敦煌之名做一個幌子，展覽買賣大發其財。記得一位L先生，在千佛洞住了一日一夜，借臨了些研究所朋友們的畫稿，居然大搖大擺地在西北某著名城市中開了一次規模不小的敦煌畫展。（抗戰中，因為藝人們受不到國家對於自由創作者的保障，紛紛放棄了中國畫家過去清高雅逸的傳統，甚至在十字路口擺狗肉攤子，有待於中國新憲法實施後糾正。因為新憲法上對於文藝創作者規定有保障的原則，那是另一個問題。）但類似上述「敦煌畫展」那種不盡不實的流風所披，竟至影響到此間同仁的研究工作，就使我們非常痛心了！因為這幾年來，研究所工作的重心，還是僅僅在對敦煌藝術的介紹，大部分時間經費都集中在這個問題上面。我們都知道，敦煌藝術研究，應該從整個東方佛教藝術互參對比中找出路。我們雖不能西越蔥嶺橫跨喜馬拉雅高原，追溯恆河流域的印度佛教藝術之源，甚而擴充到有關的希臘波斯藝術的淵源，至少也該在國內雲岡、龍門、庫車、克孜爾那一帶石窟中做一個實地比較研究工作。但是像這一類的旅行調查研究工作，一定要一筆相當大的費用，而研究所因為過去沒有事業費無法實施這種計畫。所以幾年來要想做一點介紹工作，僅限於簡陋的設備與有限的材料，來實現客觀的忠實的臨摹介紹工作。這種客觀的臨摹，像歐洲博物院的標本畫一樣，是一個要藏納起自己個性的耐心苦勞的事情，決不是那些馬到成功急待漁利者所能做到的。有些在這裡共事的朋友，因為待遇的菲薄，同時又以身處異域，不甘久留，所以往往要利用時間帶一點可以開展覽會的私蓄回去。因而製作粗濫了，工作怠慢了！一切結果，離我們的理想還是太遠。敦煌藝術研究所，在中國還是一個前無成例的機構。它可能是一個美術陳列館，但是對於這裡幾百個石窟的固定性質的古跡，又不甚相同。它可能是一個博物館，但像這樣僅偏於佛教美術內容的東西，稱之為博物館亦非確當。去冬在重慶的時候，曾和傅孟真先生商量了幾次，後來擬定了一個「敦煌古跡保管處」的名稱。因為敦煌千佛洞研究工作，決不是幾個人在短時期當中所能解決。對於這樣一個國家民族文化的寶庫，我們必定要盡心盡意負擔嚴格的保管責任。只要保存得法，使千佛洞的古跡，不要再向壞裡去，那麼，研究工作是可以隨時推進的。我們要像傅孟真先生在向達先生那篇論文的按語上所說，供給「有資格來敦煌研究的人」，由教育部聘請有關教育文化機關學校對於敦煌有興趣的教授，或是用考試選拔方法收幾個研究生到這裡來作定期專題研究。彷佛法國培養國內高級藝術人才的美帝西學院（Villa Medi-cis）那樣，把有天才的畫家、雕刻家、建築家、音樂家，用選拔的方法，保送到羅馬美帝西學院。學院裡有一個院長，負責指導並管理選拔的高才生，到了三年工作期滿，回到法國來為藝術界服務。在留學期間，每年暑假均有成績送到巴黎展覽。我想敦煌藝術的研究和發揚，很可以採取類似辦法。研究所負責保管之外，並制定嚴格管理洞窟的規則。現在這裡有十餘間簡單實用的宿舍，生活方面，有一輛卡車，交通運輸以及日常材料給養都已有完善的解決。我們對於研究人員除儘量供給一切生活便利外，並應準備必要的工具書（如《二十四史》、《大藏經》、《佛學辭典》等），讓他們在此地安靜的環境中完成全中國期待著的各種寫作。千佛洞雖在沙漠絕塞中，但因為有水有林，在春夏秋三季中，一樣地藍天白雲鳥語花香，牛羊雞犬，瓜果菜蔬無不應有盡有。就是在三九寒冬，這裡每天燦爛的天氣襯著溫暖的陽光，在中午時間也並不十分凍人。假定我們棄其對於城市的特殊迷戀的心理，那末，這裡倒是一個理想的研究寫作的地方。

四

研究所在這三五年來，保管方面顯著的工作，是造了一條長達九百六十米的圍牆，把主要的石窟與樹林，及中下二寺均圈在圍牆裡面。修了十餘條必要通道，一二十個主要的窟門，現在二百多個洞窟都可以登臨巡視了，最近又做了一個總窟門。對於參觀的人，一定要用木制入場證經過登記手續才可以進去，而且每個進去的人都由研究所派員領導。研究所對於研究人員不能漫無限制，近來已絕對禁止兩項過去已成了習慣的不合理的方法。其一是用玻璃紙在壁畫上直接印模畫稿，其二是用液體噴在畫上說明顯示漫漶的壁上題記，千佛洞的壁畫都是用粉質的顏料畫成的，畫的時候是和有膠質的，但經過千百年時間，有些因為氧化作用，變色之後大部浮表在壁畫面上，嚴重鬆散，很像黴糊物體表面的綠苔。假如要在上面刻畫加水，可以想像得到的，這種損壞壁畫的措置是如何樣子的不合情理。我想一切愛護敦煌壁畫的人都應該一致反對這種謀殺性的行動。關於臨畫問題米芾也曾說過：「畫可臨可摹，畫可臨不可摹！」因為摹畫究竟是匠人的事情，西洋畫注重copy（臨）但決不能De. cakquer（印摹），這是同一的理由。何況現在我們要印模的又是如此脆弱國家之寶呢？研究所定了兩條硬性的條文：一是研究所同仁不能假借任何理由有印模與噴水之行動，違則撤職離所。二是外來研究人員如發現有上項行動即撤銷研究許可證，停止其研究工作。這種規定對於到千佛洞來臨摹畫的人當然是很失望的，因為空手臨寫究竟比印模要繁難，要費時費事。為了補救這方面起見，研究所正在設法購置幻燈放大機。現在研究所已有一部小發電機及簡單的攝影設備，這種工具是可以補救一般不能空手臨摹壁畫的人的缺點的。至於噴水濕壁的事情，那是沒有什麼其他代替辦法可以來滿足研究人員的了！

五

千佛洞修建年代既如是久遠，而其本體又係工程建築上一件傑作。這些石窟的開鑿，是在一個玉門細礫崖——由無數小石與沙粒只憑一點鈣質而粘著的脆弱的岩石的質地中。洞子的形式既不一致，高低大小亦極不同。這裡面有高達三十六米的，有長達十七米的，每層洞窟上下的間隔，有幾個地方厚度五六公分。像二〇窟，三〇一窟，兩個大臥佛殿，窟深七米，高六米，長卻有十七米，窟上都是略作瓢形的平頂。這十七米與七米寬的大面積中間沒有一根支撐橫廊的台腳，上面卻負擔著千萬噸石崖重量。如果沒有想到這個窟頂的礫崖僅由一點點鈣質粘著的事實，誰也不能否認這種大膽的建築上的嘗試，是非現代人所能設想的。至於上下兩窟樓層，只隔著五六公分厚度那種危險事實，使我們行走其上的人，如履薄冰一般的感覺到心頭惶恐。凡此種種可以證明千佛洞石窟建築的大膽與巧妙，同時也說明經過千餘年千佛洞石窟已經毀損了五百多個洞窟的所以然。因為這種過於巧妙與大膽的工程，也就增加了它被破壞的可能性。

根據當地泥匠所說，千佛洞礫岩用熱水潤濕之後非常容易鑿刻。這番道理，在當年修築通道和加築門戶的時候已完全驗證了。我們在修鑿一〇二窟通道時先在礫岩上加上溫水然後以鐵鋤打擊，小石沙粒都很快地離開本體，因此知道石窟建築非常怕潮濕，假如這種石窟建在西南的話，怕早已變成土丘，決不能留存至今。雖然敦煌雨水不多（平均全年約十毫米），但卻有很大的風。春冬兩季的風起來的時候，往往飛塵走石，一連幾日黃沙披天。因為石窟峭壁上面就是鳴沙山的餘脈，那座與窟平行，綿延直立，表面上呈現著波浪形的沙山，就在這種西北風的掃蕩中，把表面的沙石經過戈壁吹向石窟峭壁的幾個缺口中，像瀑布一般淌下黃色的沙帶。這沙粒比砂紙還要利害，把暴露在斷垣殘壁間的壁畫一層又一層地磨滅。那些流在最下面的，就把沒有窟門的洞窟堆塞起來。往往一夜的風沙，會把昨日我們走過的棧道和走廊堆滿了厚厚的沙層。這種摩擦，這種沙堆的重量積壓是崩毀棧道和崖壁的主因。

有時候，比如在一個平靜的初夏午後，我們正在洞窟中靜靜地工作的時候，忽地會聽見崖頂上先剝落一些沙石，繼續看就是一大塊岩石，崩落到地面沙石上……我們不由得看看上面的一隻沙鳥，或是一頭白鴿正驚慌地向上面飛開去了。——原來這正是小鳥爪子碰到了堆高的沙石而引起的毀壞。

從敦煌文獻上，我們看到武周、晚唐、五代、宋、元各種朝代都有重修千佛洞的記載。但這些記載，都限於局部的個人洞窟。至於大規模通盤的修理打算，到現在還未曾有過。所以到目前不但「窟簷傾摧窟壁斷毀」，外面一層包護壁岩的壁畫，經過千餘年來的曝曬摩擦，已經剝蝕殆盡，因此崖壁本身已是全體赤裸。經常的時候，一陣風甚至一隻小鳥的爪都可以引起坍毀崩裂的危險。如果遇著地震或大雨的時候，那就非常可怕的了！敦煌的雨水大概都在夏冬兩季，這幾年來千佛洞雨水比往常要多。拿去年來作例子，一冬就下了四次雪，一場雨。西北因為氣候寒冷的緣故，下了雪往往會保留兩個月，甚至整個冬天也不會融化。千佛洞的雪也是如此，說它不化吧，但在中午的太陽中，還是慢慢地融解下來。這種水分就慢慢地浸入礫石積層，因而造成崩潰的現象。去年十二月十五日下了一場雪，二十四日在窟崖北壁一千兩百米處坍塌了有五十米大的一塊崖壁。這裡面包括了一整個洞窟的破滅，幸而這個洞窟是僧侶用為起住之處的寮房，是一個已經有了裂縫的牆壁。像這樣的裂縫在整個崖壁上有二十餘處，都隨時有造成崩裂的可能。換一句話說，將有一二十個充滿了各時代的壁畫洞窟，受到無可補救的毀滅。五年以來，研究所從籌備成立到撤銷改隸中央研究院，歸隸教育部種種變化，人事不健全，經費不充裕，雖然我們已經做了一些修理，是輕而易舉的木柱支架和泥巴搪塞工作，但經過三五年風沙和雨雪的侵蝕，證明這點表面工作是非常靠不住的。例如十六窟屋簷前一座離開了崖壁本體的大岩石，我們冒了危險非常吃力地加上幾支木柱，暫時支撐著，要這塊千百噸重量的石塊不要跌下來。但是今年一月十五日，大雪之後，因為柱腳受潮的鬆陷，那塊大岩石倒下來，結果致使十七窟門口南壁的觀音像毀損了一大半。同時那塊落下來的大石已把鄰窟（十七窟）的人口完全堵住了。再如二四六窟，位於第三層石窟上，一個無法上去的洞子。一九四五年為了便於巡視，我們在四十二窟屋簷上修了一個土磚和泥巴的梯階，使參觀的人可以從二六三窟的簷道上走上去。不料僅僅一年功夫，這個梯階整個從四十二窟窟頂上坍下來了。此外二二四窟，位於第四層高處（約高二十米），有曹延祿之世修窟簷題記的盛唐洞窟，是千佛洞僅有的三十餘個具有寶貴題記的洞窟中的一個。因為窟簷上受了歷年積儲的崩潰下來的碎石重量壓逼，把一根支架在上面的橫樑，從崖壁上去一英尺長的地位，將整個殘破的窟簷歪斜傾倒，直成了一座搖搖欲墜的「危樓」了。諸如此類的險象，我可以繼續一五一十地寫下去。

現在千佛洞需要有一個緊急的修理工程，一個通盤計畫的全面整修工程。因為目前呈現在吾人眼目間的，似乎已到材料學上的危險斷面。如果用武周聖曆元年重修莫高窟佛龕碑上所載，那時候「計窟室一千餘龕」來推斷現存四百二十七個窟室的壽命，恐怕不到兩百年功夫敦煌石室就會完全毀滅了。前年冬天美國善後救濟總署歐彼得（Edwinvp. Oths）與芮魯德（LutherR. Ray）同工業合作協會的唐遜（P. Townsend）先生來參觀千佛洞。其中芮魯德先生是工程專家，他對於千佛洞是非常著急地表示需要緊急的修理工程，可能將這許多有無上的寶藏展延到比從開建洞窟的還要久遠的時間。因為這裡的氣候是可以使現代的工程發揮它最大的效果的。「但是這種工程需一筆很大的款子呀！」當他問我：「中國現在是否可能著手這類徹底修理工程？」我回答他的是：「我們應該要徹底修理，但是目前是否有這樣的能力，那我不能回答。」最後芮先生在我紀念冊上寫著：May God Contionue to preserve the beauties of the Dung Waug Caves幾個使我們痛心的字眼。因為對於一個生存期間負責保管的人，睜眼看到千佛洞崩潰相繼的險象，自己又沒有能力來挽回，實在是一種最殘酷的刑罰。

六

今年是石窟藏經發現的第四十八年，再過兩年是整整半個世紀，這已不能算是一個短時期了。我們對於千佛洞這個民族文化至高至上的結晶，那繫連著五千年來黃帝子孫唯一的內在的生命，似乎應該有一個辦法，作一番不能再延拖的緊急興修工程。這種工程，除去幾個危險裂縫要迫切地架住外，對於整個千佛洞，先要做一個補包岩壁外殼的基礎工程，然後再修支架柱梁，恢復棧道走廊。像唐大曆十一年隋西李府君重修功德碑記所載「……是得旁開虛洞，橫敞危樓」，這種棧道走廊，同時可作為各層石窟的通道。連帶著，我們還要把每一個窟門補修起來，然後再逐洞逐窟地作壁畫和塑像補修工程。國家要拿出一批不算少數的款子，也許要經過十年八年才能完成工作。

七

現在是塞外的深夜，我坐在元代及道光年間重修過的皇慶寺一個廟廊上寫這些瑣事，外面一顆顆細沙從破了的窗簾中透進來，正是「警風擁沙散如時雨」。那一粒粒沙子像南方春雨一般散落在硯臺上。這種沙子是從荒原大漠漫無邊際的瀚海中隨著風浪奔騰來的，也就是這種沙子，它蓋沒了房舍，填塞水道，在不知不覺中使沙漠上的城市變成廢墟，綠樹變成枯枝。自古多少遠徙邊塞、站在國防最前線的衛兵戍卒，曾經在這種黑風黃沙中奮鬥生存，要使人與自然的力量，決定勝負消長！四十八年前（一九〇〇）斯文・赫定在羅布淖爾沙漠中發現的樓蘭長眠城，是失陷於紀元後一世紀之初的一個為沙子埋沒了千餘年的古城。這正是漢魏沒落了的中國政治勢力的象徵。我們不要小看這輕微沙粒，它時時刻刻在進行毀壞千佛洞寶藏的工作，也就是對中華民族文化能否萬世永生的一個試探！

一九四八年九月十日
原載上海《大公報》

喜鵲的故事

——敦煌散記之一

解放前，千佛洞有幾隻喜鵲。有一年，來了一批國民黨軍官，因為打不到黃羊，就無聊地隨手把見到的幾隻喜鵲用步槍打死。從此，千佛洞的人就看不見喜鵲了。

就在這年冬天的一個早上，我忽然聽到一聲喜鵲的叫聲，急急到門外，看見在窗外梨樹的枝頭上停著一隻喜鵲。這是劫後僅存的一隻孤獨的喜鵲。我像發現了什麼似的，帶著憐憫的心情，隨手把剩下的一些饅頭放在窗邊。這個在天寒地凍的沙漠中找不到食物的喜鵲毫無顧忌，狼吞虎嚥地把饅頭吃下去了。於是第二天來，第三天來，從此它變成我窗前的食客了。

冬天，在沙漠上地凍天寒、草木枯萎的季節裡，不能冬眠的動物的確也很難受的。譬如那些平時唧唧刮刮的麻雀，到了此時也變成勾頭縮腦的偷食鬼。它們飛到食堂裡，飛到糧倉裡，變成生了翅膀的老鼠一般，到處偷食，甚至連糊窗的乾漿糊也要偷吃。它們往往成群結隊地飛到東來，東邊的紙窗被啄破了！飛到西來，西邊的紙窗被啄破了！我很恨這批麻雀！但自從喜鵲成為我的食客後，它主動地成了義務的紙窗保護者，只要一聽見它響亮的叫聲，麻雀就一溜煙飛散了。正因為這樣，這只喜鵲也居然理有應得似地，每天上午，太陽照到我的紙窗時，就長鳴一聲，一下子停在我的紙窗前。這時我就必須趕快拿了飼料出去。否則這個似乎有靈感的動物，就叫著，飛著，跳著，神情不安地等待我的「佈施」，直到吃飽了才揚長而去。從此習以為常。有時我稍許遲去一會，它就會在窗外不息地叫著，跳著，甚至會打門似地用嘴打著紙窗，我雖然也有點討厭，但總是儘量滿足它的要求。好在這樣的時間並不長。大約從每年十一月到次年三月的五個月中間，那正是塞外苦寒的時期。三月下旬千佛洞就開凍了，接著草木又開始生長起來，大概喜鵲的食物有所著落，所以就自己想辦法來解決，暫時不依靠我的「佈施」。

一直到一九四九年，這只喜鵲已被我一連養了四個冬天。隨著全國的解放，敦煌研究工作受到黨和人民政府的重視，工作展開了，工作人員也日漸增加了！為了改善我們沙漠上工作人員的生活，在修建洞窟的同時，還為我們修蓋了一些比較講究的住宅。從蘭州買來了幾箱玻璃，把中寺破廟裡的紙窗一律改為玻璃。這是千佛洞空前的一個大改革。從此可以避免風沙，光和太陽卻依然可以照進來。到了冬天，每一個溫暖的小家庭在爐火中，還可以曬太陽。扯上幾尺花花布，每一個幹部的家屬都出奇制勝地做上窗簾，養上盆花，那一個個房間佈置得舒適清潔美麗。到了新年或春節，大家還隨西北農村習慣，在亮堂堂的玻璃窗上，貼了從敦煌圖案中變化出來的大紅剪紙。真是喜氣洋洋，皆大歡喜！

一九五四年，中央文化部為了進一步改善我們的工作條件和生活條件，又撥給我們一部發電機和一輛汽車。我們修蓋了一大間廠房，專為停放汽車和安裝發電機之用。在這個廠房裡，我們也安裝了玻璃窗。因為廠房的玻璃面積較大，我特地囑咐管理人，要注意門窗的開關，不要在颳風時被打碎。次年的一個春天，忽地有人告訴我廠房的玻璃被打碎了！那天並未颳風，門窗也都緊緊關著。我問了一下原因，說是可能被孩子打碎的，於是又給重配了一塊。不料在重配好的第二天，有人來說，玻璃又給打碎了！「真討厭！」我有點不耐煩了。趕緊要孩子的家長們管好孩子，無事不要再到汽車房去。兩天過去了，第三天中午，又傳來打破玻璃的消息，我就覺得有點奇怪。是否有人在故意破壞？第四次裝好後，我特地提醒大家注意一下，看是誰連續做了這些壞事。次日，不到正午的時光，我獨自走到汽車房旁邊。看那裡靜悄悄地，一個人也沒有。蜜蜂的嗡嗡聲，包圍著一棵盛開的杏花樹，不時落下一些像雪片樣的花瓣，有的落在白楊樹畔的小溪中隨水飄去了。被暖熱的太陽曝曬著的馬蘭花，已開出花朵，木樨已長出了嫩芽！清明過去僅僅半個月，但塞外的春天來得這樣猛烈，翠綠的榆錢，油綠的白楊樹葉，加上杏花，蜜蜂的嗡嗡，已是江南暮春的天氣！千佛洞穿上了綠色的春裝，石窟前面拔地參天的白楊樹葉已把古老的石窟遮沒了。我正在欣賞千佛洞的春色，忽地聽見一聲我所熟悉的叫聲，隨即發現已有快一個月不到我窗前來的喜鵲，這時容光煥發地、矯健地、像箭一樣劃破蔚藍的天空，在白楊樹的枝頭上略略停留了一下。它看了我幾眼，忽地一個箭步，飛躍在汽車房前，用嘴啄在玻璃上，煩躁地叫了幾聲，跳來跳去地望著玻璃反光中它自己在杏花背景中的影子，像冬天在我窗外乞食那樣，啄一陣玻璃，叫一陣又飛到樹上，對著汽車房的玻璃叫著，會發生什麼情況似的。我正在懷疑，說時遲，那時快，一剎那，這只瘋狂了一般的喜鵲，忽地把自己的身子，像俯衝轟炸機似地衝擊在汽車房的玻璃上。砰的一聲，玻璃碎了，喜鵲驚慌失措地振翅飛去了！

一切依舊是這樣靜，像春光一樣悄悄地靜寂，溪水在流，杏花在落，有些被水帶走了，有些落在細黃的流沙上剛停留下來，一陣微風又把它們帶走了。「在沙漠中」，我如從夢中醒來一般，又開始我的邏輯思索，像考慮沙漠中單身幹部的感情生活一般，考慮一隻孤單的喜鵲的問題！

一九六二年　上海《文匯報》

敦煌抒感

看過電影《崑崙山上一棵草》的人，認為這棵草所以可貴，在於它生長在冰天雪地、風雪沖刷的高原上，不但忍受著嚴酷自然氣候的考驗，而且還能頑強地開出美麗的花朵。敦煌之所以迷人，令人嚮往，同樣在於它僻處祖國西北邊疆，在寸草不生的祁連山下，在千里戈壁、瀚海風沙中，矗立著聞名於世的敦煌莫高窟。一兩千年以來，人們靠著鳴沙山和三危山之間自南到北的一溪宕泉細水，在嚴寒酷暑、黑風黃沙中，以不屈不撓的頑強意志，從培養一根草開始，於是一株樹、一棵果木、糧食、蔬菜……在平沙萬里中，創造出一個風景如畫的綠洲。多少年來，無數的建築師、石匠、畫工和塑匠，他們來自中原或更西更遠一些地區，以堅韌的毅力，在懸崖峭壁上，開山鑿窟，抹泥刷粉，從五胡十六國開始，經過北魏、隋、唐、五代、宋、西夏、元一千餘年間，世世代代、前赴後繼地不斷努力，開鑿了一千多個洞窟，創造出這個綿亙二十餘里，如此驚心動魄、偉大瑰麗、舉世無匹的莫高窟畫廊。

現在的敦煌是清雍正三年（一七二五）設縣的。那時錢塘人汪德容經過敦煌時就寫過：「今寺已久湮，而圖畫極工。」到了嘉慶末年（一八二〇），西北史地專家徐松，又在他的《西域水道紀》中，對莫高窟作了詳細記述。光緒五年（一八七九）匈牙利人洛克濟第一次以歐洲人的身份來游莫高窟，這個意外的發現使他大為驚歎。莫高窟震動世界的大事，是眾所周知的光緒二十六年（一九〇〇）。人們從一個密藏的石室發現了幾萬卷名貴古抄本書和其他無數寶藏，並且保存得完完整整。這一震動世界的發現，使專以盜竊世界文化珍貴遺產為職業的帝國主義文化間諜接踵而來，用種種陰謀詭計盜走了大批古代文物和壁畫。

敦煌莫高窟這一漫長的歷經一千六百年的歷史文物寶庫，輪到我知道時，已經很晚了。在二十世紀三〇年代，當時我在國外看到斯坦因、伯希和從敦煌劫去的具有高度藝術水準的唐代前後的絹畫和手抄本，大為驚異，就渴望到敦煌去作一回詳細考察。十年以後，終於實現了這個願望。

那是距今二十年前的事了。當時通向敦煌的汽車路尚未修通，我們五六個初次出塞的旅客，在安西雇了十幾頭駱駝，向荒無人煙的戈壁灘艱苦地前進。經過了三夜兩天的飽受困乏和饑渴的行程之後，當我們對著鳴沙山、三危山的方向，從新店子轉向南行上了二層檯子時，一個土塔忽然在我們的視線中出現了。它在中午熾熱的日照下，真像瀚海中的燈塔一樣，閃閃發光。帶路的駝夫指著土塔告訴我們：敦煌莫高窟快要到了。我們聽了十分興奮，一步一步接近著土塔。這時候，我在駱駝背上，從一個陡坡看下去，發現峽谷中一片光彩耀目的綠樹，白楊流水，花樹成蔭，真是別有一番天地！突然間，駝鈴失卻了原有的節奏，駱駝緊張地加快了腳步，一時間，在狹隘而堆滿了流沙的下坡路上，爭先恐後地跑起來。儘管駝夫揮動鞭子，大聲吆喝，還是無濟於事，十幾頭駱駝一擁而下，我們被搖搖擺擺地拖下了斜坡。一下坡，駱駝便奔赴泉水邊排成不規則的行列，低下頭去狂飲了。這時幾個善騎的小夥子，也迫不及待地躍身而下，向前跑去。我雖然被不聽話的駱駝作弄得很難受，卻還是喜笑顏開注視這一片豁然開朗的新天地。「是一個塞外江南呀！」我獨自思忖著。當時那種喜悅的心情，與正在飽飲清泉的駱駝，和那些早已跑到上寺去為我們安排生活的小夥子們，幾乎是一樣的。

二十年很快過去了。在這一段長長的歲月裡，我們的國家全變了樣子，敦煌的一切自然也今昔不同，特別是解放後的這十年。在敦煌，我前後大約接見了五千個前來參觀的客人。雖然他們的感受不完全相同，但對這一片豁然開朗的新天地的讚賞，卻完全是一致的。現在，當我在敦煌的工作跨人第二十一個年頭時，窗外和暖的風和不知從哪裡飛來的翠鳥清唱聲，打破了莫高窟的平靜。柳樹在春風的薰沐中最先穿上嫩綠的新裝，園子裡的杏花正在一樹接一樹地怒放，梨花和桃花也都含苞欲吐。一支春天的頌歌，正在自遠而近、由低漸高地吟唱著，這歌聲響徹了莫高窟的天空，灌滿了沙漠綠洲的每個角落。

就在這時候，一連好幾天，我都在等待一個事先約好要來這裡參觀的客人。這是一個月前我來敦煌時，在蘭州一烏魯木齊直達快車中認識的一個旅客。他當時由北京去新疆工作。我們雖然是萍水相逢，但在兩天一夜的旅途生活中，已經成了很相知的朋友了。我們兩人同住在一個房間中，除了吃飯時間外，總是聊天，夜間很晚才人睡。一九六三年二月二十七日零點開始，我們聽到了人民日報〈在莫斯科宣言和莫斯科聲明的基礎上團結起來〉的社論廣播。彼此都非常興奮，從國際形勢談到了當前的工作，談到了我國六億人民在這幾年來如何戰勝一切困難，自力更生，以勇往直前的豪邁步伐，進行著宏偉而壯麗的社會主義建設，就像蘭州一烏魯木齊的直達快車一樣，用飛快的速度，衝破了戈壁沙漠上的夜色，奔向更加絢爛的前方。

火車出了嘉峪關，正在沿著舊時陽關古道蜿蜒前進。二千多年前，漢武帝的特使張騫正是由這條路，經過千辛萬苦，突破匈奴的封鎖線，歷經十三年的長期鬥爭，終於到達大夏國（今阿富汗），從而開拓了中西交通要道，溝通了中西文化與貿易的交流。當時出口的中國精美絲綢錦繡，曾豐富了世界物質文化的內容。敦煌就是中西交通要道的一個中間站。漢唐以後，一千多年來，這條路一直被西方國家稱為「絲綢之路」。如今，在我們社會主義建設時代，卻把它鋪了鋼軌，變成一日千里的「鋼鐵之路」了。但二千多年前的「絲路」和漢代長城及防禦匈奴的烽燧遺址，還是斷斷續續遺留在茫茫的戈壁上，可以從列車窗外的淡淡月色中依稀地見到。這些歷史的陳跡，使我們想像到當時在這條絲路上成千上萬的駱駝，背上馱著長安成都和齊魯生產的錦繡綾羅，絡繹不絕、兼程趕路的情形，也使我們想像到那些年富力強、不畏寒冷與孤獨，雄健地站在烽燧上向西北方瞭望著的漢唐時代保衛祖國邊塞的戍卒。由對這些戍卒的想像，使我們以更加深厚親切的情感，惦念起如今堅守在祖國邊疆的人民解放軍戰士——這些鋼鐵打就的英雄，毛澤東時代的堅強戰士，他們是我們民族的驕傲！歷史的想像和現實的聯繫，使我們不能不感到過去到現在的巨大變化！假如說，兩千年中國的歷史，是緩慢地從封建社會進到了半殖民半封建的社會，那麼，我所親歷的這二十年變化，卻是了不起的歷史變革的巨大躍進。拿我親身經歷的事情來說吧，當時在饑寒與困頓中，騎在駱駝背上搖搖晃晃三天三夜，才走完自安西到敦煌三百華里的行程。而今天，我們卻在軟席臥鋪上，只經歷一天一夜的時間，就幾乎完成了兩千華里的長途旅行。在極度興奮和激動中，我情不自禁地向同行的朋友講述了我過去在這個地區的種種遭遇。朋友聽我講完之後，向我伸出一隻熱情而溫暖的手，緊緊地緊緊地握著我的手，使我又從往昔的記憶裡，返回到現實的生活中來。一股兩個人共有的時代幸福之感，使我們的眼睛熱烘烘的……是誰，是誰給我們這樣大的幸福呀？於是，我們想到先烈們，想到了我們的黨，以及數不清的、以沖天的革命幹勁獻身於社會主義建設事業的億萬勞動人民。

「過一個月，我完成了新疆的工作，在返回途中路經柳園時，我一定到敦煌去看你和你們的塞外江南！」在車站分別時，朋友對我說。一個月很快地過去了。今天，我正在懷念火車上遇到的那位朋友，忽地一輛小吉普送來了一個客人，細看時，正是我所盼望的朋友。「真是塞外江南廠他一看到我出來，歡樂得幾乎喊叫起來。並且指著旁邊的溪水微笑著對我說，「這就是當年駱駝在此狂飲的宕泉吧？」我們邊談邊笑地走進賓館的休息室。這時，院子裡的兩棵怒放的杏樹，正從玻璃窗中反映進來，使房屋的牆壁上呈現出一片桃色的光彩。「這個地方太好了，真是個桃源仙境！……可還是把我帶到洞子裡去看看那些好看的壁畫吧。」他不住地讚歎著環境。他是那麼緊張地從北魏早期洞窟開始，然後隋唐宋元五代，一口氣也不歇地看了五個鐘頭。因為他必須趕乘當夜柳園到蘭州去的快車，這樣，我們就不可能按照一月前在火車上計畫的那樣，再在千佛洞作深夜長談了。終於在新月和電燈光的交織中，迎著傍晚清涼的春風，送別了我的朋友。

雲彩遮蓋了新月，一陣比一陣涼的夜風，使我預感到，從中午23℃的氣候，黎明前可能會一直下降到3℃左右。有人也許會擔心，這將會使那些白天沒有綻開的花朵受到凍傷。然而這些顧慮是多餘的。每年春天，一樣的冷熱氣候的劇烈變化，一樣的花開花謝！風霜鍛煉了一切。這裡長出了別處沒有的鮮甜脆嫩的「李廣杏」和「香水梨」。對於農作物生產來講，由於這裡水土含城量大，全年無霜期短促，因此，除掉一般的耕作勞動外，必須多上肥，勤翻土，常日曬，為了中和水土的鹼化硬化，還要把一車一車的沙子攙和在土和肥料中。如果要農作物隨著時序好好地生長，就得嚴格掌握季節變化的規律。春分、清明、小滿，是三個塞外糧棉及其他經濟作物的重要節氣。必須分別種子性能，一一按時下種。「不違農時」這句話的含義，沒有像塞外農民這樣真正理解得深刻了。

氣候的突變，往往使工作量成倍地增加，越是在季節更替的時候，沙漠中的氣溫變化就越大。譬如這幾天，杏花梨花滿樹滿園，開得十分興旺，忽地一陣七級到九級的黑風黃沙，就可以使這些花樹一夜凋零。再譬如，昨天中午氣溫已達到23℃，可是今天黎明忽然來了一個負5℃的霜凍！幸好現在有及時的氣象預報，農民們能夠及時預防。為了戰勝霜凍，有多少次，我在敦煌親眼看到人民公社的男女老少，用自己的棉被、衣物和其他東西，細心覆蓋在棉苗上。從黎明的晨光中，就可以辨認出一層小雪一樣的白霜粉末，撒在蓋滿了整塊大棉田的各色各樣的東西上。看了這樣的奇景，使我特別感動。記得一九五八年，曾遇見一次突然襲來的嚴重霜凍。當時我正在一個公社大隊，親眼看到了社員們在這場和自然災害的鬥爭中，表現出的保衛社會主義集體勞動果實的高貴精神。那是一個五月之夜，寒氣逼人，這一夜，全公社不分男女老少，全部出動參加搶救工作。每家都把自己的被褥、衣物、柴草，直到木板、報紙、書本等等，一切能夠抵禦霜寒的東西都拿了出來。我走進一個農民家裡，土炕上只留著一位年老的婦女，懷裡抱著一個熟睡了的小孫女。我向她招呼後，在燈光中認出是張大嫂。我問：「大嫂，你這夜裡沒有蓋的，不睡覺能行嗎？」張大嫂笑著對我說：「哪裡話呀，好所長！你到這裡二十年，不是不知道，解放前我們這裡的人是如何過冬的！如今解放了，大家翻了身，有了花緞被，花床單，眼下有霜凍，我們在炕上坐一兩晚怕什麼，怎能自顧自，忍心把隊裡的棉苗白白凍死在地裡？」她這一番從肺腑裡傾吐出來的話，使我回想起我剛來敦煌的時候，看到這一帶的農民被國民黨馬匪幫的一次洗劫。青壯年被抓去當了兵，家中的東西，包括僅有的被褥等，全被搶光。冬天來了，為了禦寒，在精光的土炕上，墊滿了沙和草，一家老小就靠著炕底下燃著的馬糞，把身體埋在沙草中度過漫長的冬夜。

這就是敦煌人的今昔。

如今，生活在這號稱「塞外江南」的勞動人民，也像全國其他各地的人民一樣，正在以空前高漲的熱情；從事著偉大的社會主義建設事業。他們用自己的雙手，創造和過去完全不同的世界。假如人們認為「塞外江南」的風光是新鮮與可愛的，那麼，那些世世代代在塞外與嚴酷自然鬥爭中鍛煉出堅強性格、從來不知道在困難面前低頭的敦煌人民，會使他們感到更可愛！

完稿於一九六三年四月一日莫高窟杏花盛開的早晨

原刊《人民文學》一九六三年第十一期

美與創造的世界

——常書鴻與池田大作對談錄（摘錄）

池田大作先生是日本創價學會名譽會長，蜚聲世界的社會活動家，長期致力於國際和平和文化交流事業，一九八三年獲聯合國和平獎。他曾多次訪問中國，積極從事中日友好交流活動。一九八〇年四月池田大作與常書鴻在北京相見後，雙方就敦煌藝術問題，對談長達十日之久，內容豐富，涉及面十分廣泛。所談內容曾集成《敦煌的光彩》一書由中國社會科學出版社出版發行。本文是對談中的一部分。

敦煌藝術的特色

常　：池田先生，請問您對敦煌佛教藝術的特色，有什麼想法？

池田：對於這個問題，我的看法也許不太全面。不過，我認為首先應從印度佛教藝術的變遷中來研究敦煌佛教藝術。這是個很有趣的課題。您知道，印度在釋迦牟尼去世後很長時間內，人們並沒有創造出釋迦牟尼的塑像，而是代之以菩提樹、散花台座等這類釋尊的象徵。

這樣做的理由各種各樣，我想其中之一可能起因於釋尊最初所鼓吹的佛教思想。作為初期佛教思想，很重要的一條便是「諸行無常」之說。所謂的「諸行無常」，就是指人的存在及宇宙、自然界的諸多事物，每時每刻都處在變化之中，即處於一種「無常」的狀態之中。

由此可以推論出，儘管釋迦牟尼是倍受尊敬的偉大賢者，在他以後的佛教徒們因為考慮到愈是尊敬老師，就愈要忠實於老師的教誨，所以也就沒有用具體的雕刻或者繪畫等藝術形式來再現釋尊的形象。

之所以這樣做，是因為雖然稱作釋尊，但僅就其形象而言也是一種「諸行無常」的存在體。因為形象也是瞬息萬變的，不會停止，所以表現哪一個瞬間的釋尊形象就成了問題。而且，用一個不變化的釋尊形象展示給人們，就會給人一種形象固定化的危險。

常　：對，最初是這樣的。

池田：但是，隨著時代的發展，這種想法也隨之發生了很大的變化。之所以這樣說，是因為釋迦牟尼去世幾百年後，直接聆聽他的教誨，跟隨其左右的徒弟們也相繼去世。這樣，從人們心理的一般動態來講，對佛陀釋尊的思慕之情也越來越強烈；同時，對於佛陀釋尊到底是一件什麼樣的存在的哲學思考也產生了。由此，有人認為佛陀釋尊有其永恆性的一面和無常性的一面。確實，作為無常性一面的佛陀釋尊的肉體消失了，但是，釋尊所悟出的宇宙間森羅萬象的真理卻是永恆不變的。這樣，人們越來越思慕這種永恆性一面的佛陀，並且產生了一種強烈的願望，那就是用一種什麼形式把他表現出來，想創造佛畫或者佛像的願望愈加高漲起來。

與此相關，到了大乘佛教時代，就像「大乘」其名那樣，許許多多的俗家大眾都皈依佛祖、篤信佛教。這樣，為了眾生的教化，或者是作為當時人們渴望的歸宿，要想喚起人們對「佛」的意識，就有必要用具體的形象來表示佛陀和釋尊。在以上各種各樣的條件相互作用下，終於迎來了使釋尊像或畫造形化的時代。

最初，在我們所信奉的作為大乘佛教真髓的日蓮大聖人的大佛法中，信仰對象的本尊，並非是作為印象或映象結晶的佛畫或佛像，而是以文字為本源的。恕我斗膽直言，這是我們所尊奉的日蓮大聖人的最高極尊的表現。這一點，和歷來佛教的本尊是有著根本性的區別的。但是，因為這裡說的是與敦煌佛教藝術有關的話題，所以，以上的議論暫且不提了，讓我們回到原話題上去。

首先把釋尊肖像造形化的是犍陀羅（現巴基斯坦西北部白沙瓦地區的古名）的貴霜[1]時代的人們。他們在希臘文化的影響下，真實地再現了釋迦牟尼的形象。佛像最初出現在印度次大陸的時間大約為西元一世紀末或是二世紀初。繼犍陀羅的佛像之後，印度馬德里創造的佛像，漸漸出現在印度的各個地方。在佛教傳人西域、敦煌的過程中，因為反映各自的地域風土、民族特色及文化背景，所以表情、姿勢也各不相同。

就敦煌來說，從北涼（三九七～四三九）到元朝（一二七一～一三六八），經過了千餘年的營造。而且，正因為以各種各樣的文化為背景，所以不同朝代的壁畫就反映出其不同的特色，這一點是很重要的。

縱向有千餘年的歲月，橫向有印度、西藏、西域諸國、中原（中國黃河的中游地區）等廣袤的空間，從漫長的時間和廣闊的空間這一點上，即使從佛教藝術史的角度來看，敦煌藝術也有著非常高的化價值。敦煌藝術的表現對象，當然是佛、菩薩、佛教經典的內容。這些作品，與捕捉自然風景和人性美的藝術作品相比，可以稱作是從對於直接的永久性東西的敬畏和祈求中產生出來的藝術。

常　：敦煌的作品，是畫工們從自己心靈深處創造出來的。

池田：在敦煌的美術作品中，可以發現大部分是表現祈求脫離不幸的現實、渴望平靜的生活及安樂死去的願望的。所表現的世界，是一種被虛化的世界，與現實生活相去甚遠的東西也不少見。畫工們所創造的佛、菩

1 貴霜：大約西元一世紀上半葉興起於中亞細亞的古國。創立者為大月氏的貴霜（Kushan）翕侯（部落首領）丘就卻。後經不斷擴張，成為一個大國。迦膩色迦（約二世紀）初在位時崇尚佛教，遠與中國、羅馬相通，為全盛時期。

薩藝術，具有威嚴感，充滿慈愛、溫和，這種手法占了絕對優勢。在淨土中，盡他們所有的想像力描繪出了非常豪華、莊嚴和有氣派的作品。敦煌藝術也可以說是從這種想像力中產生出來的、由畫工們完成的理想性的存在和場所的表現形式。與此同時，供養者們的形象也有非常逼真的、寫實性的刻畫。這作為瞭解當時社會條件下人們的服飾以及生活狀況的資料來說，是很有參考價值的。解釋經典內容的畫卷以及描繪傳教場面的繪畫中，也在某些方面反映了人們的現實生活。這種用想像與寫實、虛化的世界與現實生活的表現手法，而且二者合而為一、充滿著人情味的藝術，我想可以說是敦煌藝術的一大特色。

常　：敦煌藝術是畫工們創意性的傑作。在壁畫當中，沒有完全相同的東西，即便是描寫同樣經典內容的藝術作品，畫家們也根據自己的創造力和想像力創作出了完全不同的作品。拿第六十一窟的《五臺山圖》來說，既畫有磨面的人、登山的人，還畫有嬉戲的馬兒，隨處可以看到畫家的獨具匠心。敦煌的藝術作品保存到了今天還顯得栩栩如生，是因為畫家們是用心、用靈魂來創造的。從心靈深處產生出來的創造力，是真實的，不是虛假的。真正的藝術品，即使經歷千百年，仍能給人以強烈的感染力，其藝術性會經久不衰。這些作品到了今天仍有影響力，是因為這些作品有著很強的生命力。

池田：說得很對。

常　：歷史上，像宮廷藝術作品那樣豪華絢麗的作品並不少見，但是，這些作品幾乎不能給人多少感染力。在藝術品中，有絕對價值和相對價值之分。根據時代不同，從當時各種各樣的利害關係來看，或者根據宣傳效果來看，也有許多作品曾被人們當作藝術珍品，然而，真正沒有價值的東西，隨著時間的流逝，人們的關心也隨之淡薄，這些作品漸漸被人們所遺忘。這只不過是一種相對價值。但是另一方面，活著時無名的藝術家的作品，死後才被有識之士發現，經過百年、千年之後，被人們當作珍貴的藝術品，留傳後世。這些藝術作品可以說是具備絕對價值，我認為，從心靈深處所產生的任何東西都有其價值，相反，有時只看表面覺得非常漂亮的藝術晶，仔細看一下，便會發現是贗品。某一文學家這樣說過「「向大眾獻媚的作品並非好作品」。真正的好作品，應該看其內在的東西是有價值還是沒有價值的。現代一般人看畫，首先看是「誰」的作品，並不考慮作品「給人的感召力和影響力」。弄清是「誰」畫有以後，就考慮這個人是名人，還是非名人，也就是說畫變成了商品。但是古代的藝術，並不是作為商品的藝術，而是為了給人以感召力才創作的。

池田：剛才，先生談到藝術作品中絕對價值和相對價值的問題。我想，這裡面包含人生和社會生活中所有場合都通用的重要啟示。它不依憑於什麼，也不是為了當時的利害，而是追求永恆的人們在心靈深處進行的創造性工作。這種工作不侷限於藝術，而是廣闊的生活，這些工作具有永恆的光輝。

同時，我還想問一個問題。常先生生活在二十世紀，發現了古代敦煌藝術的珍貴價值後就致力於這種藝術價值的復興。不少人都嚮往這種靈魂與美學價值的邂逅，企圖探索於這一崇高的境界，常先生正是徜徉在這種境界裡。

這些產生於靈魂深處的藝術，一旦獲得英慧之士的超時空「邂逅」，它的生命力便會大放光彩。這種「邂逅」，可能在藝術家生前就幸運地發生，也可能在藝術家謝世之後幾個世紀才發生。從這種超時空的靈魂與靈魂的共鳴中，我的確感到了藝術的「妙」和神秘。不管在東方還是西歐，在藝術史上都能發現這種靈魂與靈魂的驚人邂逅。敦煌佛教藝術同先生的邂逅，就是一段非常優美的插曲。不過，創造了美的絕對價值的畫家們是從哪裡獲得這種創造性的源泉呢？

常：繪畫創作的原動力有兩種。一種是精神的因素，從信仰出發，通過繪畫得到內心的滿足。相信佛教的人或許以為贖回罪惡便可成佛。另一種是物質的因素，為了糊口，他們被雇來作畫。如果畫得好就能得到報酬。

總而言之，敦煌藝術的創作源泉應該說是宗教。大多數畫家是信仰者，或者心存信仰。如果心中不相信佛教，絕對創作不出像敦煌壁畫這樣輝煌的作品。

池田：曾和我對談過的法國藝術家曾內・烏依古說過：「藝術和宗教是人類對自身的超越。雖然有時我們能夠感覺，然而，它們卻令人無法預知、無力明曉，不能洞悉其真實形態。對於這一點，藝術和宗教的作用是相同的。」（《黑暗盼望黎明》）這也就是說，宗教和藝術在人類超越自身、超越真實的物質存在時，有著相等的功效。

當時，我對烏依古的這番話這樣回答：「真正的藝術和宗教在與人類心靈對話時，有一種共通性。在藝術中，我們看到了宗教本來的情感表達。」

敦煌的無名畫家們沒有得到生活和環境的恩賜，他們之所以能給人留下這些絢爛多彩的佛教藝術作品，正如先生所言，因為在每個畫家心中都搏動著強烈的宗教情感。

敦煌的藝術家們生來就具有藝術才華或造形天賦。他們出於對佛的信仰，從心靈深處挖掘創造的源泉，從事創作活動。因此，這些藝術作品能保持永恆的生命力是必然的。另外，回顧一下藝術的歷史，藝術作品大都是為了統治者或富人而作的，為了王公貴族的榮光才創作了大量的雕刻和繪畫。另一方面，為教會和伽藍[2]服務的宗教藝術也盛行起來。民眾生活在權威之下。翻一翻西洋繪畫史就會發現，很長一段時間裡，作品的主人公都是神仙、王公和特權階層。

常　：您講得很對。

池田：在繪畫和雕刻的主題中，宣揚基督教經典的占大多數。即使是世俗生活題材，也都是基於古代希臘神話、羅馬英雄故事和寓言而創作的。直到描寫十六世紀佛蘭德斯地區農民生活和風俗的勃魯蓋爾[3]，描寫十七

2 伽藍：梵文Sanshar. amaS的音譯。僧伽藍摩的略稱，意譯為「公園」或「僧院」。佛教寺院的通稱。

3 勃魯蓋爾（PieterBrueghel，一九二五～一五六九）：尼德蘭畫家。他的畫多反映農村生活和社會風俗，畫風具有鮮明的尼德蘭民間繪畫特徵。作品有《收穫》、《冬獵》等。

世紀法國平民生活的勒南兄弟[4]出現之後，我們才可以看到以平民生活為題材的藝術作品。十七世紀，荷蘭的市民文化勃興，產生了弗美爾[5]的作品。

近代市民革命爆發後，特權階層被取而代之，藝術也從特權的束縛中解放出來。十九世紀後，像米勒[6]的《拾穗者》這樣描寫農民生活的名畫問世了。杜米埃[7]描繪了生活在社會底層的貧苦農民的生活，現實主義畫家庫爾貝[8]完成了《碎石工》，浦魯東[9]把這幅作品稱為「最早的社會主義繪畫」，名氣很大。

隨著社會變革的深入，民眾的地位不斷提高。在先鋒畫家的筆下，作品主人公的大眾時代漸趨鞏固。

從這一變革來考察，敦煌藝術一方面是為統治階級和富人所作；另一方面，反映那些無名畫家自身生活和理想的畫面也淋漓盡致地表現了平民生活。我很想瞭解一下這些作品中引人注目的平民性。聽說，常先生在學生時代也信奉「為藝術而藝術」[10]的信條。看到了敦煌莫高窟的遺產之後，才為這些作品的平民

---

4 勒南兄弟：指安東・勒南（Antoine le Nein，一五八八～一六四八）、路易・勒南（Louis Le Nein，一五九三～一六四八）和馬修・勒南（Mathien Le Nein，一六〇七～一六七七）：法國畫家。他們的作品多表現貧苦農民的生活，是十七世紀上半葉現實主義派的代表人物。他們經常合作創作，不署名。代表作有《打鐵工》、《農家》等。

5 弗美爾（Jan Vermeer Van Delft，一六三二～一六七五）：荷蘭畫家。作品多描寫荷蘭小城市的資產者悠閒安逸的日常生活；人物與室內陳設結合巧妙，善於用色彩表現空間感、品質及光的效果。作品有《看信的女人》、《倒牛奶的女人》等。

6 米勒（Jean Francois Millet，一八一四～一八七五）：法國畫家。他的作品以表現農民生活而著稱，代表作有《拾穗》、《晚鐘》等。

7 杜米埃（Honoie Daumier，一八〇八～一八七九）：法國畫家。他的作品多反映下層社會的平民生活，著名作品有《洗衣婦》、《三等車廂》等。

8 庫爾貝（Custare Courbet，一八一九～一八七七）：法國畫家。他的作品多描寫貧苦平民的生活，作品有《碎石工》、《篩谷的婦女》等。

9 蒲魯東（Pierre Joseph Proudhon，一八〇九～一八六五）：法國社會思想家，無政府主義思想的創始人。

10 「為藝術而藝術」：它強調藝術的純粹性，只為自身而存在，而不依附於外部條件。法國作家戈耶蒂首倡此說，法國詩人波德賴爾和英國作家王爾德也堅持這種觀點。

性所感動，自己的藝術觀也發生了很大變化。

常　：的確，在學習繪畫時，我有過「為藝術而藝術」的想法。那時，法國藝術界也沒有重視平民藝術的傳統。但是，到了敦煌之後被平民藝術深深地感動了。我想到，藝術應該為大眾服務。而且我相信，敦煌藝術是平民創作的為平民的藝術。自此之後，我感到藝術創造必須為民眾服務。因此，在作品中表現自己的思想和理想，奉獻給民眾，為民眾做出自己的貢獻，是一件非常重要的事情。

池田：你剛才的話力抵千鈞。先生的話是經過了實踐驗證的，我深為欽佩。過去，薩特[11]曾問到：「對於千百萬處於饑餓狀態的孩子來說，文學到底有什麼意義？」這裡所提的問題非常尖銳，涉及到包括文學在內的藝術和民眾、藝術和現實之間的關係。藝術究竟如何為社會和民眾服務，這一問題正好反映了「為人生而藝術」的主張。當然，還有另外一種主張，那就是「為藝術而藝術」，以文學家王爾德[12]和波德賴爾[13]為代表的一派都主張「藝術只是為了藝術本身而創作的」。

這些令人費解的藝術理論可以暫且不論，但是，我們無法忘記藝術的精髓昇華於民眾的心靈。因此，只有回到「為了什麼」這個出發點，它才能表現出更大的價值。從這個意義上講，我對先生的「藝術必須為民眾服務」頗有同感。

11　薩特（Jean-Paul Startre，一九〇五～一九八〇）：法國作家、哲學家和批評家，法國存在主義的宣導者。他強調「存在先於本質」，人生的課題是「選擇」，而這種選擇是「絕對自由」的。他的代表作有《存在與虛無》、《蒼蠅》等。

12　王爾德（Oscar Wilder，一八五六～一九〇〇）：英國作家、詩人。主張「為藝術而藝術」。主要作品有《快樂王子集》、《溫德梅爾夫人的扇子》等。

13　波德賴爾（Chades baudelaire，一八二一～一八六七）：法國詩人，文藝批評家。他最重要的作品是詩集《惡之花》，充滿病態和憂鬱色彩。他的作品開象徵主義之先河，對現代派藝術影響甚大。他也是「為藝術而藝術」的宣導者。其他著作還有《巴黎的憂鬱》、《美學珍玩》等。

我想問一下，先生自己心中民眾與藝術相連的中心點是什麼呢？

常：我熱愛民眾。民眾擁有創造力和克服重重困難的力量。對我來說，這個中心點就是通過藝術來表現對民眾和藝術的發自內心的熾熱感情。

藝術的作用與評價

池田：接下來我想在這裡談一下藝術作品難以評定的問題。作為傑出的藝術作品，今天為世人所稱道，但在它創作之初卻不為人們所接受，有時甚至成為人們譏笑的對象。盧佛爾美術宮[14]中保存的作品有不少便是如此。

印象派[15]的畫家們大都如是。我們甚至看到那些在美術史的舞臺上從事先鋒藝術的人，卻紛紛因不公平的命運而結束了自己的生命。在近代藝術史上，許多生前默默無聞的人給歷史留下了創造性的業績。裝扮古代藝術史的工作也是由那些連名字都沒留下的匠人創造完成的。敦煌藝術的畫家便是如此。

常：現在，大多數人在看畫時首先看是「誰」畫的，而作品「給人的感動、給人的作用」卻很少有人問津。明白作者是「誰」之後，接下來看那人是不是名人。也就是說，把畫當成了商品。但是古代的藝術卻不是商

14　盧佛爾美術宮：在巴黎，館址是前法皇的盧佛爾宮，一七九三年改為國立美術博物館。收藏有豐富的不同時期、不同地區和國家的藝術品。法國的雕塑和繪畫作品比較齊備。第二次世界大戰後，印象派繪畫集中陳列在新建的印象派畫廊中。

15　印象派：十九世紀下半葉在法國興起的一個畫派。這一名稱是由一八七四年該派作者舉行畫展時，批評家對莫內所作《日出印象》一畫加以嘲笑而來。該派發揮光色原理，加強繪畫的表現力，對歐洲繪畫技術的革新有很大影響。代表畫家有莫內、畢沙羅、西斯萊、雷諾瓦等。

品藝術，古代的作品是為了給人以感動才創作的。

我認為判斷一件作品的關鍵在於它給人的感動是強還是弱，不能首先判斷是「誰」以及哪個畫家的名氣。當然，這裡面有自己喜歡的畫家，也有自己不喜歡的。但我想決不能以好惡為判斷基礎，而是需要一種帶有普遍性的價值觀。

池田：剛才先生指出的繪畫商品化是件非常重要的事情，這不僅限於繪畫。這樣的作品忽略了根本的一點，即對於藝術來講，什麼是最重要的問題。

無論我們周圍的事物多美，只要自己的眼睛出了雲霧，就會什麼也看不清。也就是說，自然產生的花、草、樹木、動物，自然形成的景色，或者是人們的姿態行為、人類創造的東西，怎樣去感覺它、把握它，取決於它在人們心靈上留下的印象。而心靈的變化極其微妙，它是決定一切的不可思議的存在。

為自己認為美麗的景色而苦惱、悲傷時，美麗的事物便不會再出現。大病初癒的人看到周圍司空見慣的景色卻感到耳目一新，在珍惜生命生存下去這種自覺意識之下，對映人眼簾的風景，會發現平常注意不到的美。相反，自己曾經認為美的東西，卻顯得那麼空虛，那麼無聊，毫無價值。

因此，美好感情的發現不僅靠人的感性，也因處境、境遇以及精神狀況的不同而因人而異，我認為對於美術作品也可以這樣說。藝術家把自己關注的事物、感受的情思、想表達的東西創造成有形的實體，這樣創造出來的藝術才反映出創造者的人性、感性、所處的環境和境遇。

最重要的是，在我們的時代，如果沒有宏大的精神，要想創造偉大的藝術，想創造養育藝術的豐饒土壤也是不可能的。

先生剛才說到，或許有些作品單純是為了物質報酬而產生的。在艱難的環境中，他們在牆壁和洞頂上描出畫像，創作了雕塑群，留下了巨大的敦煌藝術寶庫。這是因為，他們專心致志地工作，已經把永恆的祈求、幸福的憧憬融進了艱苦的創作中。

我認為應當珍惜敦煌藝術。這是因為，在遠離文化中心的地方，無數默默無聞的藝術家留下了繁富的作品，其中有不少擁有最初價值的真品。同時，在以戰爭和政治為中心的歷史上，在陽光照不到的沙漠之角，那些無名畫家們兢兢業業、辛苦工作，完成了美與文化的創造，對此我深有感觸。

自然創造了美的世界，而藝術作品則是人類靠自己的力量創造的美的世界。在絲綢之路上，他們創造了美的空間。她通過作品，對生活在今日世界上的人給予啟示。她彷彿用一顆溫柔的心告訴我們，讓我們珍愛這些從遠處傳來的美的光彩。

對於藝術作品的評價是這樣，其實古今東西，其他領域也是如此。真正的價值不被承認，先驅性的工作經常受到批判中傷，這樣的事情層出不窮。我曾把這個歷史以〈迫害與人生〉為題在創價大學講演過。

仔細看一下那些歷史上留下偉大足跡的人們的生活道路，我希望青年擁有一雙洞察事物本質的眼睛。並且，在今後遙遠的人生旅途上，堅韌不拔，自強不息。我祝願它成為他們生活下去的精神食糧。

在這些人物中，我想談一下中國古代楚國的詩人屈原[16]。我非常喜歡他說的這一句話：「固餘心之所善兮，雖九死其猶未悔。」

常　：屈原也是我尊敬的一位詩人。

池田：屈原因為皇帝聽從佞臣的讒言被流放，他留下了一首離憂恨絕詩。「屈心擬志兮，忍尤而攘詬。伏清白以死直兮，周前聖之所厚。」（屈原〈離騷〉）在這個意義上說，司馬遷也是令人無法忘懷的人。他為了完

---

[16] 屈原（約前三四〇～二七八）：戰國楚人，詩人。所作〈離騷〉、〈九章〉等篇，陳述他的政治主張，揭露上層貴族的昏庸腐朽，另有〈九歌〉等篇。他在吸收民間藝術營養的基礎上，創造出騷體這一新形式，對後世影響很大。因對當時政治不滿，遂投汨羅江而死。

成自己的志願，忍受了世人所有的屈辱生活下去，給後人留下了《史記》這部偉大的作品。

在繪畫上我該多向常先生請教（笑）。塞尚[17]的生平已經談到過。馬蒂斯[18]宣稱：「塞尚是我們所有人的導師。」他作為「現代繪畫之父」在歷史上留下了偉大的足跡。然而，他的一生是在世人的不解、嘲笑甚至侮辱中度過的。在第一次印象派畫展中展出的那幅作品曾被譏諷為「錯亂塗抹的狂人之畫」。《布依庫特爾的肖像》曾被批評為「瘋子畫的瘋畫」。但是他依舊頑強地堅持自己的信念，為美術史寫下了不朽的一頁。

此外，從列寧、甘地[19]的一生來看，我們不難發現：只有經過苦難，人生才能從黑夜走向黎明，才能從混沌走向秩序。人生只有在苦難中才會放出耀眼的光芒。

我早就聽說許多人在文化大革命中經歷了各種各樣的磨難。我想這些靈魂受到磨煉的人們如果開拓了新的創作之路，必定會給藝術世界帶來優秀成果。

常先生正是在苦難中開拓了自己的道路。請問常先生度過這些苦難的原動力是什麼？

常：當時我出國留學，無非是想出人頭地、光宗耀祖。到法國後，我的認識逐漸變化，最後發生了從為個人到為民族為國家的意識革命。

---

17 塞尚（Paul Cezanne，一八九三～一九〇六）：法國畫家，後期印象派的代表人物。畢生追求表現形式，對運用色彩、造型有新的創造，被稱為「現代繪畫之父」。作品有《果盤》、《玩紙牌者》等。

18 馬蒂斯（HenriMatisse，一八六九～一九五四）：法國畫家，野獸派的代表人物，作品吸收有波斯繪畫、東方民間藝術的表現手法，形成「綜合的單純化」畫風，曾提出「純粹繪畫」的主張。作品有《白羽毛》、《愛看書的女人》等。

19 甘地（MohandsaKaramchandGandhi，一八六九～一九四八）：即「聖雄」甘地，印度民族運動領袖。曾長期領導印度國大黨，宣導「非暴力不合作運動」，反對英國殖民統治。一九四八年被印度教極端分子刺死。

在敦煌期間，受到民族意識和佛教的影響，我產生了一種使命感。「敦煌藝術是中國的傳統文化，捨命也得保護它。不管有多少困難都必須克服。」這種使命感使我度過了所有的艱難困苦。以後周恩來總理給了我許多保護。

在困難時期，像被稱為中國歷史上最大災難的文化大革命，是無法用三言兩語說清楚的。在這期間，我受到多少迫害，受到怎樣的侮辱，我和我的家人又是怎樣度過難關的，需要很長時間才能說完。這個問題我就講到這裡吧。

自從在巴黎見到伯希和的《敦煌圖錄》，我的命運便與敦煌緊緊地聯繫在一起了。從那以後的半個世紀的時間裡，我嘗盡了一家離散、橫遭迫害的苦酒。

不過，到了人生的最後階段，我想可以這樣說：「到目前為止，我的人生選擇沒有錯。」我沒有一件讓我後悔的事。

只是這半個世紀過得太快了，敦煌研究和保護還有那麼多事情需要做！

池田先生曾問過我：「如果來生再到人世，你將選擇什麼職業呢？」我不是佛教徒，不相信「轉生」。不過，如果真的再一次托生為人，我將還是「常書鴻」。我要去完成那些尚未做完的工作。

池田：太偉大了！常先生，那麼請問，中國近代美術史分為哪幾個階段呢？

常　：從清末到現在，中國近代美術史大概可以分為六個時期。

第一階段是清朝末期。政府向西洋派遣留學生學習西洋畫技術，他們回國後在宮廷內留下了西太后肖像畫之類的作品。

第二階段是一九三〇年前後，以徐悲鴻先生為中心的我們這批青年畫家留學海外，把西洋的繪畫技術帶回了中國。這些人大都在三〇年代回到了中國，執教於國立藝術專科學校，我便是其中之一。

當時，我教的是西洋畫。中國畫是以齊白石先生[20]為中心進行的。我們當時同在一所學校為中國畫和西洋畫的發展與普及做出了自己的努力。抗日戰爭時期我在重慶，但我仍然進行美術創作和研究工作。

第三階段是新中國成立後。當時，美術雖然得到了發展，但在外國美術方面蘇聯美術較法國美術更受重視。特別是徐悲鴻先生逝世後，這種傾向更加嚴重。在中國的水墨畫方面，除了以繼承過去的傳統為重點外，幾乎看不到什麼革新藝術。與中國革命博物館、歷史博物館、人民大會堂的建設相適應，中國美術界出現了大量的作品。這段時間是美術創作的高漲時期。

第四階段是文化大革命期間。這是一個災難的年代，因為政治原因不得不創造一些特殊的作品。

第五階段是文革後。一九七八年初舉辦法國風景畫展時，中國美術界引起了很大的反響。那次展出，我們第一次系統地從古代到現代把法國名畫介紹給大家。從那以後，中國美術界又開始注目於西洋的美術。

第六階段是現在這個開放的時代。世界各地眾多的美術資料都被介紹到中國，青年畫家們到目前為止還沒有學習這些藝術的機會，還缺少這方面的實力。年邁的畫家們認為青年畫家不能令人滿意，但是，青年畫家們正努力創造出自己的新風格。與中國的政治、經濟一樣，中國美術界迎來了自己的變革時期。我期待也相信，他們今後會創作出更優秀、更有深度的作品。

---

20 齊白石（一八六三～一九五七）：湖南湘潭人，中國現代書畫家，曾任中國美術家協會主席。擅作山水、花鳥和人物畫，融合傳統寫意畫和民間繪畫的表現技法，形成了獨特的藝術風格，對現代中國繪畫有很大影響。

徐悲鴻先生的人格

池田：我聽說常先生曾受到現代中國繪畫大師徐悲鴻先生的很大鼓勵。

常　：我去敦煌，徐先生贈我「不入虎穴，焉得虎子」一句話。他說：「如果真的想認識敦煌，真的想認識中國古代文明的話，那麼除了自己去敦煌，再無別路可走。」他還激勵我說：「像唐玄奘三藏法師那樣帶著苦行僧的精神，去保護敦煌的民族藝術寶庫，去整理它、研究它，堅持到最後！」

另外，我在重慶舉辦個人畫展時，他曾特地給我寫了序：

油繪之入中國，不佞曾與其勞。而其爭盟藝壇，蔚為大觀，尤在近七八年來，蓋其間英才輩出。在留學國，目燦藝事之衰微；在祖國，則復興之期待迫切。於是素有抱負，而生懷異秉之士，莫不挺身而起，共襄大業。常書鴻先生亦其中之一，而藝壇之雄也。常先生留學巴黎近十年，師新古典主義大師羅郎史先生，歸國之前，曾集合所作，展覽於巴黎。吾友千米葉・莫葛蕾先生曾為文張之。莫葛蕾先生，乃今日世界最大文藝批評家，不輕易以一字許人者也。法京國立外國美術館用是購藏陳列常先生作品，此為國人在國外文化界所得之異數也。常先生工作既勤，作品亦隨時隨地地為人爭致，難以集合。茲將有西北之行，故以最新所作，各類油繪人物風景靜物之屬，凡四十餘幅問世，類皆精品。抗戰以還，陪都人士，雅增文物之好。常先生此展，必將一新耳目也。

壬午中秋　無月　悲鴻序。

我去敦煌時，徐先生贈我一幅《五雞圖》。

池田：就像「現代中國繪畫自徐悲鴻始」所言，他的足跡是那樣偉大，他給中國繪畫史留下了輝煌的業績。由此我們可以瞭解到他優秀的人格。

真正的一流藝術家，他的人格也閃爍著光輝。而且，他們那歷經磨練的人格使藝術變得更加深刻。這是我見到許多優秀藝術家後的真切感受。

徐悲鴻先生留給後輩的舉止，洋溢著對他們的深切關懷。也正是因為有這樣的人，才使常先生繪畫的價值、美感和志向在我心鏡上清晰地映出。先輩如果都能這樣親切關懷後人的話，未來一定會更豐富、更輝煌。

在東西方繪畫的融合上，徐悲鴻先生也做出了巨大貢獻。

德拉克洛瓦的藝術

池田：時至二十世紀的最後十年，我想常先生在大半個世紀中與敦煌這座絲綢之路的美的寶庫同生存，對藝術肯定會有不少的想法，諸如藝術的過去、現在以至未來，東西方文化的發展交流等，我想聽一下常先生的感想。

常　：謝謝。我非常高興與池田先生談一談這方面的問題。

池田：我讀過先生所著的《敦煌的風鐸》，瞭解到從一九二七年您留學法國開始，十年裡曾埋頭於希臘、羅馬的美術史和美術理論的研究，先生曾為近代美術的傑作和歐洲文藝復興的研究所折服。特別是您說深為十九世紀浪漫派[21]的代表畫家德拉克洛瓦[22]所折服。

當時，自然科學正處於覺醒時期，同時新的人生觀、價值觀也開始探索自己的道路。在藝術界，一些畫家主張變革過去一成不變的陳舊觀念。那個時代，人們探求如何觀察，如何表達，人的個性得到了解放。

常　：我在法國學習的時候，不喜歡法國後期印象派，我喜歡新現實主義。我的老師也是新現實主義派。當時我極其重視描繪靜物、人物的現實主義。

我在油畫中運用了中國畫的線條。中國畫的線條是非常精彩的，特別是顧愷之的畫，作為線條特徵尤為精妙絕倫。他的畫色彩也很豐富。

池田：我見到現代中國著名畫家董壽平先生[23]時，他說：「西洋繪畫重視光和質感，而東方繪畫有運筆，重視線條的傾向。」並且當時，董先生說：「兩百年或三百年後，人類肯定會回憶起東方的精神。」我深為他的願望所動心。

常先生年輕時在盧佛爾的美術館為《希阿島的屠殺》所感動，塞尚曾稱德拉克洛瓦為法國最大的畫家。他說：「無論靜寂的悲劇作品，還是跳躍的喜劇作品，沒有人能夠像德拉克洛瓦那樣使用色彩。我們都是通過他學習繪畫的。」

21　浪漫派：十九世紀初葉，興起於法國的一個藝術流派。這一畫派擺脫了當時學院派和古典主義的羈絆，偏重於發揮藝術家自己的想像和創造，創作題材多取自於現實生活、中世紀傳說和文學名著。

22　德拉克洛瓦（Eugene Delaeroixn，一七九八～一八六三）：法國畫家。浪漫主義畫派的代表人物之一。他的畫風特點是構圖重氣勢，色彩絢爛，強調對比關係，重視人物情感和動勢的描繪。作品有《希阿島的屠殺》、《但丁和維吉爾在地獄裡》等。

23　董壽平：一九〇四年生，山西洪洞人。中國現代書畫家。善詩文、書法，尤長繪畫。他的書畫作品，筆酣墨飽，渾厚蒼勁，別開新貌。精書畫、金石鑒賞，對畫論、畫史亦有精闢見解。

但是，德拉克洛瓦二十歲到三十歲期間送進沙龍的作品卻為畫壇所不屑。那幅名畫被譏諷為「繪畫的自殺」，受到當時畫壇的批判。

他用充滿豐富感受的熱情去看當時的社會事件，描繪出戲劇性的作品，具有鮮明的個性。他的作風與新世界的出現相吻合，由此加深了他作品的魅力。

他有名的《屹立在米索倫基廢墟上的希臘》保存在勃拉多美術館。我們在東京富士美術館的開館紀念展「近代法國繪畫展」中展出了這幅作品。他的這幅以希臘獨立戰爭為題材的、帶有東方情調的作品給人留下了深刻的印象。

他出生在巴黎近郊塞納河邊的一座小鎮上。懷著對東方世界的憧憬，他三十四歲時用了半年多的時間遊歷了西班牙、摩洛哥、阿爾及利亞等國家。這次旅行使他的藝術更加豐富。

在他那厚厚的七冊寫生畫稿近五百幅作品中，我們不難看出，與法國風情迥然不同的地中海明亮的陽光和異國風情，在多大程度上刺激了他的創造性，給他留下了多麼深刻的影響！

在與異質文化的撞擊中，每逢瞭解一個嶄新的世界，他的感性世界都會進一步擴展，創造出獨特的藝術風格。

常：對，德拉克洛瓦受到東方世界的影響，魯奧[24]也吸收了東方藝術才形成自己的風格。我相信中國必定會有東西方藝術融合的那一天。我確信中國畫壇肯定會出現像東山魁夷先生、加山又造先生[25]那樣本著文化交

---

24 魯奧（Rouauh，Georges，一八七一——一九五八年）：法國畫家、版畫家。堅持使用濃重的黑色輪廓線以及點點發亮的藍、紅、綠、黃色，產生近似中世紀彩色玻璃的效果。他的畫既有野獸派的風格，又有傳統特色。代表作有《嬰兒基督與東北三博士》等。

25 東山魁夷：一九〇八年生，日本畫家。善作日本、中國四季變化的自然風光畫，是國際上比較活躍的畫家之一。加山又造，一九二七年生，日本畫家。現代日本畫代表人物之一，長於工筆人物，擅寫風景名勝，曾在日本全國藝術大賽中獲獎。

流進行實證的畫家。

池田：加山又造畫師以七世紀中國唐代藝術為界，把日本繪畫史劃分為七世紀以前的古代和從七世紀到十六世紀室町時代末為止的近代兩個部分。

他說：「日本文化起源於外來文化。從宏觀上來看，無論古代也好，近代也好，日本文化只不過是中國文明圈的一個地方文化而已。」（《現代日本畫全集》第十七卷，集英社。）

在占絕對優勢的中國文化影響下，日本的本土文化開始萌生、成長。我深為與貴國的緣份而感慨。不過，法國的路奈・雨果曾說過：「西洋美術、印象派及世紀末美術都是在與東方文化的碰撞中改變了原來的風格。」我衷心期待在中國傳統文化的豐厚土壤上，東西方的文化交流進一步發展，期待；一世紀的藝術更加繁麗多彩。

常　：繪畫必須吸收新鮮的東西，不斷豐富自己。從敦煌壁畫就可以瞭解這一點。那裡既有中國獨自的風格，也有外國的影響。有許多是受到外來影響才創造出自己絢麗多姿的文化的，唐代文化便是一例。我想過去日本的繪畫也是引進中國藝術之後才形成並發展起來的。

敦煌壁畫與魯奧的藝術

池田：在敦煌的繪畫中，是不是有一些看起來像魯奧的作品？

常　：在敦煌壁畫中，從北魏時期（三八四～五三四）的壁畫上可以看到這些特徵。北魏民族的性格兼有粗獷和細膩二重特徵，這種性格在北魏時代的敦煌繪畫中得到了很好的反映。

這種性格反映在作品上，有的技法很大膽，有的繪製卻非常精緻。一開始描的時候很為大膽，但作品完成時卻又是那樣出奇的纖細。唐代的壁畫中找不到這類作品。因此，可以說早期壁畫具有魯奧繪畫的風格。

到了日本，看到魯奧的美術作品後，我的思想發生了巨大的變化。我從事美術事業以來，受到魯奧的巨大影響。我認為他的畫裡有一種新的表現方法，是現代畫中一種新的視點和表現點。西洋藝術在我們東方人看來有許多可以學習的東西。我對他的創造性思考有很深的興趣。

池田：不言而喻，魯奧的作品在二十世紀前半期的繪畫世界裡放出了獨特的光芒。他曾說過：「實際上，美的東西總是隱藏著的，到現在為止一直是這樣。只有堅韌不拔地去探求它、發現它，至死方休。從事這種事業的人或許總是苦惱，然而同時不也擁有深刻的、靜謐的喜悅嗎？」（《現代世界美術全集》八：河出書房）在他的人生歷程中描繪出了人間醜惡的姿態及貧民街上窮人的生活，這些作品在一般意義上說是不能稱為美的，然而他卻赤裸裸地用激烈的筆凋畫出了貧窮、不安和生存的苦難。

一九四八年，他的作品題材給我留下了深刻印象。當時，他已近八十高齡。三年前他的業績，在紐約近代美術館舉辦的大型回顧展中得到廣泛的讚譽。但是這些作品卻使人們高揚的頭顱垂了下來。在那幅作品上他曾寫道：「人對人是狼。」在描繪出人們的醜惡、現實的各種不幸和貧窮的同時，他在深層世界裡也著力表現出靈魂的高貴與靜謐。

他的畫與敦煌壁畫的相似，不僅侷限在他用粗粗的黑線條描繪輪廓以及他大膽的表現手法，而且在精神世界中通過繪畫來探求人生，這也與敦煌壁畫有很大的相似性。魯奧說：「我因繪畫而感到非常幸福。我熱愛繪畫，因此，無論我生活在多麼黑暗的世界裡，我都會把一切忘掉。評論家因為我作品的主題是悲劇而不屑一顧，但是歡喜並不一定沒有存在於作品的主題裡。」（《現代世界美術全集》）

描繪悲劇主題時，通過表現悲劇人物的苦惱，忘掉自己的苦惱而產生歡喜。他的語言與這些暗黑的洞窟中不顧生活貧苦從事敦煌藝術創造的人大概也會心心相通吧！

魯奧與這些無名藝術家們，無論在根本精神上有多少差異，但在表現人們的靈魂和因創造而歡喜方面卻非常一致。

《人對人是狼》所描繪的現實世界和與此相反的平靜的精神世界，它們之間相通的支點在於對永恆和美的探求。

東山魁夷的足跡

池田：優秀的藝術是人類共同的財富。作為民眾之魂的昇華，藝術在超越國界的同時，也一定會放出更燦爛的光輝。

在日本的繪畫中，正是由於橫山大觀等人經過長久的苦悶，把西洋繪畫的世界觀引進日本繪畫中來，走出了繪畫革新的路子。現在，東山魁夷畫師、杉山甯畫師的作品本質上屬於日本畫，但他們卻用清新的手法把西洋畫的要素應用到自己的作品中，開拓出一個獨特的世界。

與此同時，縱觀近代繪畫史上的「影響關係」，一切都從西洋引進，這在日本未必行得通。對十九世紀的法國來說，「日本美術的影響」有許多例子可以證明。例如俵屋宗達、葛飾北齋、歌川廣重[26]等對馬

26 表屋宗達、葛飾北齋、歌川廣重：十八到十九世紀日本著名畫家。

奈、莫內、格羅、德加[27]等人的影響，細加追究會有十分重要的意義。

從北齋那裡受到浮世繪畫影響的多戈，聽說一名日本人進入巴黎國立美術學校學習，大吃一驚：「作為一名日本人夠幸運的了，為什麼自己跑到塞納河邊的學校聽課呢？」

常：或許在日本有人認為東山魁夷先生、杉山寧先生的繪畫中有很強的西洋畫因素。但我們外國人看來，這仍是日本畫，仍然飄溢著日本的風味。

池田：東山畫師最近將他的作品印在我出版的書上（《我的人學》）[28]，我感到十分榮幸。

說起東方和西洋，東山畫師年輕時曾留學柏林。只不過自此之後，從他走過的路和創作的作品中卻更易於分清東西的界限了。

我想，正是因為他一直注視著美的事物，注視著永恆的事物，才最終創造出這些作品。他的作品中有一種清澈明亮的美。在一片銀白色的世界裡，活靈靈的生命在跳動。甚至他畫的冬季枯樹，都有一種生命的存在感。在著名的《殘照》裡，遙遙相連的山峰與山谷重合著，讓人感到靜寂偉大的生命存在。畫師接觸西洋藝術後，又重新回到了幽深的東方世界。

常：從這些事情來看，今後中國畫壇的發展，西洋畫風格與中國畫風格的融合完全可能。敦煌藝術便是最好的證明。敦煌藝術是中國傳統藝術受外國文化影響後誕生的一種新的藝術。

---

27 馬奈（Edotard Manet，一八三二～一八八三）：法國畫家。著名作品有《左拉像》等。
莫內（Clande Monet，一八四〇～一九二六）：法國畫家。印象畫派的創始人。著名作品有《睡蓮》等。
格羅（Antoine Jean Gros，一七七一～一八三五）：法國畫家。著名作品有《埃及之戰》等。
德加（Edhar Deps，一八三四～一九一七）：法國畫家。著名作品有《兩個舞女》等。

28 該書已於一九九〇年由北京大學出版社翻譯出版。——編者現在，世界上的文化交流日益廣泛。中國青年畫家吸收外國的東西，創造出新的藝術，為美術史留下有價值的作品，是完全可能的。

我期待不久的將來，新型中國畫會誕生。那或許是敦煌畫派的復活。到那時，我四十餘年來一直期待敦煌畫派產生的夢想便成為現實，我就心滿意足了。

池田：先生已經播下了種子，我想它一定會跟隨時代成長、壯大起來。

平山郁夫的畫業

池田：先生認為日本畫家對您印象最深的是哪位呢？

常　：平山郁夫先生。[29]一九五七年我認識了平山先生。我因出席後的體驗。我想大概他是經歷了那次大劫後產生了宗教之心和安寧的精神。

在東京舉辦的「敦煌藝術展」到了日本，訪問了東京藝術大學。那時，平山先生大概是助教，把他自己的畫拿給我看。平山先生非常熱心地研究了奈良時代的唐代藝術。唐代藝術與敦煌關係密切。

一九七九年，我們在敦煌接待了平山先生和美知子夫人。我的妻子李承仙和兩個孩子陪同他們參觀了陽關和月牙泉。在與平山先生接觸中，他對繪畫的認真態度令我深為敬佩。他在僅有的幾天時間裡參觀、

[29] 平山郁夫（一九三〇～）：日本現代畫家。現代東京藝術大學校長。對佛教藝術史有較精深的研究，是日本藝術界致力於敦煌研究與保護的友人之一。

臨摹，留下了一百二十幅寫生作品。

一九七九年十月末，我們訪問東京藝術大學時，平山先生特地從鎌倉的家中把自己的畫帶給我看。那時，他宴請了我們，最後上桌的是霜淇淋包蛋。當時，他談藝術正起勁，卻沒有留意霜淇淋已經化開了，結果這道名菜也沒有吃成。

我感到平山先生的畫中有一種宗教信仰式的虔敬與真誠，有一種心靈的靜謐。我從平山先生那裡聽到了他在廣島原子彈爆炸

池田：我也曾見過平山畫師，感覺很好。在我的《無法忘記的會見》、《話說敦煌》、《四季雁書》中，平山先生負責封面和插圖。平山畫師有一種悠遠的靜謐，例如以《珀塞波利斯的火焰》為題材創作的畫中，他把在廣島原子彈爆炸中目擊的紅蓮一樣的火焰塗滿整個畫面，那紅紅的火焰彷彿要燃燒一切。但是，在那烈火裡崩潰的宮殿中，我卻看到了一種凝視永恆與人之營生的靜寂精神。我聽說平山畫師當時是中學生，在多愁善感的時代看到如此悲慘的場面，我想這一切對他的作品產生了很深遠的影響。

我見到平山先生時，他說：「我想抓住一切有根源的東西，我想瞭解它們。這些只有靠自己去感受才能得到。」他還說，無論宗教還是文化，都來源於「生命的大地」。

從《珀塞波利斯的火焰》這幅作品中可以看到，享盡世界榮華的帝王的宮殿也說不定什麼時候會毀掉，而人們的生活、遙遠悠久的歷史反思、對和平的祈禱和對永恆的憧憬，卻活在那些歷經時代變遷、堅持生存下去的人們的眼神裡。

畫師的《敦煌》也具有這種特徵，是一幅出色的作品。從鳴沙山到地平線，茫茫的大漠在延伸著。沙漠中，有一片神奇的綠洲。在這裡，莫高窟威嚴聳立。看到這幅畫，我感到，生活在悠久的歷史與浩茫的

大自然中，人是何等的渺小！那裡充滿了對遙遠的歷史創造者的悲惜之情。我想畫師的這種心情，敦煌那些無名的美的創造者與探求者也會相視而笑吧

「敦煌守護神」的回答

柴劍虹

今年四月，被世人譽為「敦煌藝術守護神」的常書鴻先生將在北京寓所度過他的九十華誕。作為《文史知識》雜誌的編委，在農曆癸酉、甲戌年交替之際，我拜望了常老和他的夫人李承仙女士、兒子常嘉煌先生，希望他們能為本刊寫篇介紹常老治學的文章。鑒於健康及時間緊迫等原因，他們已來不及援筆成文了，但仍熱情地提供素材，懇切地委託筆者將常老的心聲傳達給廣大的讀者。

作為一位在全世界享有盛譽的敦煌學專家，常書鴻先生除了極豐富的繪畫作品外，從四〇年代開始，就撰文介紹與研究敦煌，發表過數十篇論文，編輯了一系列介紹與研究敦煌藝術的著作、畫冊，多次在全國各地並赴日本、德國、印度、緬甸等國講學，著有《我與敦煌》、《敦煌藝術》、《敦煌的風鐸》、《敦煌的光彩》（與池田大作的對談書信錄）等書。他的自傳體新作《九十春秋——敦煌五十年》也即將由浙江大學出版社出版。在這些著述中，有常老對自己生平經歷、治學生涯詳盡、精彩、生動感人的敘述。因此，本文只想將常老在漫長的歲月中時時思索的幾個問題及體會簡略地告訴讀者，這也正是常老本人及他的親友們所期望的。

第一個問題：什麼是藝術家、學者的追求？

一九二七年，常書鴻先生到了法國，孜孜不倦地學習西洋繪畫藝術。一九二九年，獲里昂國立美術專科學校舉辦的康得鉛筆公司素描競賽一等獎；一九三二年以油畫《C夫人像》獲第一名畢業，又以油畫《浴女》考得第一名保送巴黎高等美術學院深造，師從法蘭西藝術學院院士、當代著名新現實主義大師勞朗斯（Paul Aefen Laureuse），畫藝突飛猛進，為著名的蒙巴拿斯藝苑推重；其畫作獲三次金獎、兩次銀獎、一次榮譽獎。他曾坦誠地講：「當時，我有過『為藝術而藝術』的想法」，「自己覺得已經是蒙巴拿斯（巴黎藝術活動中心）的畫家了」。可是，一九三五年秋天，當他在塞納河畔的書攤上偶然發現了伯希和的《敦煌圖錄》一書，看到了祖國敦煌燦爛輝煌、博大精深的藝術寶藏時，受到了巨大的震撼，下決心拋棄在巴黎優越的生活和工作環境回到祖國，到風沙戈壁中的敦煌莫高窟去。他當時的想法是：作為一個中國藝術家，完全有責任去保護、介紹這些文物，使它們重放異彩。當他歷經艱難到了敦煌之後，面對著上千尊彩塑、數萬平方米的壁畫，他的思想又得到了進一步昇華。用常老自己的話說，就是：「我想到，藝術應該為大眾服務。因為敦煌藝術是平民創作的為平民的藝術。我感到藝術創造必須為民眾服務。因此，在作品中表現自己的思想和理想，奉獻給民眾，為民眾作出自己的貢獻，是一件非常重要的事情。」這就是一位熱愛祖國和人民的藝術家的追求。

人們常常這樣說：藝術講求真、善、美，藝術家要有良心。常書鴻先生用自己的藝術實踐與學術生涯告訴我們：對祖國和人民的熱愛，對祖國文化的熱愛，與對藝術至善至美的追求是密不可分的，是高度統一的。舉凡古今中外有成就、受尊崇的大藝術家，首先是愛國者。常老在和日本創價學會名譽會長池田大作先生的對話中有這樣三段話：

我熱愛民眾。民眾擁有創造力和克服重重困難的力量。對我來說，這個中心點就是通過藝術來表現對民眾和藝術的發自內心的熾熱感情。

現在，大多數人在看畫時首先看是「誰」畫的，而作品「給人的感動、給人的作用」卻很少有人問津。明白作者是「誰」之後，接下來看那人是不是名人。也就是說，把畫當成了商品。但是古代的藝術卻不是商品的藝術。古代的作品是為了給人以感動才創作的。

我認為判斷一件作品的關鍵在於它給人的感動是強還是弱，不能首先判斷是「誰」以及那個畫家的名氣。當然，這裡面有自己喜歡的畫家，也有自己不喜歡的。但我想決不能以個人好惡為判斷基礎，而是需要一種帶普遍性的價值觀。

對此，池田大作先生的感慨是：「最重要的是，在我們的時代，如果沒有宏大的精神，要想創造偉大的藝術，要想創造養育藝術的豐饒土壤也是不可能的。」（以上均引自《敦煌的光彩》一書）敦煌藝術作品保存至今仍能給人以強烈的感染力，是因為畫家們是用心、用靈魂來創造的。從心靈深處產生出來的創造力，是真實的，有生命力的。敦煌莫高窟之所以為世界各國的藝術家所矚目，被聯合國列為世界性的文化遺產，敦煌學也成為一門世界性的學問，其最重要的原因就在於敦煌藝術既是民眾信仰與藝術家憧憬的結晶，也是各民族優秀文藝交流融合的成果，經得起時間的考驗。一九五一年四月七日，周恩來總理在常書鴻先生陪同下參觀「敦煌文物展覽會時，曾對敦煌藝術有過精闢的評論，如對北魏時期壁畫的評價：「我看這和雲崗、龍門石窟雕刻一樣，其氣勢之雄偉，造型之生動，使我們體味到中國藝術的『氣韻生動』四個字。從敦煌壁畫摹本看來，表現得更加突出！當然，雕刻在石頭上的表現的是刀斧之功，這裡在壁畫上卻是筆墨之力，南齊謝赫的『畫有六法』是當時評價中國畫創作的標準。想不到在敦煌壁畫中得到了印證！」「這些筆觸，頗有龍門十二品、魏碑上龍飛鳳舞的氣魄。有些神鬼的造型，使我想到巴黎聖母院屋簷上裝飾著的怪獸的造型。」（見常書鴻，《我與敦煌》）一語道破了敦煌北魏藝術頗有羅馬哥特式藝術的意趣，以及與十五世紀歐洲文藝復興時期藝術交相輝映的關係。所以，對常書鴻先生來說，將既吸收了域外因素，又發揮了民族傳統的敦煌藝術作為自己終生保護、研究的對象，也就是十分自然的了。這也就是常先生所說的，我產生了一種使命感：敦煌藝術是中國的傳統文化，捨命也得保護它。不管有多少困難都必須克服。這種使命感使我度過了所有的艱難困苦。

一個藝術家，一個學者，都應自覺摒棄輕視民眾的個人功利主義，與民族虛無主義及狹隘的民族主義都劃清界線，這就是常書鴻先生對第一個問題的回答。

第二個問題：如何把握人生的機遇？

「機遇」並非新名詞。中國歷來有「機緣」一說，卻是從佛教教義而來，並且其內涵似乎比「機遇」要更豐富、準確。佛教將事物生起或壞滅的主要條件叫做「因」，其輔助條件則稱「緣」，合稱「因緣」，一切事物必須具備種種因緣而後生起，叫作「緣起」。因此，機緣應是偶然性與必然性的統一；對「機遇」亦應作如是觀。

常書鴻先生遠涉重洋，步人西洋畫藝術的殿堂，在異國獲得殊榮，這未嘗不是一種機遇；而一個偶然的機會，使他萌發了回祖國赴敦煌的強烈願望，這又是一種機遇。前一種機遇可以使他在高貴的藝術沙龍中佔有一席地位，過終身雍容優裕的生活，可是他輕易地放棄了；後一種機遇使他妻離子散、顛沛貧困，歷經磨難、備嘗艱辛，而他卻堅持不放，從不動搖。常書鴻去敦煌時，有三位名人送了他三句名言。梁思成說：「你一定不要錯過這次難得的機會。要『破釜沉舟』！」徐悲鴻說：「要學習玄奘苦行的精神，要抱『不入虎穴，焉得虎子』的決心，把敦煌民族藝術寶庫的保護、整理、研究工作做到底！」張大千說：「這是一個長期的——『無期徒刑』

呀！」正是這些聽似不祥的預言式的贈語，更堅定了常書鴻先生的信念。他說：

想起這些話的同時，我心中便升起這麼一個念頭：「人生是戰鬥的連接。每當一個困難被克服，另一個困難便會出現。

人生也是困難的反覆，但我決不後退。我的青春不會再來，不論有多大的困難，我一定要戰鬥到最後。」……從現在看，我的這個選擇是正確的。我一點兒都不後悔。

在人生的機遇面前，容不得一絲猶豫與動搖。無悔的人生才是勝利的人生。一九四二年冬天，當常書鴻先生離開富饒美麗的四川盆地奔赴黃沙茫茫的西北高原時；他也有過激烈的思想鬥爭：「難道我的一生就要這樣陪伴著黃沙結束嗎？」然而，鬥爭的結果是信念的勝利：「從此以後，我將不再是巴黎蒙巴納斯的畫家，我已脫胎換骨，成了研究、保護敦煌藝術的苦行僧。」這裡，用得著詩人屈原的一句詩：「固餘心之所善兮，雖九死其猶未悔。」

在把握與實現人生的機遇上，屈原的另一句詩同樣重要：「路漫漫其修遠兮，吾將上下而求索。」對於常書鴻來講，在近半個世紀的敦煌生涯中，無論是清除流沙、踏查窟群、修復洞窟、綠化環境，還是臨摹壁畫、開展學術研究，他都是身先士卒，一步一個腳印地走過來的。常老回憶起解放前初到莫高窟最高層第一九六窟時，因沒有通道可上，只好從山頂懸繩捆住腳，將人吊在距地面三十多米高的空中，雙腳懸空往下溜。當時沒有人力，缺乏經費，自己挑沙土，打土坯，搭腳手架，修簡易棧道。進洞子要連爬帶跳，從危欄斷橋上匍匐前進。在洞窟內臨摹壁畫，也時時受著黑暗和寒冷或炎熱的煎熬。一九四三至一九四四年調查莫高窟時，常先生做了數千張卡片。為了搞清經變畫的內容，他強迫自己念經文，然後在洞窟中面壁琢磨，一一對照。一九五三年調查新疆克孜爾石窟壁畫中的佛本生故事，也是先瞭解英國人福斯保爾的研究成果，然後再逐幅落實它們的內容。在這裡，容不得半點的僥倖與鬆動。請聽聽常老自己說的一段充滿真情的話：

說起來容易，做起來卻難上難，它肯定不是《天方夜譚》中一個充滿浪漫色彩的故事。在中國悠久的歷史上有過不少出使西域的人物，漢代的張騫和唐代的玄奘便是著名的兩個。他們一步一個腳印，長途跋涉在荒無人煙的戈壁沙海中，經受了各種難以名狀的人間和自然界的折磨和考驗，以自己的忠貞和毅力，創建了千古傳頌的業績。我當然是不能和他們相比的。我只有一個小小的心願，就是為保護和研究舉世罕見的敦煌石窟這個民族藝術寶庫，一輩子在那裡幹下去。（《我與敦煌》）

有些人把「機遇」看成是「天上掉餡餅」式的「運氣」，不費吹灰之力便可獲得輝煌的成功，這完全是一種誤解。把握機遇，客觀條件當然重要，但更重要的是主觀的努力，需要智慧，需要勇氣與決心，更需要踏踏實實、百折不回的奮鬥。這也可稱之為生活與治學的「因緣」。這是常書鴻先生對第二個問題的回答。

第三個問題：怎樣推進敦煌藝術的研究事業？

一九五一年，周恩來總理對常書鴻說：「工作是一步一步來的，你們七、八年在沙漠中艱苦的工作和生活，主要的任務就是保護敦煌文物，介紹宣揚敦煌文物……從今天我看到的幾百幅壁畫摹本，已可看出，你們做了非常寶貴的貢獻！古為今用、推陳出新的工作是需要我們大家來做的。」「你們應該當仁不讓地振臂一呼，使敦煌石窟藝術寶藏在我們這一代獲得新生。」四十多年過去了，敦煌藝術研究事業有了長足的進展，常書鴻仍時時記起周總理的這些話，因為它們對推進敦煌研究依然有著巨大的現實意義。

首先是要繼續加強石窟（包括環境）保護與壁畫臨摹。常老認為現在的保護手段比過去好多了，但隨著莫高窟的開放參觀，旅遊業的日益發展，也帶來了許多新的問題，如果不引起重視並加以解決，後果不堪設想。要把保護提高到關係研究工作成敗的高度來認識。臨摹工作，則既是保護文物的一項手段，也是分析研究古代藝術發展演變的重要實踐，是深入研究的基礎。多年來，敦煌研究院的同志在進行臨摹的同時開展了研究工作，即通過臨摹不但要研究壁畫的藝術技法，如人物、建築、山水、花鳥、圖案的描繪、著色、勾勒、烘染、佈局等，而且要熟悉摹本的主題內容，一切有關美術史、佛教史、佛經經義、圖像學、哲學、民俗學等等都成為學習的內容。通過臨摹，取得既保護了文物，又培養了研究隊伍的良好效果。現在，隨著攝影、印刷技術的提高，雖然出版了有關敦煌藝術的許多精美的圖錄、畫冊，但是從學習與研究繪畫的角度講，仍然無法替代臨摹，而從保護文物的角度講，過多的燈光攝影更是有害的。

其次要進一步注意普及與借鑑敦煌藝術。敦煌莫高窟作為世界性的文化遺產，已越來越為世人所矚目。但是，對敦煌藝術有關知識的普及工作，卻做得還遠遠不夠。最近幾十年，我們在國外舉行過幾次敦煌藝術的展覽，也在港、臺地區舉辦過這種展覽，而在國內其他省市卻極少展覽與介紹。對國內的廣大群眾來說，要親身去敦煌參觀、考察、旅遊還是很不容易的。有關敦煌文化藝術的影視、出版物還很有限，大中小學教材中有關敦煌的內容更少得可憐。因此，雖然敦煌在國際上的知名度很高，在國內仍是陌生和神秘的地方；雖然這些年來國內從事敦煌學研究的隊伍擴大了許多，而學術界仍然習慣地稱之為「冷門」。這說明普及敦煌藝術的任務還很重，而普及是提高的基礎，是為了更好地借鑒與發展祖國的文化遺產。常書鴻先生曾經這樣向周總理解釋敦煌佛教藝術興盛發展的原因：

敦煌藝術，是漢魏以來佛教自印度傳入後，中國民族造型藝術突飛猛進發展的結果。在此以前，中國古代藝術，主要表現為墓葬壁畫、明器俑人以及祭祀時用的器皿等，留下了古代考古文物資料。自漢武帝派張騫出使西域後，隨著佛教的傳入，佛教藝術也相應地由天竺通過絲綢之路傳入中國。使原來為封建統治階級歌功頌德、舉賢戒愚的主題內容，改變為宣傳佛陀一生及佛陀在成佛之前的芸芸眾生。只要善男信女一心念佛，人人都有進入西方極樂世界的希望！大乘佛教與早期印度教不同之處，在於它不分貧富貴賤，簡單的念佛修行就可以得到解脫，所以佛教就越來越符合廣大農民群眾的希望和幻想，成為世界宗教之一。宣傳這種來自印度難明難解的異國佛教教義，就需要用藝術的手段來加以烘染，這就是地處絲綢之路要隘的敦煌佛教藝術經過千餘年的不斷產生和發展，因而才能夠留給我們如此豐富而且燦爛的佛教藝術遺產的重要原因。

我們今天普及敦煌藝術，當然不是為了宗教宣傳，但是佛教文化作為人類文明的重要組成部分，卻是應該普及與借鑒的。舉一個例子，周總理在看到第二五七窟鹿王本生故事畫，以及第四二八窟北魏捨身飼虎那一條用「之」字形連環發展的長幅故事畫時，驚異地對常書鴻先生說：「這不是我們古代的連環故事畫嗎？這種用卷軸式橫幅展開的連環畫創作方式，為什麼不為我們今天被稱為『小人書』的兒童讀物所採取呢？為什麼在這方面不『古為今用，推陳出新』呢？」又比如千佛洞有不少藻井圖案，都是風格各異、富有特色、極為精美的，都值得我們今天的紡織品、工藝美術借鑒。

第三還應大力增進國際間敦煌學術文化的交流與合作。近些年來，國際間的學術文化交流與合作呈現出強勁的勢頭，敦煌學作為一門世界性的學問自然也不例外，也取得了不少積極的成果。但相比較而言，在敦煌學的交流中，國外藝術家、學者到敦煌來考察的多，我們的洞窟、遺書資料對國外開放的多，而我國學者去考察、獲取、使用國外所藏的有關資料少。筆者告訴常老，在俄國聖彼德堡的愛爾米塔什博物館的中國館，就有不少出自敦煌的藝術品，還有鄂登堡考察隊一九一四～一九一五年考察莫高窟的六本工作筆記及當時所攝約三千張洞窟照片，而我國學者至今未能利用過這些珍貴資料。常老對此也十分感慨。此外，國外學者的研究成果也難得在我國翻譯出版，我們的學術資訊也十分閉塞，這就為開展雙向的學術交流合作帶來了困難。相反，國外及港臺地區學者獲取大陸學術資訊就比較及時、準確。我們應該積極創造條件改變這種「學術交流逆差。」

五十年來，常書鴻先生一直有一個心願：恢復敦煌壁畫原有的絢麗色彩。有人稱之為「一個美麗的夢」。由於千年歲月的流逝，敦煌壁畫自然普遍地變色、褪色了，尤其是北魏時代的壁畫，由於當時採用的顏色中含有較多的鉛，氧化變黑得很厲害，就變成了我們現在所看到的這個樣子（五〇年代常老臨摹時看到的壁畫色彩，到九〇年代又變了不少）。當時張大千先生就嘗試過要恢復壁畫原來的顏色，敦煌研究所的同志在臨摹中也做過這方面的努力。但是，由於條件的侷限，把握不大。現在，科學手段發達了，物質條件改善了，常先生的這個夢應該說是實現有望了。常老年屆九十，希望寄予後人。寫到這裡，我又想起了常老對池田大作先生講的幾句話：

池田先生曾問過我「如果來生再到人世，你將選擇什麼職業呢？」我不是佛教徒，不相信「轉生」。不過，如果真的再一次托生為人，我將還是「常書鴻」。我要去完成那些尚未做完的工作。

這就是「敦煌守護神」的回答，這就是常書鴻做人與治學的品格！

初版後記

在八〇年代初，應一些同志和朋友的要求，我陸續地把自己在敦煌工作、研究和生活的情況寫了一些。這些文字不僅得到國內讀者的關注，也得到了日本等國際友人和讀者的關心和歡迎。今年我九十歲生日，也正逢我到敦煌工作生活半個世紀的紀念日，在我的母校浙江大學的熱情支持和鼓勵下，我重新整理文稿，交浙江大學出版社出版。這本書不僅是我自己一生經歷的簡要記錄，也有世紀風雲變幻的印跡，對於讀者和研究者而言，也許會有些幫助。在自傳後面，還附錄了十餘篇我在各歷史時期寫的一些專業文章以及雜文等，它們不同程度地反映了我的工作、學習和思想。由於時代的變化和發展，也許有的觀點不一定正確，一併刊出供讀者和研究者參考。在此，我衷心感謝浙江大學路甬祥校長及其他領導和浙江大學出版社同志們的支持和幫助，使本書能在很短的時間內與讀者見面；感謝中央工藝美術學院李硯祖博士幫助我整理文稿；感謝為本書提供重要資料及珍貴照片資料的新華社圖片資料館、中央新聞電影製片廠、甘肅電視臺及石少華、徐肖冰、錢偉長、丁一嵐、王臨乙、王合內、馬光旋、龔祥禮、張民權、張琳英、李浴、賀捷生、鄧壯、楊恩樸和二弟常書鑫、大嫂湯書華、四弟媳鐘涵等。感謝我的妻子李承仙和子女常沙娜、常嘉煌搜集、整理了我的舊稿以及各種圖片、資料等。

常書鴻

一九九三年八月十五日於北京

新版後記

一九九九年六月中旬，西北師範大學敦煌藝術學院及所屬常書鴻敦煌藝術工作室正式成立，期間見到專程前來參加掛牌儀式的常書鴻先生的夫人李承仙先生。我和李先生已經闊別多年，這次有幸見面，特別是見她雖已高齡，身體還很健朗，還在為繼承常老為之奮鬥的敦煌藝術事業奔波，心中十分高興。敘談間，李先生講起計畫年內出版常老回憶錄《九十春秋——敦煌五十年》新版，並提出希望我能承擔具體修訂工作。常老的回憶錄，在內容上除了敦煌藝術的保護和研究，還涉及到美術史、美學、史學等多學科的專業知識，對它進行修訂，是我力所不及的，但我還是愉快地接受了這項工作，好在李先生讓我做的，主要是文字方面的技術性修正。

人稱常書鴻先生為「敦煌守護神」。這雖是讚譽之詞，但在很大程度上卻反映了常老在敦煌藝術的保護、研究、弘揚方面作出的貢獻是舉世公認的，反映了人們對他為敦煌藝術所付出的巨大努力和他那堅韌不拔精神的充分肯定和崇敬。受敦煌藝術的感召，他放棄了國外優裕的畫家生活，毅然回國；為了實現保護和研究敦煌藝術的夙願，他放著名畫家、名教授不做，不辭辛苦，不遠千里，奔波於敦煌藝術研究所的籌備；他是敦煌藝術研究所的第一任所長，在這個崗位上他數十年如一日，備受艱辛，飽嘗寂寞，而終能盡職盡責，開拓進取，無怨無悔，矢志不移。而這一切，沒有對國家對人民的赤子之心，沒有對民族文化藝術的忠貞不渝的感情，沒有吃大苦耐大勞的精神，是很難做到的。試想想，在那艱難困苦的年代，到敦煌去的進步知識份子不少，但留下來、堅持到底的畢竟是少數，常書鴻先生就是這少數人中的堅定派，帶頭人，代表者。我們的敦煌藝術事業能夠有今天的規模，今天的成就，固然是一代一代敦煌藝術工作者共同努力的結果，但同時，應該說這也是同常書鴻先生的努力和貢獻分不開的。

我想，也正是由於以上的原因，由於人們在弘揚民族優秀文化傳統包括敦煌藝術優秀傳統上所形成的共識，所以常先生新版《九十春秋——敦煌五十年》在甘肅出版，得到了各有關方面的通力合作和支持。西北師範大學不僅主動提供經費資助，而且黨委書記姚克敏同志、校長趙金保教授、副校長王利民教授都親自關心和過問這件事，要求有關工作人員一定要把這部書出好。甘肅文化出版社把這部書作為社裡的重點書稿來抓，社長謝國西同志、編輯部主任車滿寶同志親自審稿，並且提出了很好的修改意見。擔任裝幀設計的吳禎先生帶病工作，幾易其稿，圓滿地完成了設計任務。在這部書的出版過程中，留給排版印刷的時間特別短促，為了不誤工期，西北師範大學常書鴻敦煌藝術工作室、絲綢之路雜誌社和甘肅地質印刷廠的有關同志互相配合，加班加點，終於以超常的速度，保質保量地把這部書印製了出來。因此，也可以說，《九十春秋——敦煌五十年》新版的出版過程，是甘肅各有關單位領導和朋友們相互配合、集體勞動的過程。將要奉獻給讀者的這部書，也凝聚了他們的心血。

《九十春秋——敦煌五十年》的修訂和編印工作，是在李承仙先生的直接參與下進行的。新版本在主要方面都保持了初版本的原貌。所不同的是：（一）增加了季羨林先生為新版本的出版題寫的賀詞和李承仙先生寫的〈新版前言〉。（二）考慮到以後要編輯出版常書鴻論文集和文集，因而把初版本附錄的十幾篇理論性文章抽掉了，這樣內容上更集中一點。保留了原附錄中的一篇紀實性文章、兩篇散文和一篇對話錄，是因為這幾篇文章各自從、不同的側面比較生動地反映了常先生在敦煌期間的工作、生活、感情和人生觀，對回憶錄也是一種補充和豐富。（三）作為附錄之一，增加了柴劍虹先生寫的〈「敦煌守護神」的回答〉一文。該文寫作、發表在回憶錄初版本出版之時、常書鴻先生辭世之前，對常先生的為人、治學和貢獻作了準確、精闢的概括。文章雖然是作者的手筆，但內容卻是常先生的「回答」。（四）對某些具體材料作了核實校訂，對通篇文字作了較多技術性修正。（五）根據李承仙先生的意見和提供的資料，調整了部分圖版。（六）重新做了裝幀設計。

季成家

一九九九年十一月六日

血歷史43　PC0298

新銳文創
INDEPENDENT & UNIQUE

守護敦煌五十年
——常書鴻自述

作　　者	常書鴻
主　　編	蔡登山
責任編輯	王奕文
圖文排版	王思敏
封面設計	陳佩蓉

出版策劃	新銳文創
發 行 人	宋政坤
法律顧問	毛國樑　律師
製作發行	秀威資訊科技股份有限公司 114 台北市內湖區瑞光路76巷65號1樓 電話：+886-2-2796-3638　傳真：+886-2-2796-1377 服務信箱：service@showwe.com.tw http://www.showwe.com.tw
郵政劃撥	19563868　戶名：秀威資訊科技股份有限公司
展售門市	國家書店【松江門市】 104 台北市中山區松江路209號1樓 電話：+886-2-2518-0207　傳真：+886-2-2518-0778
網路訂購	秀威網路書店：https://store.showwe.tw 國家網路書店：https://www.govbooks.com.tw

出版日期	2013年4月　BOD一版 2021年10月　BOD二版
定　　價	420元

國家圖書館出版品預行編目

守護敦煌五十年：常書鴻自述 / 常書鴻著. -- 初版. -- 臺北市：新銳文創, 2013.04
面； 公分
ISBN 978-986-5915-62-9(平裝)

1. 常書鴻 2. 傳記

782.887 102002249

讀者回函卡

感謝您購買本書，為提升服務品質，請填妥以下資料，將讀者回函卡直接寄回或傳真本公司，收到您的寶貴意見後，我們會收藏記錄及檢討，謝謝！

如您需要了解本公司最新出版書目、購書優惠或企劃活動，歡迎您上網查詢或下載相關資料：http:// www.showwe.com.tw

您購買的書名：________________________________

出生日期：________年________月________日

學歷：□高中（含）以下　□大專　□研究所（含）以上

職業：□製造業　□金融業　□資訊業　□軍警　□傳播業　□自由業

□服務業　□公務員　□教職　□學生　□家管　□其它____

購書地點：□網路書店　□實體書店　□書展　□郵購　□贈閱　□其他

您從何得知本書的消息？

□網路書店　□實體書店　□網路搜尋　□電子報　□書訊　□雜誌

□傳播媒體　□親友推薦　□網站推薦　□部落格　□其他________

您對本書的評價：（請填代號　1.非常滿意　2.滿意　3.尚可　4.再改進）

封面設計____　版面編排____　內容____　文／譯筆____　價格____

讀完書後您覺得：

□很有收穫　□有收穫　□收穫不多　□沒收穫

對我們的建議：________________________________

____

____

____

請貼
郵票

11466
台北市內湖區瑞光路 76 巷 65 號 1 樓

秀威資訊科技股份有限公司　　收

BOD 數位出版事業部

（請沿線對折寄回，謝謝！）

姓　　名：＿＿＿＿＿＿＿＿　年齡：＿＿＿＿　性別：□女　□男

郵遞區號：□□□□□

地　　址：＿＿＿＿＿＿＿＿＿＿＿＿＿＿＿＿＿＿＿＿

聯絡電話：（日）＿＿＿＿＿＿＿＿＿＿（夜）＿＿＿＿＿＿＿＿＿＿

E-mail：＿＿＿＿＿＿＿＿＿＿＿＿＿＿＿＿＿＿＿＿